D1732057

KEY ACCOUNT MANAGEMENT

Küng / Toscano / Schillig / Willi

Key Account Management

Praxistipps – Beispiele – Werkzeuge

Midas Management Verlag
St. Gallen • Zürich

Key Account Management
Praxistipps – Beispiele – Werkzeuge

Deutsche Originalausgabe
4. Auflage © 2011 Midas Management Verlag

Die Deutsche Bibliothek – CIP-Einheitsaufnahme:

Küng, Toscano, Schillig, Willi
Key Account Management – Praxistipps, Beispiele, Werkzeuge.
Pius Küng, Rosella Toscano-Ruffilli, Beat Schillig, Daniela Willi-Piezzi
St. Gallen und Zürich: Midas Management Verlag, 2011.

Lektorat: Stefanie Barthold, Berlin
Satz: Simone Pedersen, St. Gallen
Druck- und Bindearbeiten: Freiburger Graphische Betriebe
Printed in Germany

ISBN 978-3-907100-37-0

Verlagsanschrift:
Midas Management Verlag AG, Dunantstrasse 3, CH-8004 Zürich

Inhaltsverzeichnis

Vorwort

Die professionelle Betreuung von nationalen und internationalen Top-Kunden gehört neben der laufenden Neu- und Weiterentwicklung von Leistungen, wirtschaftlichen, kundennahen Geschäftprozessen und einer beharrlichen Umsetzung der Strategien zu den Erfolgsfaktoren führender Unternehmen in der Zukunft. Mit diesem Buch wollen wir allen Managern eine Antwort auf die Frage geben, wie ein professionelles Key Account Management entwickelt und optimiert wird. Mit den wichtigsten Grundsätzen, Praxisbeispielen, Arbeitsinstrumenten und wertvollen Tipps für die Praxis wollen wir beweisen, dass das Schlüsselkundenmanagement weit mehr ist als eine gute Verkaufsarbeit bei wichtigen Kunden. Der Leser soll die Möglichkeit haben, mit einem professionellen Key Account Management seine Top-Kunden erfolgreicher zu machen und gleichzeitig einen wichtigen Beitrag zu den Zielen des eigenen Unternehmens zu leisten.

Das Buch basiert auf einer langjährigen Beratungs- und Trainingsarbeit für national und international führende Unternehmen. Diese Firmen haben festgestellt, dass sie mit einer systematischen, pragmatischen und beharrlichen Arbeitsweise die Geschäftsergebnisse sehr positiv beinflussen können. Das Key Account Management erfordert erfahrungsgemäß neben verkäuferischem Know-how ein hohes analytisches und konzeptionelles Verständnis sowie echte Teamplayer-Eigenschaften der verantwortlichen Mitarbeiter.

Wir danken bei dieser Gelegenheit unseren Auftraggebern, Workshop- und Kurs-Teilnehmern, Kooperationspartnern und Mitarbeiter/-innen, welche es uns im Rahmen von Trainings, Diskussionen und Beratungsgesprächen ermöglicht haben, zusätzlich aus einem breiten Erfahrungsschatz zu schöpfen. Wir widmen dieses Buch all denjenigen, die an ihre Chancen in den anspruchsvollen Märkten in der Zukunft glauben und diese konsequent nutzen wollen. Ein ganz spezieller Dank gilt unseren jeweiligen Lebenspartnern Regula Küng, Claudia Schillig und Edy Toscano-Ruffilli.

Sind Sie gewillt, Ihre Erfolge bei den heutigen und zukünftigen Top-Kunden zu steigern? Packen wir es an!

Pius Küng, Rosella Toscano-Ruffilli, Beat Schillig, Daniela Willi-Piezzi

1 Summary

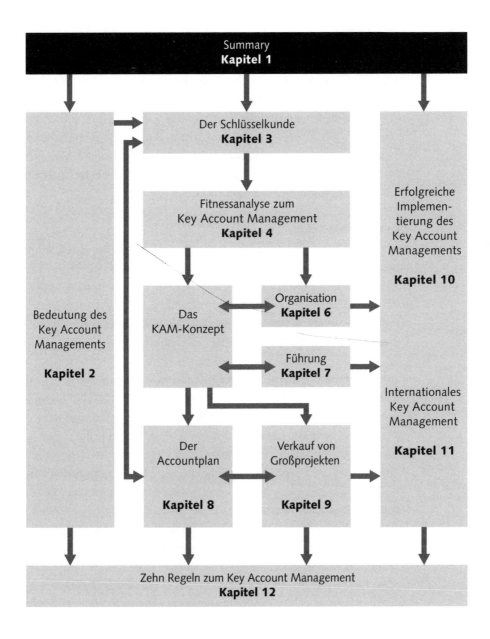

1.1   Kapitelübersicht

Kapitel 1: Summary
Dieses Kapitel stellt das Buch und seine Gliederung vor und erklärt die verwendeten Symbole.

Kapitel 2: Bedeutung des Key Account Managements
In Kapitel 2 werden die wichtigsten Trends und die Erfolgsgrundsätze führender Unternehmen und deren Umsetzung im Key Account Management dargestellt. Außerdem werden wesentliche Trends im Key Account Management und die Integration des Key Account Managements in die Konzepthierarchie eines Unternehmens beleuchtet. Anhand von Praxisbeispielen wird eine der wichtigsten Herausforderung im Key Account Management dargestellt, nämlich die Sicherstellung von betrieblichen oder unternehmerischen Problemlösungen für den Kunden.

Kapitel 3: Der Schlüsselkunde
In diesem Kapitel erkennen Sie, wie in verschiedenen Branchen Schlüsselkunden definiert werden. Außerdem werden Praxisansätze dargestellt, wie bestehende und potenzielle Schlüsselkunden von nationalen und internationalen Unternehmen ausgewählt werden. Erst die genaue Kenntnis des Kunden und seiner Marktstruktur ermöglicht uns, ihn zu unterstützen, seine Geschäftsprozesse und damit seinen Geschäftserfolg gezielt zu optimieren.

Kapitel 4: Fitnessanalyse zum Key Account Management
Das Kapitel 4 vermittelt dem Praktiker pragmatische Analyseinstrumente, um die heutige »Fitness« im Schlüsselkunden-Management zu analysieren und wichtige Schlüsselkunden zu orten. Damit erhalten die verantwortlichen Manager Anhaltspunkte, mit welchen Detailanalysen, Konzepten und Praxisinstrumenten schnell und nachhaltig Erfolge erzielt werden können.

Kapitel 5: Das KAM-Konzept
Das KAM-Konzept integriert die Überlegungen der vorangegangenen Kapitel und hilft dem Leser/der Leserin, wichtige konzeptionelle Fragen zur Bearbeitung von Schlüsselkunden zu beantworten. Davon werden die wichtigsten Konsequenzen für die Führung und für die Organisation abgeleitet. Außerdem finden sich Hinweise bezüglich der Wirtschaftlichkeitsrechnung einer Key-Account-Management-Organisation.

Kapitel 6: Organisation im Key Account Management

In diesem Kapitel werden die wichtigsten Inhalte von Organisationsinstrumenten und deren erfolgreicher Einsatz im Key Account Management dargestellt. Sie finden Antworten zu den Fragen betreffend der organisatorischen Integration des Key Account Managements, zu den Aufgaben, Verantwortungen und Kompetenzen von Key Account Managern sowie zu den Anforderungen an diese Personen.

Kapitel 7: Führung des Key Account Managements

Dieses Kapitel beschreibt die Anpassungen im Führungsbereich, bedingt durch das Key Account Management. Im Besonderen müssen die Aspekte des Key Account Managements bei der Suche und Selektion der Mitarbeiter, bei der Entlöhnung, aber auch bei den Reviews und im Controlling berücksichtigt werden.

Kapitel 8: Der Accountplan

Der Accountplan ist das wichtigste Instrument zur Erfolgsvorbereitung und zur Erfolgssicherung bei Top-Kunden. Nach dem Studium dieses Kapitels haben Sie die Möglichkeit, anhand von Checklisten und Praxisbeispielen einen Accountplan für Top-Kunden des eigenen Unternehmens zu entwerfen, zu testen und stufenweise zu implementieren.

Kapitel 9: Verkauf von Großprojekten

Das Key Account Management und das strategisch-politische Verkaufen sind »siamesische Zwillinge«, gilt es doch, einerseits ein gutes Beziehungsmanagement beim Kunden sicherzustellen und andererseits wichtige Projekte »zu gewinnen«. Das strategisch-politische Verkaufen befasst sich mit dem Buying-Center pro Projekt. Es hilft uns, die Erwartungen der »kaufwichtigen Personen« pro Projekt fokussiert und gezielt zu erfüllen. Bei einer konsequenten Umsetzung kann die Erfolgsquote bei Offerten um 30 bis 50 % gesteigert werden. Das strategisch-politische Verkaufen ist deshalb von Bedeutung, weil immer mehr wichtige Kunden die Einkaufsstrategie verfolgen, Schlüssellieferanten zu präqualifizieren und diese anschließend pro Projekt gegeneinander »antreten« zu lassen.

Kapitel 10: Erfolgreiche Implementierung des Key Account Managements

In diesem Kapitel erhalten Sie Tipps für Ihren »individuellen Weg« zum Key Account Management. Sie erkennen, wie Sie ein Key Account Manage-

ment »auf der grünen Wiese« aufbauen oder wie Sie ein bestehendes natio-
nales Key Account Management gezielt optimieren können, um nachhaltig
wirksame Quantensprünge sicherzustellen. Außerdem wird hier auf die Besonderheiten von KMU eingegangen, bei denen oft das Management wichtige Aufgaben bei Key-Accounts übernehmen muss.

Kapitel 11: Internationales Key Account Management

Die Betreuung von internationalen Top-Accounts stellt eine besondere
Herausforderung dar. In diesem Kapitel wird aufgezeigt, welche Regelun-
gen zu treffen sind, damit eine professionelle Betreuung der Großkunden
möglich wird.

Kapitel 12: Zehn Regeln zum Key Account Management

In diesem Kapitel erhalten Sie Praxistipps, wie Sie sich auf Projekte konzentrieren, den administrativen Aufwand auf ein Minimum beschränken und
grobe Fehler vermeiden können.

Kapitel 13: Anhang

Hier finden Sie zusätzliches Material zum Thema Key Account Management: Anmerkungen, Literaturverzeichnis, Stichwortregister etc.

1.2   Zeichenerklärung

Zur Erleichterung der Lesbarkeit und für einen gezielten Nutzen des Buches werden dem Praktiker systematische Lesehilfen zur Verfügung gestellt. Am Anfang jedes Kapitels werden ein paar Fragen des Praktikers aufgeworfen, die Sie in diesem Kapitel beantwortet finden.

 Dieses Zeichen finden Sie bei allen Checklisten. Sie sollen Ihnen eine systematische und vollständige Arbeitsweise erleichtern und dafür sorgen, dass nichts in Vergessenheit gerät.

 Dieses Symbol steht für geeignete Instrumente, welche Sie in der Praxis unverändert oder mit entsprechenden Anpassungen einsetzen können. Meistens handelt es sich um Praxis-Arbeitsformulare, um Rasterdarstellungen etc.

 Dieses Symbol steht für Praxisbeispiele aus dem Key Account Management führender national und international tätiger Unternehmen (Quelle: Dr. Pius Küng & Partner). Aus Diskretionsgründen wurden die Firmennamen weggelassen oder verfremdet.

 Dieses Symbol steht für wichtige Definitionen, wobei die Umschreibungen für den Praktiker gedacht sind. Die Definitionen erheben keinen Anspruch auf wissenschaftliche Gültigkeit.

2 Bedeutung des Key Account Managements

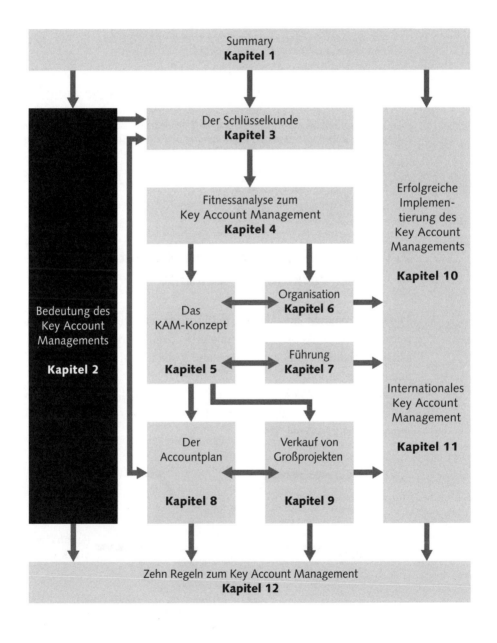

2.1 Herausforderungen in Marketing und Verkauf der Zukunft

Marketing versteht sich als eine marktorientierte Denk- und Handlungsweise, bei der Zukunftsentwicklungen frühzeitig erkannt und durch ein aktives Verhalten Chancen realisiert und Risiken für das Unternehmen vermieden werden sollen.

Während die Märkte in der Vergangenheit noch durch relativ stabile Bedingungen gekennzeichnet waren, ist heute der Wandel die einzige Konstante für das Unternehmen.

Die zukünftigen unternehmerischen Herausforderungen, die sich aus einer Dynamisierung der Marktentwicklungen ergeben, lassen sich mit folgenden Stichworten umschreiben:

■ **Nullsummenspiel:** Stagnierende Märkte haben zu einem höheren Verdrängungswettbewerb zwischen den Anbietern geführt. Konkurrenten reagieren rasch auf neuartige Marketingmaßnahmen, womit die Konkurrenzvorteile verloren zu gehen drohen.

■ **Rationalisierungsdruck:** Hoher Preisdruck auf die Marktleistungen bewirkt einen stärkeren Kostendruck in den Unternehmen. Gleichzeitig verlangt der Shareholder-Value-Ansatz das Erzielen genügender Free Cashflows als Maßstab für den zukünftigen Unternehmenswert.

■ **Diffusionsprozess:** Technische Innovationen verbreiten sich schneller und werden von der Konkurrenz schneller nachgeahmt.

■ **Zeitschere:** Die Länge der Produkt- und Marktlebenszyklen nimmt ab, Forschungs- und Entwicklungsaufwand und damit verbundene Risiken nehmen zu.

■ **Globalisierung der Märkte:** Die Internationalisierung der Märkte führt zu stärkeren Positionen internationaler Konkurrenten auf bislang nationalen Märkten. Der Konzentrationsprozess (Fusionen) nimmt zu und führt zu einer Polarisierung der Betriebsgrößen. Mittlere Unternehmen kommen immer mehr unter Druck.

■ **Buying-Center:** Insbesondere im Business-to-Business-Bereich entscheiden nicht mehr Einzelpersonen; stattdessen gibt es mehrere Mitwirkende an einer Kaufentscheidung. Die bessere Transparenz und der Kostendruck veranlassen die Kunden, immer »härter« einzukaufen.

Vor diesem Hintergrund sehen Marketing- und Verkaufsleiter ihre wichtigste zukünftige Aufgabe darin, ihre Anstrengungen in folgenden Bereichen zu verstärken:

■ Verbesserung der Zusammenarbeit von Innendienst und Außendienst
■ Bisherige Kunden besser bearbeiten, insbesondere die wichtigsten Schlüsselkunden

- Den Innendienst für direkte Verkaufsaufgaben einsetzen (effizientes Kleinkundenmarketing)
- Chancen im Internet und im E-Commerce gezielt nutzen
- Aufbau bzw. Ausbau des Marketing- und Verkaufscontrollings
- Einführung von EDV-gestützten Verkaufsführungssystemen (CAS – Computer-Aided-Selling-Systeme)
- Durchführung von Kundenanlässen (Events) verstärken
- Lohn- und Anreizsysteme im Sinne der Strategien überarbeiten oder konsequent einführen
- Telefonmarketing verstärken
- Konkurrenzinformationssysteme einführen
- Kosten-Nutzen-Verhältnis im Verkauf optimieren
- Kostensenkungsprogramme in Marketing und Verkauf realisieren
- Produktivitätsverbesserungen in Marketing und Verkauf realisieren
- Die Gewinnung neuer Kunden vorantreiben

Die Entwicklungstrends und die Ergebnisse der Umfrage bei den Verkaufs- und Marketingleitern weisen darauf hin, dass vor uns eine unberechenbarere und dynamischere Zukunft liegt, als wir dies je erlebt haben.

Die zu bewältigenden Aufgaben werden wesentlich umfangreicher und komplexer. Die Verantwortlichen müssen dafür sorgen, dass sie von den schnellen Veränderungen nicht überrannt werden. Sie müssen die Entwicklungen rechtzeitig erkennen, um drohenden Gefahren zu begegnen und um Chancen, die in den Veränderungen liegen, nutzen zu können. Das starre Festhalten an alten Lösungen und Ideen wird der Misserfolg von morgen sein. Ein Ansatz zur aktiven Bewältigung dieser Herausforderungen ist das Schlüsselkunden- bzw. Key Account Management.

2.2   Grundlagen zum unternehmerischen Erfolg

2.2.1   Einige wichtige strategische Erfolgsgrundsätze

Es gibt einige strategische Grundsätze, die als allgemein gültig bezeichnet werden können. Die Beachtung dieser »Regeln« ist eine wichtige Voraussetzung für die Sicherung des langfristigen Unternehmenserfolges. Die Grundsätze, die für Unternehmen aller Branchen und Größen relevant sind, helfen uns, strategische und operative Entscheidungen richtig zu treffen und aus Erfahrungen von Top-Unternehmen zu profitieren. Sie mögen manch-

mal auf den ersten Blick trivial erscheinen, doch findet man in der Praxis viele Beispiele für ihre Nichtbeachtung, sei es aus Unwissenheit, falscher Einschätzung der eigenen Fähigkeiten, ungenügender Information oder aus anderen Gründen.

Effizienz (»Die Dinge richtig tun«)

Ein wichtiges Ziel der strategischen Unternehmensführung ist die langfristige Verbesserung der Effizienz des Unternehmens. Eine in allen anderen Punkten noch so gut durchdachte Strategie ist wertlos, wenn durch sie nicht die Erhöhung der Produktivität oder die Verbesserung der Kostenstruktur erreicht wird.

Konzentration der Kräfte (»Die richtigen Dinge tun«)

Prioritäten müssen in einer Erfolg versprechenden Strategie und deren Umsetzung eindeutig festgelegt werden, um die zur Verfügung stehenden Ressourcen vernünftig aufteilen und zuordnen zu können.

Aufbauen auf vorhandene Stärken

Der Erfolg einer Strategie ist wesentlich wahrscheinlicher, wenn auf den bisherigen Stärken des Unternehmens aufgebaut wird und diese weiterentwickelt werden. In den meisten Fällen ist es falsch, sich nur an den Stärken des Mitbewerbers zu orientieren und ihn in diesen Bereichen angreifen zu wollen. Vielmehr sollten die Schwächen der Konkurrenz ausgenutzt werden.

Differenzierung

Es muss in irgendeiner Form – durch Qualität, Image, Werbung usw. – eine möglichst gute Profilierung zu den Mitbewerbern, d. h. den »Gegnern« im Markt, gesucht werden.

Richtiges Timing

Es nützt nichts, Konzepte zu entwickeln, die gut durchdacht sind, wenn diese nicht schnell oder in angemessener Frist umgesetzt werden. So wird z. B. in Anbetracht der immer kürzer werdenden Marktlebenszyklen das »richtige Timing« bei Innovationen, Markteinführungen und in der Marktbearbeitung immer wichtiger.

Nutzen von Synergien

Eine erfolgreiche Unternehmensstrategie ist darauf ausgerichtet, dass die Aktivitäten der einzelnen Funktionsbereiche des Unternehmens so miteinander in Verbindung gebracht und aufeinander abgestimmt werden, dass Synergien zum Tragen kommen. Die zugrunde liegende Überlegung ist, dass »1 + 1 möglichst 3« ergeben sollte.

Nutzen von Umwelt- und Marktchancen

Die Umwelt und die für das Unternehmen interessanten Märkte müssen ständig nach Gelegenheiten abgesucht werden, die eine Optimierung oder eine Intensivierung der Anstrengungen in bestimmten Bereichen ermöglichen. Gleichzeitig können mit einer gezielten Markt- und Umweltbeobachtung drohende Gefahren rechtzeitig erkannt werden.

Abstimmen von Zielen und Mitteln

Die Ziele, die sich das Unternehmen in seiner Strategie setzt, müssen im Einklang mit den vorhandenen Mitteln (personelle, finanzielle etc.) stehen. Vom Verhältnis zwischen Zielen und Mitteln hängt die Höhe des Risikos ab, das mit der Realisierung der Unternehmensstrategie verbunden ist. Dieses Risiko ist natürlich möglichst gering zu halten.

Teamarbeit

Eine Unternehmensstrategie muss von den Mitarbeitern des Unternehmens getragen werden. Die Unité de doctrine, der »Gemeinschaftsgeist«, der in einem Unternehmen herrscht, hat eine nicht zu unterschätzende Bedeutung für den Erfolg.

Einfachheit

Strategisches Denken darf nicht die Erstellung umfangreicher Handbücher und Richtlinien zum Ziel haben. Im Gegenteil: Es sind Übersichtlichkeit und konzentrierte Darstellung der getroffenen Entscheidungen anzustreben.

Beharrlichkeit in der Strategieverfolgung

Eine entwickelte und formulierte Strategie sollte beharrlich und kontinuierlich verfolgt werden, um die angestrebten Ziele tatsächlich zu erreichen. Strategien sollten zwar flexibel an veränderte Rahmenbedingungen angepasst werden, um den entsprechenden Chancen und Gefahren zu begegnen. Unbegründete, kurzfristige und abrupte Kurswechsel sorgen aber nicht nur für eine allgemeine Verwirrung, sondern haben eine tiefere Produktivität und das Nichterreichen der Ziele zur Folge.

Übertragen auf den Marketing- und Verkaufsbereich und insbesondere auf das Key Account Management haben die strategischen Erfolgsgrundsätze folgende Bedeutung:

Erfolgsgrundsatz	Bedeutung im Marketing- und Verkaufsbereich	Bedeutung im Key Account Management
Effizienz	Ein gezieltes Marketing- und Vertriebscontrolling soll Potenziale zur Erhöhung der Produktivität aufzeigen und gleichzeitig Verbesserungen der Kostenstruktur vorschlagen.	Das Key Account Management soll einen Beitrag leisten, dank einer effizienteren Betreuung der wichtigsten Kunden die Produktivität insgesamt zu erhöhen.
Konzentration der Kräfte	Klare Prioritäten bezüglich Produkten und Kunden stellen sicher, dass alle Mitarbeiter im Marketing- und Verkaufsbereich sich in der Marktbearbeitung auf das Wesentliche konzentrieren.	Ein gutes Key Account Management ist einer der wichtigsten Beiträge zu diesem Erfolgsgrundsatz, in dem wir unsere Aktivitäten mit höchster Priorität auf diese Kunden ausrichten.

Erfolgsgrundsätze in Marketing/Verkauf und im KAM

Erfolgsgrundsatz	Bedeutung im Marketing- und Verkaufsbereich	Bedeutung im Key Account Management
Aufbauen auf vorhandene Stärken	Detaillierte Marketing- und Verkaufsanalysen verdeutlichen die eigenen Stärken und Schwächen im Vergleich zur Konkurrenz. Anschließend können die Konzepte auf den erkannten Stärken aufbauen und diese gezielt ausnutzen.	Sinnvollerweise fokussieren wir uns in einer ersten Phase auf die Analyse und Optimierung der Resultate bei bestehenden Top-Kunden, bevor wir neue potenzielle Großkunden angehen.
Differenzierung	Die Differenzierung ist ein wichtiger Bestandteil jeder Marketingstrategie. Für jedes Unternehmen ist es unerlässlich zu definieren, worin es sich von der Konkurrenz abhebt, was also das Unternehmen anders oder besser macht als die Konkurrenten.	Mit unserem Beitrag zur Lösung betrieblicher und unternehmerischer Probleme bei Top-Kunden profilieren wir uns gegenüber Mitbewerbern.
Richtiges Timing	Die Bedeutung des richtigen Timings wird v. a. im Falle einer Produkt-Neulancierung deutlich. Die verkaufsfördernden Aktivitäten müssen so terminiert werden, dass die Nachfrage der Kunden zeitgerecht befriedigt werden kann.	Wünsche unserer Großkunden müssen schnell angegangen und erfüllt werden. Das Einhalten von Terminen hat zudem oberste Priorität.
Nutzen von Synergien	Im Marketing- und Verkaufsbereich sind vielfältige Synergien denkbar (z. B. Mehrfachnutzung von Daten und Informationen). Oft werden diese Synergien nicht ausgeschöpft, weil keine einheitliche Datenbankbasis vorhanden ist.	Synergien können zwischen den Unternehmensbereichen im Sinne des Cross-Sellings bei Großkunden genutzt werden. Zudem gilt es, Synergien zwischen dem eigenen Unternehmen und den Key-Accounts zu erkennen und echte Win-Win-Beziehungen aufzubauen.

Erfolgsgrundsatz	Bedeutung im Marketing- und Verkaufsbereich	Bedeutung im Key Account Management
Nutzen von Umwelt- und Marktchancen	Umwelt- und Marktchancen spielen in jeder Marketing- und Verkaufsanalyse eine wichtige Rolle. Es ist das Ziel der Marketingarbeit, Veränderungen in der Umwelt und im Markt frühzeitig zu erkennen und in den Konzepten entsprechend umzusetzen.	Im Key Account Management gilt es, nicht nur die eigenen Umwelt- und Marktchancen zu erkennen und zu nutzen, sondern ebenso jene der Schlüsselkunden.
Abstimmen von Zielen und Mitteln	Die Wirtschaftlichkeitsrechnungen im Rahmen der Marketing- und Verkaufskonzepte zeigen, ob die vorgesehenen Ziele mit den vorhandenen Mitteln und Aktivitäten überhaupt erreicht werden können.	Hohe Ziele bei Top-Kunden verlangen den Einsatz der besten Mitarbeiter und weitere Ressourcen. Eine Wirtschaftlichkeitsrechnung pro Kunde muss aufzeigen, ob sich mittelfristig die Investitionen tatsächlich lohnen oder nicht.
Teamarbeit	Im Marketingbereich ist die gute Teamarbeit entscheidend für die Entwicklung und Umsetzung neuer Ideen und Strategien.	Das Key Account Management muss mit Rücksicht auf die bestehenden Mitarbeiter entwickelt und eingeführt werden. Der Erfolg ist erst dann gesichert, wenn alle für einen Account zuständigen Team-Mitarbeiter die »gleiche Linie« verfolgen.
Einfachheit	Die Einfachheit im Marketing und Verkauf bezieht sich nicht nur auf die intern erarbeiteten Konzepte und Pläne. Dem Grundsatz der Einfachheit sollten auch sämtliche Informationen, Dokumentationen, Werbemittel etc. entsprechen, welche für die Kunden erarbeitet werden.	Accountpläne für die Großkunden sind übersichtlich und möglichst einfach zu gestalten, damit sie allgemein verständlich sind.

Erfolgsgrundsatz	Bedeutung im Marketing- und Verkaufsbereich	Bedeutung im Key Account Management
Beharrlichkeit in der Strategie- verfolgung	Die Beharrlichkeit in der Verfolgung der Marketing- und Verkaufskonzepte ist notwendig, damit den Mitarbeitern die Stoßrichtungen klar sind und diese über eine gewisse Zeit verfolgt werden können. Kurzfristige Änderungen der Strategien zeigen ihre Wirkung erst einige Monate später, da die Zeit bis zur Umsetzung beachtet werden muss.	Das Key Account Management darf nicht aus einer Laune heraus im Unternehmen implementiert und nach wenigen Monaten wieder abgesetzt werden, weil die Resultate noch nicht ersichtlich sind. Die Entscheidung für das Key Account Management sollte gut überdacht und anschließend konsequent und v. a. beharrlich umgesetzt werden.

Zusammenfassend kann man sagen, dass ein gezieltes Key Account Management mehr und mehr zum unternehmerischen Imperativ für die erfolgreiche Nutzung von Chancen wird. Die Bedürfnisse von Schlüsselkunden müssen stärker als bisher in der strategischen Ausrichtung und der Organisation von Unternehmen berücksichtigt werden.

Die nachstehende Checkliste hilft bei der Überprüfung, inwieweit ein Unternehmen den Erfolgsgrundsätzen entspricht. Fällt dieser Test gut aus, dann sind die besten Voraussetzungen für ein gutes KAM-Konzept vorhanden.

Checkliste strategischer Erfolgsgrundsätze	ja	nein	prüfen
Effizienz (»Die Dinge richtig tun«): Wir sind in der Lage, mit den vorhandenen Mitteln das Maximum herauszuholen oder wir erreichen unsere Ziele mit weniger Ressourcen als andere.	☐	☐	☐
Konzentration der Kräfte (»Die richtigen Dinge tun«): Wir konzentrieren uns auf diejenigen unternehmerischen Aktivitäten im Markt und im Unternehmen, die uns aufgrund unseres aktuellsten Wissenstandes als am erfolgversprechendsten erscheinen. Wir sind es gewohnt, unsere Kräfte in der Strategie und in der Umsetzung bezüglich Kunden, Angeboten, Aktivitäten zu konzentrieren.	☐	☐	☐

Checkliste strategischer Erfolgsgrundsätze	ja	nein	prüfen
Aufbauen auf vorhandene Stärken: Wir verfügen über eine breite Erfahrung, über ein führendes Know-how und über hervorragende Beziehungen in der Branche und speziell zu wichtigen Kunden.	☐	☐	☐
Differenzierung: Wir verfügen über Kernkompetenzen und Vorteile, um uns gezielt gegenüber unseren Mitbewerbern abzuheben. Unsere Marktbearbeitung gilt als Benchmark in der Branche.	☐	☐	☐
Richtiges Timing: Wir sind es gewohnt, Entscheidungen schnell zu treffen und gemäß unseren Prioritäten sofort umzusetzen.	☐	☐	☐
Nutzen von Synergien: Wir sind ausgeprägte Team-Player und stellen sicher, dass innerhalb unserer Organisation und in der Zusammenarbeit mit Kunden Win-Win-Verhältnisse entstehen.	☐	☐	☐
Nutzen von Umwelt- und Marktchancen: Wir kennen unseren Markt und die Kundenbedürfnisse genau. Wir verfolgen laufend die Entwicklung in unserem Markt und in unserem Marktumfeld sowie im Markt des Kunden. Die erkannten Trends nutzen wir als Herausforderung und Chance.	☐	☐	☐
Abstimmen von Zielen und Mitteln: In unseren Konzepten überlegen wir immer, ob wir zu den definierten Zielen die notwendigen Ressourcen zur Verfügung stellen können (Finanzen, richtige Mitarbeiter etc.).	☐	☐	☐
Teamarbeit: Die Mitarbeiter, insbesondere die leitenden, stehen voll hinter der Unternehmensstrategie. Der Gemeinschaftsgeist wird in allen Bereichen großgeschrieben.	☐	☐	☐

Checkliste strategischer Erfolgsgrundsätze	ja	nein	prüfen
Einfachheit: Wir sind in der Lage, systematisch und dennoch pragmatisch Konzepte zu entwickeln und Entscheidungen rasch und unkompliziert zu treffen.	☐	☐	☐
Beharrlichkeit in der Strategieverfolgung: Wir sind es gewohnt, unsere Ziele beharrlich zu verfolgen. Rückschläge oder Enttäuschungen bringen uns von den Zielen nicht ab. Wir bearbeiten gerne und konsequent bestehende und neue Kunden. Wir sind bereit, »härter« zu arbeiten als andere.	☐	☐	☐

2.2.2   Erfolgssicherung in der Zukunft

Just in time, Lean Production und Business Process Reengineering führen nicht geradewegs in die Liga der besten Unternehmen. Das mussten schon verschiedene Firmen erfahren, die sich diese Verbesserungsprogramme verordneten. Zwar gelang es damit häufig, mit den Konkurrenten gleichzuziehen, aber dauerhafte Wettbewerbsvorteile konnten nicht sichergestellt werden, weil bei den gewählten Stoßrichtungen keine Kernkompetenz im Beziehungsmanagement zu Kunden und insbesondere zu Top-Kunden aufgebaut wurde oder weil die Controlling-Instrumente versagten.

Als »Wunderwaffe« bezeichnen Gary Hamel und C. K. Prahalad im Buch »Competing for the Future« die Entwicklung und Sicherung von Kernkompetenzen als verdichtetes Wissen und Können der gesamten Unternehmensorganisation.

Diese überlegenen Fähigkeiten in bestimmten Teilen der Wertschöpfungskette (Prozesskette) ermöglichen die Erneuerung einer profilierten, wachstumsorientierten Zukunftsstrategie, welche weit mehr beinhaltet als Sparanstrengungen und Optimierung von Prozessen. Diese Wachstumsstrategie sollte auf echten Kernkompetenzen beruhen, welche unabhängig von einzelnen Produkten sichergestellt werden. Die Stoßrichtungen schließen sich nicht aus. Es ist jedoch erfolgsentscheidend, dass wir für uns folgende Fragen beantworten: Kleiner werden? Besser werden? Anders/einzigartig sein?

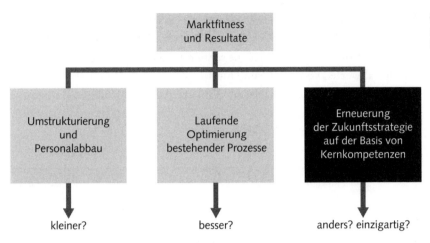

Optionen zur Siche-
rung des Erfolges
in der Zukunft

Neben technischen Kernkompetenzen (und Kerntechnologien) gehört das Beziehungsmanagement zu wichtigen Kunden zum Kernkompetenzen-Portfolio erfolgreicher Unternehmen der Zukunft.

Ein optimales Beziehungsmanagement und damit bessere Marktkenntnisse erlauben uns die Beantwortung wichtiger Fragen zur Zukunft unseres Unternehmens:

- Wer sind unsere 10 bis 20 wichtigsten Kunden in den nächsten Jahren?

- Was sind die wichtigsten Herausforderungen und Probleme unserer Kunden in der Zukunft?

- Was sind die Grundlagen unserer Wettbewerbsvorteile in der Zukunft?

- Wo liegt in unserer Wertschöpfungskette (Prozesskette) die Basis für überdurchschnittliche Deckungsbeiträge?

- Welche Fähigkeiten machen uns jetzt und in der Zukunft einzigartig (»unique«)?

- In welchen geografischen Märkten werden wir tätig sein?

Neuere Untersuchungen zeigen, dass in vielen Unternehmen ein zu großes Gewicht auf den Kosten- und Personalabbau gelegt wird und so eine »Schlankheitskur« die andere ablöst. Auf der anderen Seite stellt man fest, dass nur 35% der Kunden »echt rentieren«. Erstaunlich ist jedoch, dass ca. 50% bis 60% des Marketingbudgets und der Verkaufsressourcen auf Kunden ausgerichtet sind, welche nicht rentieren resp. nie sinnvolle Deckungsbeiträge abwerfen können. Grund hierfür ist oft eine fehlende Priorisierung bezüglich Kunden oder die falsche Wahl von Vertriebskanälen. Zudem erzielen viele Unternehmen 50% bis 70% des Umsatzes/Deckungsbeitrages mit Produkten, die älter als 5 Jahre sind.

Wachstumsstrategien
und Erfolgsfaktoren

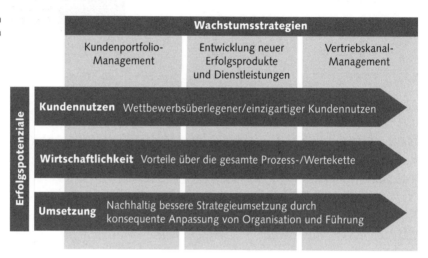

Für eine profilierte Wachstumsstrategie gilt es, diejenigen Ansatzpunkte festzulegen, welche es uns erlauben, nachhaltig wirksame Quantensprünge zu erzielen. Ein echtes Wachstum kann demnach mit einer Strategie erfolgen, welche den richtigen Kundenfokus, gezielte Produktinnovationen/-verbesserungen und die richtigen Kernkompetenzen definiert.

Damit die »Stoßrichtungen« in den kommenden Jahren greifen, sind eine gezielte Ausrichtung am zukünftigen Kundennutzen, die Wirtschaftlichkeit der Geschäftsprozesse und eine konsequente Umsetzung mit begeisterten, engagierten Mitarbeitern unabdingbar.

Die Wachstumsstrategie und unsere Erfolgspotenziale werden dann erfolgreich umgesetzt, wenn es uns gelingt, die richtigen Top-Kunden zu wählen, zu pflegen und langfristig als Partner mit »Win-Win-Leistungen« zu überzeugen.

2.3   Stellung des Key Account Managements in der Konzepthierarchie

Jedes Unternehmen, das seine Wettbewerbsvorteile konsequent nutzen will, entwickelt und implementiert in seinem Unternehmen Konzepte, welche in der nachstehenden Konzepthierarchie erkennbar sind. Die Umsetzung der verschiedenen Konzepte muss sich dabei auf die zentralen Punkte der Wertschöpfungskette konzentrieren, damit die strategischen Grundsätze und die strategischen Erfolgspotenziale konsequent umgesetzt resp. genutzt werden können.

Die Aufgaben der Unternehmensführung können grundsätzlich in zwei Bereiche aufgeteilt werden: Entscheidungen werden entweder auf der strategischen oder auf der operativen Ebene gefällt.

Auf strategischer Ebene werden Entscheidungen mit mittel- bis langfristiger Gültigkeit getroffen. Die wichtigste Aufgabe ist hier die Festlegung der Unternehmensstrategie, die alle Bereiche der Unternehmenstätigkeit miteinbezieht, welche als Basis für alle Überlegungen dient. Von ihr werden alle weiteren Konzepte und Teilstrategien (z. B. Marketingstrategien, Key-Account-Management-Konzept oder Personalstrategien) abgeleitet bzw. müssen in sie eingebettet sein.

Auf der operativen und taktischen Ebene werden die strategischen Ziele konkretisiert. Es geht hier um die kurzfristige Planung und die detaillierte Bestimmung der Maßnahmen, die zur Erreichung der Ziele notwendig sind (d. h. konkret, wer wann und wie welche Aufgaben zu erledigen hat), und letzten Endes um das tägliche Handeln und Entscheiden der Mitarbeiter des Unternehmens.

Auf den einzelnen Stufen der Konzepthierarchie sind unterschiedliche Inhalte und Fristen für die Konzepte, Strategien und Pläne gültig. Die lang- und mittelfristigen Konzepte werden im Sinne einer rollenden Planung einmal jährlich überprüft:

- Das Leitbild eines Unternehmens wird ohne zeitliche Beschränkung formuliert. Lediglich wesentliche Veränderungen der Unternehmenstätigkeit bzw. drastische Veränderungen in Markt und/oder Umwelt können ein Überdenken und Hinterfragen der Werthaltungen und der grundsätzlichen Ausrichtung gemäß Unternehmensleitbild nötig machen.

Das Key Account
Management in der
Konzepthierarchie

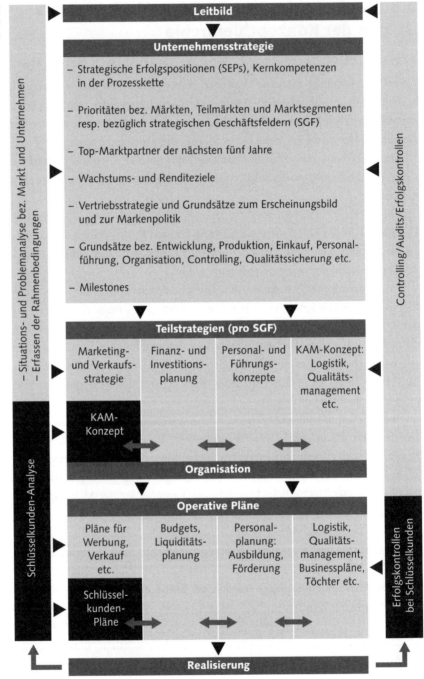

Leitbild

Unternehmensstrategie

– Strategische Erfolgspositionen (SEPs), Kernkompetenzen
  in der Prozesskette

– Prioritäten bez. Märkten, Teilmärkten und Marktsegmenten
  resp. bezüglich strategischen Geschäftsfeldern (SGF)

– Top-Marktpartner der nächsten fünf Jahre

– Wachstums- und Renditeziele

– Vertriebsstrategie und Grundsätze zum Erscheinungsbild
  und zur Markenpolitik

– Grundsätze bez. Entwicklung, Produktion, Einkauf, Personal-
  führung, Organisation, Controlling, Qualitätssicherung etc.

– Milestones

Teilstrategien (pro SGF)

| Marketing- und Verkaufs- strategie | Finanz- und Investitions- planung | Personal- und Führungs- konzepte | KAM-Konzept: Logistik, Qualitäts- management etc. |

KAM-
Konzept

Organisation

Operative Pläne

| Pläne für Werbung, Verkauf etc. | Budgets, Liquiditäts- planung | Personal- planung: Ausbildung, Förderung | Logistik, Qualitäts- management, Businesspläne, Töchter etc. |

Schlüssel-
kunden-
Pläne

Realisierung

– Situations- und Problemanalyse bez. Markt und Unternehmen
– Erfassen der Rahmenbedingungen

Schlüsselkunden-Analyse

Controlling/Audits/Erfolgskontrollen

Erfolgskontrollen
bei Schlüsselkunden

- Die Unternehmensstrategie wird langfristig für ca. 4 bis 5 Jahre festgelegt.

- Grundsatzüberlegungen zum Key Account Management finden sich oft
  bereits in der Unternehmensstrategie. Insbesondere ist es sinnvoll, die
  wichtigsten Marktpartner/Kunden in der Unternehmensstrategie namentlich zu erwähnen. Damit bekennt sich die Unternehmensleitung
  klar zur intensiven Bearbeitung dieser Top-Kunden. Gleichzeitig wird
  sichergestellt, dass die Bedeutung dieser Kunden stets präsent ist.
  Eine kürzlich durchgeführte Umfrage des Beratungsunternehmens
  Dr. Pius Küng & Partner, St. Gallen, bei international tätigen Firmen hat
  ergeben, dass 47 % der befragten Unternehmen das Key Account Management in der Unternehmensstrategie erwähnen, und 62,6 % davon erwähnen die Key Accounts gar namentlich in der Unternehmensstrategie.
  Unter den Unternehmen, die die Schlüsselkunden namentlich erwähnen,
  ist die Konsumgüterbranche überproportional vertreten.

- Für die Teilstrategien, die aus der Unternehmensstrategie für einzelne
  Funktionsbereiche des Unternehmens abgeleitet werden und weiter ins
  Detail gehen, ist eine mittelfristige Gültigkeit von 2 bis 3 Jahren sinnvoll. Das Key-Account-Management-Konzept ist in diesen Bereich eingebettet und sollte die Grundsätze der Unternehmensstrategie berücksichtigen und gleichzeitig mit dem Marketing- und Verkaufskonzept
  eine Einheit bilden.

- Operative Pläne, die konkret die Art und Weise der Realisierung von auf
  strategischer Ebene geplanten Maßnahmen bestimmen, werden für eine
  Dauer von bis zu einem Jahr erstellt. Das Key Account Management
  definiert im Rahmen der operativen Pläne die Schlüsselkunden-Pläne,
  d. h. jeder einzelne Schlüsselkunde wird in Bezug auf Chancen/Stärken
  und Gefahren/Schwächen analysiert. Auf dieser Basis werden die Ziele
  und die Maßnahmen für den jeweiligen Schlüsselkunden definiert.

- Eine taktische Planung wird für die Detailplanung von Einzelmaßnah-
  men eingesetzt (z. B. Abschluss eines Rahmenvertrages, Planung eines
  gemeinsamen Messeauftrittes) und muss sorgfältig vorbereitet werden.

In diesem Zusammenhang hat Fredmund Malik ein »Navigationsschema«
für die unternehmerische Ausrichtung auf der operativen und strategischen
Ebene entwickelt.

Navigationsschema
zur Sicherung des
Unternehmenserfolges

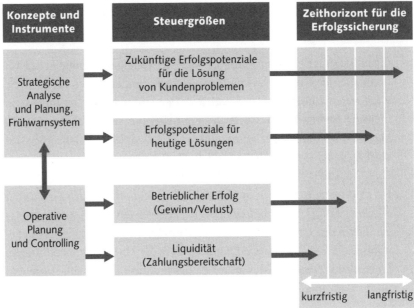

Dieses Navigationsschema zeigt uns, dass wir nur dann kurz- und langfristig überleben können, wenn es uns gelingt, die Liquidität, den betriebswirtschaftlichen Erfolg (Cashflow, Gewinn) und geeignete Erfolgspotenziale (Vorteile, Einzigartigkeiten) sicherzustellen. Im optimalen Falle haben wir uns bereits mit zukünftigen Kundenproblemen auseinandergesetzt, wobei sich diese nicht an den heutigen Produkten orientieren, denn langfristig wird jedes Produkt durch eine neue Lösung substituiert, was mit folgenden Beispielen dokumeniert werden kann:

Beispiel 1: Die digitale Kamera löst den Videorekorder ab, welcher vor Jahren die Super-8-Filmkamera abgelöst hat.

Beispiel 2: Die DVD löst die CD ab, welche ihrerseits Audio-Kassetten und Schallplatten ersetzt hat.

Beispiel 3: Der Digitaldruck löst zunehmend den traditionellen Offsetdruck ab, welcher vor Jahren den Buchdruck ersetzt hat.

Beispiel 4: Die kabellose Übertragung ersetzt Lichtwellenleiter-Kabel, welche ihrerseits Kabel und Verteiler auf Kupferbasis ersetzten.

Dieses Navigationsschema visualisiert Erfahrungen aus der Praxis:

- Eine gute Liquidität bedeutet noch nicht gute Geschäftsergebnisse, während gute Geschäftsergebnisse nicht zwingend mit einer guten Liquidität verbunden sind.

- Ein guter Erfolg (Cashflow, Gewinn, ROI etc.) heißt noch nicht, dass wir über genügend Erfolgspotenziale in der Zukunft verfügen, und vorhandene Erfolgspotenziale spiegeln sich nicht immer im Unternehmensergebnis wider.

- Heutige Erfolgspositionen, gute Ergebnisse und eine vernünftige Liquidität (Zahlungsbereitschaft) sichern nur dann den langfristigen Erfolg, wenn wir uns rechtzeitig mit den zukünftigen Kundenproblemen und mit neuen technischen Lösungen auseinandersetzen.

In der Praxis können wir die Richtigkeit des Navigationsschemas immer wieder feststellen, wenn große Unternehmen kleinere und mittlere Firmen übernehmen, welche oft über gute Ideen, aber über zuwenig Ressourcen bezüglich Finanzen und Vertrieb verfügen, während den großen Unternehmen die Ideen ausgehen.

	Liquidität	Ertrag	SEP	Zukünftige SEP
Situation vieler Großunternehmen	sehr gut	sehr gut	gut	schlecht
Situation von KMU	schlecht	knapp befriedigend/ schlecht	gut	sehr gut

Warum Großunternehmen viele KMU »fressen«

Die Zeitungen haben in den letzten Jahren laufend von Mergers, Akquisitionen und Fusionen berichtet. Oft traf der Fall zu, dass große, internationale Konzerne vergleichsweise kleine und mittlere Unternehmen »gefressen« haben, wie die folgenden Beispiele zeigen.

Zu denken ist z. B. an die Übernahme des traditionsreichen Schweizer Schuhherstellers Bally durch den US-Finanzkonzern Texas Pacific Group oder an die renommierten Schweizer Uhrenhersteller TAG Heuer, Zenith und Ebel, welche vom französischen Luxusgüterkonzern Louis Vuitton-Moët-Hennessy (LVMH) übernommen wurden. Meist stehen bei den Übernahmekandidaten Liquiditäts- und/oder Ertragsprobleme im Vordergrund, während sich die Großunternehmen strategische Erfolgspositionen »aneignen« können, wie im Falle von LVMH das Uhrmacher-Wissen der traditionsreichen Uhrenhersteller. Der Speditionskonzern Danzas bzw. dessen deutsche Muttergesellschaft wollte dagegen mit dem Zukauf des US-Speditionskonzerns American Express International (AEI) die weltweite Präsenz ausweiten und zur Nummer eins in der Luftfracht werden.

Auch der Finanzbereich blieb von dieser Fusionswelle nicht verschont. Aufsehen erregte z. B. die Übernahme der »kleinen« Banca del Gottardo durch die Rentenanstalt/Swiss Life, wobei die Gotthard-Bank vor der Übernahme bereits nicht mehr selbstständig war, sondern zur japanischen Sumitomo-Bank gehörte.

Die Beispiele zu den Übernahmen von »Kleinen« durch Große könnten allein ein ganzes Buch füllen. Für das Key Account Management heißt diese »Fusionitis« nichts anderes, als dass man sich immer wieder mit neuen Herausforderungen auseinandersetzen muss und dass sich die Ansprechpersonen von einem Tag auf den anderen ändern können. Es gilt deshalb ein breites Beziehungsnetz zu verschiedenen Personen beim Schlüsselkunden aufzubauen.

Unabhängig von den Übernahmen wird seit einiger Zeit versucht, mit einer sogenannten Balanced Scorecard (Kaplan) die Umsetzung von Strategien und Konzepten sowie das Erreichen der Ziele mit geeigneten Kennzahlen laufend zu überprüfen (Synonym: Cockpit-Controlling).

Bei der Fixierung der Anzahl von Kennzahlen gilt es den Grundsatz des CZSG (Controller Zentrum St. Gallen) zu beachten: »Twenty is plenty«, d.h. das Cockpit-Controlling ist dann erfolgreich, wenn wir uns auf die wichtigsten Kennzahlen fokussieren (»Konzentration der Kräfte«).

Voraussetzung für eine erfolgreiche Implementierung einer Balanced Scorecard sind gute Strategien, klare Ziele und Konzepte, das Erkennen der wichtigsten Erfolgsfaktoren (»Drivers«) sowie geeignete computergestützte Messinstrumente.

Das Navigationsschema sowie die Balanced Scorecard haben auch ihre Bedeutung im Key Account Management, ist doch der Erfolg bei Schlüsselkunden entscheidend für die gesamtunternehmerischen Resultate. Wichtige Kennzahlen sind: Zielerreichung bei Top-Kunden, Prozentsatz der pünktlichen Lieferungen, Prozentsatz der gewonnenen Projekte im Verhältnis zum Total der Kundenprojekte, Prozentsatz unseres Umsatzes am Gesamtumsatz des Kunden etc.

Markt- und Kundenkennzahlen

– Umsatzzielerreichung
– Kundenzufriedenheit
– Verhältnis Offerten/
  Aufträge
– Marktanteile
– Wiederkaufsraten
– Umsätze Top-Kunden

Finanzielle Kennzahlen

– Cashflow
– ROI/ROCE
– DBs
– Wertschöpfung
– Liquidität

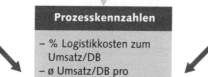

Balanced
Scorecard

Mitarbeiterkennzahlen

– Mitarbeiterzufriedenheit
– Ungewollte Fluktuationen
  in % der Mitarbeiter
– ø Anzahl Tage Trainings
  pro Mitarbeiter
– % Mitarbeiter, welche
  Ziellohn überschreiten

Prozesskennzahlen

– % Logistikkosten zum
  Umsatz/DB
– ø Umsatz/DB pro
  Mitarbeiter im Verkauf
– Marketing- und
  Verkaufskosten in
  % des Umsatzes/DBs
– % des Umsatzes von
  neuen Produkten
  (≤ 3 Jahre) am Gesamt-
  umsatz
– Garantiekosten in %
  zum Umsatz
– % pünktliche Lieferungen

Kennzahlen zur Balanced
Scorecard eines
Industrieunternehmens

2.4 Problemlösungen für den Schlüsselkunden: Das Durchbrechen der gläsernen Decke

Die Umsetzung unserer Strategien und das Erreichen der Unternehmensziele ist weitgehend vom Erfolg bei unseren Schlüsselkunden abhängig. Hierfür ist eine »maßgeschneiderte« Betreuung der Key-Accounts resp. der Divisionen und Abteilungen unserer wichtigsten Kunden unerlässlich. Nicht der Verkauf von Produkten steht im Mittelpunkt, sondern vielmehr unser Beitrag zur Lösung zentraler betrieblicher und unternehmerischer Probleme des Schlüsselkunden. Mit diesem Beitrag können der Wettbewerb bei Top-Kunden verkleinert und die Resultate des Kunden und unseres Unternehmens verbessert werden, insbesondere dann, wenn es uns gelingt, die strategischen Erfolgspositionen (Wettbewerbsvorteile und/oder die Kernkompetenzen unserer Kunden) zu stärken.

Die nachstehende Darstellung zeigt die Stufen vom Produktverkauf bis zum Problemlöser beim Kunden. Die sogenannte »gläserne Decke« stellt dabei die Hürde zwischen dem traditionellen Verkaufen und dem Schlüsselkunden-Management dar. Viele Mitarbeiter im Verkauf sind nicht in der

Vom Produktverkauf
zum Problemlöser
beim Kunden

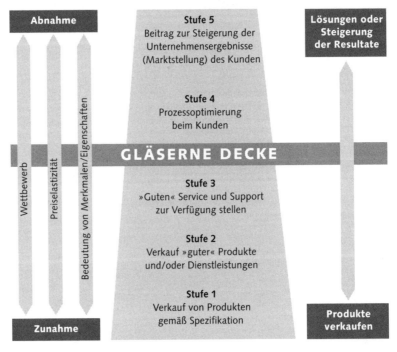

Lage, diese gläserne Decke zu überspringen, weil die tatsächlichen Herausforderungen des Kunden nicht erkannt werden oder weil das Unternehmen nicht in der Lage ist, kundenspezifische Lösungen zu erarbeiten.

Ein Beispiel aus der Informatikbranche soll den Weg vom Produktverkäufer zum Problemlöser besser verdeutlichen: Ein Unternehmen verkauft Workstations und CAD-Systeme für den Maschinenbau. Beschränkt sich das Unternehmen auf den ausschließlichen Verkauf dieser Produkte, so ist es ein Lieferant, der Produkte gemäß Spezifikationen verkauft. In der heutigen Zeit reicht es aber in der Regel nicht mehr, »nur« gute Produkte zu verkaufen, denn es besteht damit nicht die Möglichkeit, sich von den Konkurrenten abzuheben. Die Produkte werden nicht nur in der Informatikbranche, sondern auch in anderen Bereichen einander immer ähnlicher. Es gibt aus Konsumentensicht kaum mehr Möglichkeiten, die verschiedenen Angebote bezüglich Qualität zu unterscheiden. In vielen Fällen wird heute die gute Qualität vorausgesetzt.

Das Unternehmen der Informatikbranche will sich nun gegenüber seinen Konkurrenten abheben. Dazu hat es mehrere Möglichkeiten: Es kann z. B. neben den Produkten (Workstation und CAD-System) den Maschinenbauern zusätzliche Dienstleistungen anbieten, wie die reibungslose Inbetriebnahme der Anlage oder die Schulung der Mitarbeiter des Maschinenbauers auf dem neuen CAD-System, oder eine besonders lange Garantiefrist gewähren. Die angebotenen Dienstleistungen können sogar noch weiter gehen, indem z. B. ein regelmäßiger Update-Service für das Betriebssystem angeboten wird, mit der entsprechenden Software und den Manuals. All diese zusätzlichen Dienstleistungen trifft man heute häufig an. Typischerweise braucht es kein Key Account Management, um diese Produkte und Dienstleistungen zu verkaufen. Erfahrene und gut ausgebildete Verkäufer haben die nötigen Argumente, um die eigenen Produkte und Dienstleistungen zu positionieren und erfolgreich zu verkaufen.

Das Key Account Management geht einen Schritt weiter, indem nämlich die »gläserne Decke« durchbrochen wird. Es geht nicht primär um den Verkauf von Produkten und Dienstleistungen, sondern es müssen in einem ersten Schritt die betrieblichen und in einem zweiten Schritt die unternehmerischen Probleme des Kunden, d. h. des Maschinenbauers, erkannt und gelöst werden. Beim Beispiel des Informatikunternehmens kann die Lösung darin bestehen, dass die CAD-Systeme einen Beitrag leisten, dank kürzerer Produktionszyklen die Produktivität des Maschinenbauers zu steigern. Es könnte sogar so weit gehen, dank der speziell für diesen Maschinenbauer entwickelten Software schneller auf die Anforderungen des Marktes zu reagieren. Sobald das Informatikunternehmen Lösungen bietet, welche die spezifischen betrieblichen und unternehmerischen Probleme des Maschinenbauers lösen, ist der Anbieter nicht mehr ein »austauschbarer« Lieferant, sondern wird zu einem echten Partner. Diese Partnerschaft zeichnet sich aus durch gemeinsam entwickelte Lösungen, welche den Maschinenbauer im Vergleich zu den Konkurrenten besser positionieren. Gleichzeitig dienen diese Lösungen auch dem Informatikunternehmen, um sich in seinem Umfeld als fortschrittliches, innovatives Unternehmen zu profilieren.

Das Durchbrechen der gläsernen Decke hat neben der Entwicklung von spezifischen Lösungen noch weitere Auswirkungen: Tendenziell nimmt der Wettbewerb ab, weil nicht alle Konkurrenten des Informatikunternehmens in der Lage und willens sind, kundenspezifische Lösungen zu erarbeiten. Gleichzeitig nimmt die Preiselastizität ab, weil die angebotenen Problemlösungen zwischen den verschiedenen Informatikunternehmen kaum mehr miteinander vergleichbar sind. Demzufolge nimmt auch die Bedeutung von Merkmalen und Spezifikationen ab. Es wird nicht nach dem Produkt gesucht, das bestimmte Eigenschaften/Spezifikationen des Maschinenbauers erfüllt, sondern es werden gesamtheitliche Lösungen dargestellt, welche weit mehr bieten als die Erfüllung der Eigenschaften.

Einige weitere Beispiele sollen die verschiedenen Angebotsstufen verdeutlichen. Die Tabelle wird dabei am besten von unten nach oben gelesen. Ausgehend von Stufe 1, »Lieferung von Produkten«, werden Stufe um Stufe die ergänzenden Dienstleistungen bzw. die Problemlösungen dargestellt. Genau betrachtet, kann erst ab der vierten Stufe, »Betriebliche Probleme«, von einem gutem Key Account Management die Rede sein.

Sobald die gläserne Decke »durchbrochen« ist, nimmt der Wettbewerb ab. Gleichzeitig reduzieren sich die Preiselastizität sowie die Bedeutung von einzelnen Produkteigenschaften und -merkmalen. Demgegenüber wird es umso wichtiger, die Herausforderungen des Kunden in seinem Markt zu erfassen und entsprechende individuelle, problembezogene Lösungen anzubieten, welche für den Kunden eine echte Unterstützung für den eigenen Wettbewerb darstellen.

Genau bei diesen Punkten muss das Key Account Management ansetzen und sicherstellen, dass mit den kundenspezifischen Lösungen zwischen dem eigenen Unternehmen und dem Schlüsselkunden ein Verhältnis aufgebaut wird, welches für beide Beteiligten zu einer Win-Win-Situation führt.

	Beispiel 1: Beleuchtung	Beispiel 2: Informatik
Stufe 5: Unternehmerische Probleme	■ Beitrag zur Verbesserung der Wettbewerbsfähigkeit ■ Kundenspezifische, gemeinsam entwickelte neue Produkte für die richtige Marktpositionierung	Lieferung von IT-Systemen zur: ■ Abdeckung für strategisch wichtige Glieder der Wertschöpfungskette ■ Steigerung der Wettbewerbsfähigkeit ■ Unterstützung der angestrebten Dezentralisierung
Stufe 4: Betriebliche Probleme	■ Beratung für Präsentations- und Layoutmöglichkeiten ■ Konzepte für Kostenreduktionen im Bereich Energie	■ Lieferung eines Informatiksystems zur Senkung der Lagerhaltungskosten um 10 % ■ Computer Aided Software Engineering (CASE) implementieren
Stufe 3: Guter Service und Support	■ Weiterbildung der Kundenmitarbeiter ■ Qualifizierte Ansprechpartner/ Spezialisten für die Kundenmitarbeiter	■ Bedarfsorientierte Kundenschulung ■ Schnelles und aufmerksames Wartungs- und Reparaturpersonal
Stufe 2: Gute Produkte und/oder Dienstleistungen	■ Lichttechnische Beratung ■ Variantenberechnungen	■ Workstation inkl. Laserprinter, die dem Industriestandard entsprechen ■ Installation zum vereinbarten Termin und reibungslose Inbetriebnahme
Stufe 1: Lieferung von Produkten	■ Leuchten aufgrund der Devisenanforderungen anbieten	■ PCs, Peripheriegeräte und sonstiges Zubehör

	Beispiel 3: Zeitschriftendruck	Beispiel 4: Copy Center
Stufe 5: Unternehmerische Probleme	■ Beratung für die optimale Positionierung der Zeitschrift im Markt ■ Mithilfe bei der Mehrfachnutzung der Daten (Druck, Internet, E-Commerce)	■ Betrieb aller Fotokopierer und Drucker des Kunden durch eigenes Personal
Stufe 4: Betriebliche Probleme	■ Übernahme aller Prozesse, in denen der Kunde keine Kernkompetenz hat (Logistik, Versand, Akquisition von Inseraten)	■ Unterhalt und Wartung aller Fotokopierer des Kunden organisieren
Stufe 3: Guter Service und Support	■ Beihilfe bei Datenmanagement, Archivierungsservice	■ Versand der Dokumente an Kunden oder an Abteilungen/Filialen
Stufe 2: Gute Produkte und/oder Dienstleistungen	■ Druck und Versand der Zeitschriften an die Abonnenten	■ Laufendes Nachfüllen (Papier, Toner etc.) aller Fotokopierer beim Kunden
Stufe 1: Lieferung von Produkten	■ Druck der Zeitschrift ab gelieferten Daten	■ Verkauf von Fotokopien (Großauflagen) und Papier

Zusammengefasst kann der Weg zum Key Account Management auch wie folgt dargestellt werden:

Erster Schritt: Produktlieferant

In einem ersten Schritt ist jeder Anbieter ein reiner Produktlieferant. Er erlangt mit der Zeit detaillierte Kenntnisse der Branche des Kunden und des Kunden selber. Die Gespräche zwischen dem Lieferanten und dem Kunden werden enger und der Lieferant erlangt immer mehr »Insiderwissen« über den Kunden (z. B. Personalwechsel, Geschäftsgang, gewonnene und verlorene Projekte, interne Unstimmigkeiten).

Zweiter Schritt: Lieferant mit Mehrwert

Dank dieser vertieften Branchen- und Kundenkenntnisse ist der Lieferant in der Lage, einen Mehrwert zu bieten. Dieser Mehrwert kann darin bestehen, dass der Kunde nicht die Standardlösung erhält, sondern eine Lösung, welche seine spezifischen Probleme berücksichtigt und behebt. Der Lieferant baut sein Beziehungsnetz innerhalb des Kundenunternehmens aus. Neben Kontakten zu Sachbearbeitern, Einkäufern etc. stellen sich auch die Kontakte zum Top-Management ein. Der Lieferant wird nicht mehr nur bei Tagesgeschäften berücksichtigt, sondern frühzeitig in strategisch wichtige Projekte integriert.

Dritter Schritt: Strategischer Partner

Sobald der Lieferant in strategische Projekte eingebunden ist, weiß er, dass sich seine Rolle beim Kunden gewandelt hat. Er ist nicht mehr »nur« der Lieferant von Produkten, sondern aus Kundensicht wird er zur Vertrauensperson, in vielen Fällen gar zum Berater und strategischen Partner.

Das Key Account Management verfolgt genau dieses Ziel. Mit den wichtigsten Kunden soll keine »gewöhnliche« Kunden-Lieferanten-Beziehung aufgebaut werden. Es muss das Ziel sein, zum strategischen Partner zu werden. Damit bindet man sich langfristig an den Kunden, wird weniger austauschbar. Der Kunde erhält im Gegenzug auf ihn zugeschnittene Lösungen. Eine Win-Win-Situation ist entstanden.

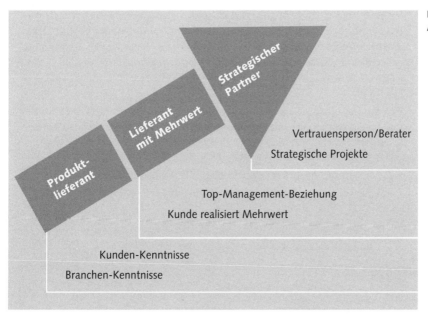

Der Weg zum Key Account Management

Zusammenfassung:

Stabile Bedingungen waren für die Märkte in der Vergangenheit kennzeichnend. Heute stellt aber der Wandel die einzige Konstante für das Unternehmen dar. Die wesentlichen Herausforderungen in der Zukunft sind: der Trend zur zunehmenden Globalisierung der Märkte, das Nullsummenspiel, die Zeitschere, der Diffusionsprozess, der Rationalisierungsdruck sowie das Buying-Center.

Vor diesem Hintergrund bezeichnen Marketing- und Verkaufsleiter die bessere Bearbeitung der Kunden und insbesondere der Schlüsselkunden als eine der wichtigsten Aufgaben in der Zukunft. So betrachtet, gehört das Beziehungsmanagement zu wichtigen Kunden, neben den technischen Kernkompetenzen, zu den erfolgsentscheidenden Kriterien, denn es erlaubt jedem Unternehmen zu erkennen:

- wer in Zukunft die 10 bis 20 wichtigsten Kunden sind,
- worauf sich in der Zukunft die Wettbewerbsvorteile stützen,
- wo innerhalb der Wertschöpfungskette Potenziale zur Erhöhung der Deckungsbeiträge liegen,
- welche Fähigkeiten und Eigenschaften es dem Unternehmen erlauben, anders oder besser als die Mitbewerber zu sein,
- wo die geografischen Schwerpunkte liegen werden.

Aufgrund der großen Bedeutung des Key Account Managements für jedes Unternehmen sollten sich wichtige Überlegungen zum Key Account Management in allen wesentlichen Unternehmenskonzepten wiederfinden.

Es ist z. B. sinnvoll, die wichtigsten zukünftigen Marktpartner namentlich in der Unternehmensstrategie zu erwähnen, damit man sich stets deren Bedeutung bewusst ist. Für die im Key-Account-Management-Konzept definierten Kunden werden Accountpläne entworfen, welche die Ziele und Maßnahmen für jeden einzelnen Schlüsselkunden festhalten.

Eine der wichtigsten Herausforderungen im Key Account Management ist die Sicherstellung von betrieblichen oder unternehmerischen Problemlösungen für den Kunden. Es muss im Key Account Management gelingen, nicht mehr nur Produkte gemäß Spezifikation zu liefern, sondern den Schlüsselkunden auch echte Lösungen zur Bewältigung von unternehmerischen und betrieblichen Problemen zu bieten.

3 Der Schlüsselkunde

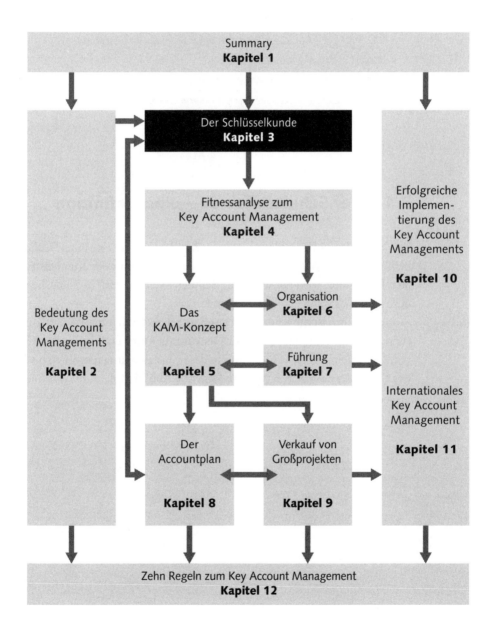

Summary
Kapitel 1

Der Schlüsselkunde
Kapitel 3

Fitnessanalyse zum
Key Account Management
Kapitel 4

Erfolgreiche
Implemen-
tierung des
Key Account
Managements

Kapitel 10

Bedeutung des
Key Account
Managements

Kapitel 2

Das
KAM-Konzept

Kapitel 5

Organisation
Kapitel 6

Führung
Kapitel 7

Internationales
Key Account
Management

Kapitel 11

Der
Accountplan

Kapitel 8

Verkauf von
Großprojekten

Kapitel 9

Zehn Regeln zum Key Account Management
Kapitel 12

In diesem Kapitel finden Sie Antworten auf folgende Fragen:

- *Was ist überhaupt ein Schlüsselkunde?*
- *Wie wird ein Schlüsselkunde in der Praxis definiert?*
- *Worin unterscheidet sich das Key Account Management in verschiedenen Branchen?*
- *Welche Ansätze/Methoden gibt es zur Bewertung von Schlüsselkunden?*
- *Was sind die wichtigsten Anforderungen an einen Schlüsselkunden?*
- *Was ist ein Buying-Center?*
- *Was sind die wichtigsten Rollen innerhalb des Buying-Centers?*
- *Wie können wir die Geschäftsprozesse von Top-Kunden besser verstehen und davon geeignete Lösungen ableiten?*

3.1 Der Schlüsselkunde – eine Definition

Bei der Analyse ihrer Auftragsbestände, Kundenumsätze und ihres Deckungsbeitrages stellen viele Unternehmen Besonderheiten in der Kundenstruktur fest. Fast immer wird ein wichtiger Teil der Umsätze und Deckungsbeiträge durch ein paar wenige, sehr gute Kunden erzielt.

Altbekannt ist die Kunden-/Umsatzregel, wonach mit 20% der Kunden rund 80% des Umsatzes resp. der Deckungsbeiträge erzielt werden. Oft ist den Unternehmen zu wenig bewusst, dass 5 bis 20 Kunden rund 50 bis 60% des Umsatzes ausmachen (vgl. die folgende Abbildung).

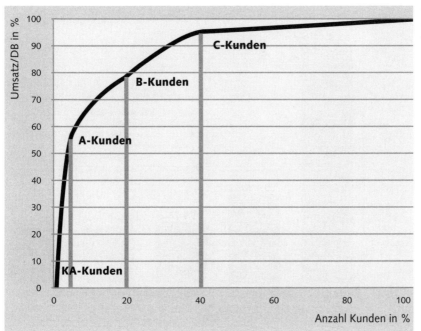

Beispiel Umsatzverteilung
(3 % der Kunden machen
55 % des Umsatzes aus)

Diese Größtkunden werden als Schlüsselkunden oder als Key-Accounts bezeichnet, da ihr Auftragsvolumen von zentraler Bedeutung für das Unternehmen ist und der Verlust eines solchen Kunden ein tiefes »Loch« in die finanziellen Ergebnisse reißen würde.

Beispiel der
Umsatzstruktur einer
Großdruckerei

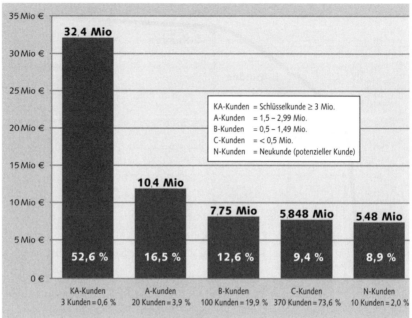

Die wichtigsten Kunden sind logischerweise diejenigen Marktpartner, welche auch für die Konkurrenten interessant sind. Die Mitbewerber arbeiten deshalb immer geschickter und zwingen uns zu weit höheren Anstrengungen, als dies noch vor kurzer Zeit der Fall war. Wir müssen mit der Tatsache leben, dass uns immer weniger Schlüsselkunden ohne geplante und koordinierte Anstrengungen erhalten bleiben.

Schlüsselkunden (Global-Accounts, Major-Accounts, Key-Accounts, Target-Accounts etc.) sind gemäß unserer Definition diejenigen Größtkunden, welche wir mit einem Spezialisten oder einem Account-Team auf verschiedenen Stufen und in verschiedenen Abteilungen durchdringen müssen, damit langfristig der Erfolg und das Erreichen unserer unternehmerischen Ziele sichergestellt sind.

Diese Ziele können wir dann erreichen, wenn wir die Unternehmensziele und die Geschäftsgrundsätze unserer Schlüsselkunden kennen und verstanden haben. So wissen wir, was zu tun ist, um unsere maßgeschneiderten Konzepte für diese Größtunternehmen zu entwickeln und zu implementieren.

Das Schlüsselkunden-Management ist mehr als eine intensivere Bearbeitung im Rahmen einer Kundenkategorisierung. Mit dem Schlüsselkunden-Management soll der Kunde eine Unterstützung sowie Hilfsmittel und

Instrumente erhalten, um seine Strategie erfolgreich im Markt umzusetzen und um seine eigene Position gegenüber den Mitbewerbern erfolgreich auszubauen.

Hierfür ist auch die genaue Kenntnis der Wertschöpfungskette (Prozesskette) der Schlüsselkunden wichtig, damit unsere Leistungen in diejenigen Glieder der Wertschöpfungskette des Kunden einfließen, welche helfen, die Strategien auf dem Markt erfolgreich umzusetzen.

3.2 Schlüsselkunden in verschiedenen Branchen

Die Entstehung von Schlüsselkunden hat in verschiedenen Branchen unterschiedliche Ursachen. Die folgenden Ausführungen sollen dazu beitragen, die Komplexität des Schlüsselkunden-Managements zu verdeutlichen.

3.2.1 Schlüsselkunden im Investitionsgüterbereich

Da Investitionsgüter eine besondere Bedeutung für den Leistungserstellungsprozess eines Unternehmens besitzen, werden die Einkaufsentscheidungen von einem Einkaufsgremium getroffen. Dieses sogenannte Buying-Center besteht aus mehreren Personen, die durch ihre individuellen Funktionen, Motivationen und Einstellungen das Beschaffungsverhalten des Unternehmens beeinflussen.

Das Key Account Management im Investitionsgütermarketing definiert Schlüsselkunden neben deren Umsatz- bzw. Deckungsbeitragsanteil auch über die Struktur des Buying-Centers. Zu diesem Zweck werden der Entscheidungsprozess analysiert und die wichtigsten Entscheider und Beeinflusser identifiziert. Diese »Schlüsselspieler« werden gezielt bearbeitet und sollen den langfristigen Erfolg sicherstellen.

Im Investitionsgüterbereich werden Schlüsselkunden nicht als reine Umsatzträger, sondern als Partner verstanden. Die Kunden besitzen eine reiche Erfahrung mit den Leistungen der Anbieter und denken schon heute über ihre Probleme von morgen und deren Lösungen nach.

Die als »Leaduser« bezeichneten Kunden werden dazu motiviert, in Kooperation mit den Anbietern Projekte zur Produktentwicklung zu begleiten. Die Nutzung des Kunden-Know-hows unterstützt die Anbieter bei der Entwicklung marktgerechter und innovativer Leistungen und hilft den Kunden, ihre Zukunftsprobleme frühzeitig anzugehen.

3.2.2   Schlüsselkunden im Dienstleistungsbereich

Im Dienstleistungsbereich (z. B. Banken oder Versicherungen) erfolgt eine Differenzierung der Kunden nach Größe und Umsatzvolumen. Große Firmen haben neben dem höheren Umsatzvolumen häufig auch komplexere Problemlagen. Die Unternehmen verfolgen das Ziel, optimale, auf die Problemstellung des Kunden maßgeschneiderte Lösungen anzubieten. So sind Banken, Wirtschaftsprüfungsgesellschaften, Versicherungen, Unterhaltsfirmen gezwungen, ihren Kunden (evtl. zusammmen mit Partnern) die Lösungen und Qualitätsansprüche in allen Ländern sicherzustellen, in denen der Großkunde vertreten ist.

3.2.3   Schlüsselkunden in der Konsumgüterindustrie

In der Konsumgüterindustrie ist das Key Account Management durch die Konzentrationsprozesse und durch »extreme Einkaufsmethoden« auf der Handelsebene geprägt. Die Einkaufs- und Marketingentscheidungen werden nicht dezentral, sondern »übergreifend« von Entscheidungsgremien in der Konzernzentrale getroffen. Lieferanten bestimmen ihre Key-Accounts neben dem Umsatzanteil nach dem potenziellen Wachstum der Handelskonzerne. Dabei werden diejenigen Unternehmen als Schlüsselkunden definiert, deren Marketing- und Einkaufsstrategie sich mit den Zielsetzungen des eigenen Betriebes am besten vereinbaren lässt.

Im Sinne eines vertikalen Marketings soll durch das Key Account Management die Herstellerleistung gegenüber den Konzernzentralen profiliert und dem Produktverwender besser zugänglich gemacht werden. Typische Arbeiten sind: Category-Management, Verhandlung von Rahmenverträgen, Distributionsanalysen, Wirtschaftlichkeitsanalysen im Vergleich zur Konkurrenz, Optimierungsmöglichkeiten, detaillierte Aktionspläne etc.

Gerade im Konsumgüterbereich ist durch den europäischen Binnenmarkt und die interkontinentale Tätigkeit wichtiger Unternehmen (z. B. Walmart) eine neue Konzentrationswelle entstanden. Die ehemals nur national operierenden Handelskonzerne weiten ihre Beschaffungsaktivitäten durch Kooperationen auf ganz Europa oder sogar auf alle Kontinente aus und nutzen dadurch die Preis- und Qualitätsunterschiede zwischen den einzelnen Ländern. Sie bauen ihre Machtposition weiter aus und die Hersteller sind gezwungen, weitere (Preis-)Zugeständnisse gegenüber den »Euro-Key-Accounts« oder »Global-Accounts« zu machen.

3.2.4   Schlüsselkunden in der Zulieferbranche

Eine ähnliche Entwicklung zeigt sich u. a. in der Zulieferindustrie für Haushaltsapparate oder für die Automobilbranche. Zulieferer, deren Produkte von der Industrie als austauschbar wahrgenommen werden, sehen sich einem starken und fast ausschließlich über den Preis ausgetragenen Wettbewerb gegenüber. Hier können maßgeschneiderte Lösungen dazu beitragen, die langfristige Überlebensfähigkeit des Unternehmens zu sichern.

Die nachfolgende Übersicht stellt die wichtigsten Unterschiede zwischen den Branchen nochmals zusammengefasst dar.

Branche / Kriterien	Investitionsgüterbereich (z. B. Maschinenindustrie)	Dienstleistungsbereich (z. B. Banken, Versicherungen, Beratung)	Konsumgüterbereich (z. B. Nahrungsmittelindustrie)
Herausforderungen	Einkaufsentscheidungen resp. Investitionsentscheidungen haben für die Kunden eine sehr grosse Tragweite. Neben Produkten müssen dem Kunden die Finanzierung, eine Kapazitätsgarantie oder sogar eine Fullservicegarantie geboten werden (z. B. Cost per hour beim Unterhalt von Linien-Flugzeugen).	Großkunden arbeiten oft mit verschiedenen Unternehmen zusammen. Ziel ist es, die eigene Position bestmöglich auszubauen und ggf. weltweite Problemlösungen sicherzustellen.	Konzentrationsprozesse auf der Handelsebene gefährden die Distribution der Produkte an den Endverbraucher. Die Präsenz bei wichtigen Großverteilern ist ein »Muss«, damit nationale und internationale Kampagnen überhaupt sinnvoll sind. Großverteiler nutzen ihre Einkaufsmacht teilweise hemmungslos aus.
Entscheidungsprozess	Rationaler Kaufentscheidungsprozess durch mehrere Personen (Buying-Center), der von Unternehmen zu Unternehmen unterschiedlich ist. Der Entscheidungsprozess ist weit »oben« in der Unternehmenshierarchie angesiedelt (Vorstand, Aufsichtsrat, Geschäftsleitung).	Der Entscheidungsprozess ist weit »oben« in der Unternehmenshierarchie angesiedelt (Vorstand, Aufsichtsrat, Geschäftsleitung).	Der Einkaufsprozess erfolgt in nationalen und internationalen Gremien. Dabei spielen immer wieder Eigenmarkenüberlegungen eine wichtige Rolle.
Stoßrichtungen	Gezielte Bearbeitung der zentralen Personen im Buying-Center und Erarbeitung maßgeschneiderter Lösungen	Bereitstellung maßgeschneiderter Problemlösungen für die Schlüsselkunden	Gezielte Bearbeitung der Großverteiler zur Optimierung der m²-Erträge im Rahmen des Category-Managements

Key Account Management in unterschiedlichen Branchen

Bezüglich Bearbeitungsmethodik und Vorgehen gibt es allerdings keine sehr großen Unterschiede zwischen den einzelnen Branchen. Dies ist der Grund, warum das vorliegende Buch nicht nach Branchen aufgeteilt ist. Die Beispiele, welche im Buch zu finden sind, werden fallweise auf die Besonderheiten der verschiedenen Branchen eingehen.

3.3   Eigenschaften von Schlüsselkunden

In allen Industriezweigen zeichnen sich Schlüsselkunden durch quantitative (Umsätze, DB etc.) und qualitative Merkmale (Imagewirkung etc.) aus.

Auf der quantitativen Ebene wird hauptsächlich der heutige oder zukünftige Umsatz- oder Deckungsbeitragsanteil des Kunden betrachtet.

In qualitativer Hinsicht sind die Merkmale vielschichtiger: Imageträger, Attraktivität des Kundenmarktes, Ressourcenbedarf etc. sind einige relevante Kriterien.

Entscheidend ist, dass ...

- am Entscheidungsprozess oft mehrere Personen beteiligt sind, die innerhalb der Beschaffung unterschiedliche Funktionen, Rollen und Interessen vertreten (Buying-Center);
- die Schlüsselkunden nach Problemlösungen suchen, die ihrem eigenen Unternehmen als Wettbewerbsvorteil dienen;
- sich Mitarbeiter von Key-Accounts innerhalb der Divisionen und Einkaufsabteilungen, als Vertreter von Zentralbereichen oder als Mitglieder der Geschäftsleitung mit Beschaffungsproblemen auseinandersetzen;
- Top-Kunden oft von den Konkurrenten ähnlich intensiv bearbeitet werden wie vom eigenen Unternehmen.

3.3.1   Bestimmung der Schlüsselkunden

Im Vorfeld des eigentlichen Account-Managementprozesses muss zunächst bestimmt werden, welche Kunden als Schlüsselkunden für das Unternehmen definiert werden. Selbst in Großunternehmen sollen (pro Division) nicht mehr als 20 bis 30 Kunden bestimmt werden, die als Key-Accounts bezeichnet und bearbeitet werden. Im Folgenden werden unterschiedliche Methoden zur Bestimmung von Schlüsselkunden dargestellt. Die Bestimmung von Schlüsselkunden kann nicht unabhängig von den anderen Kundenkategorien erfolgen, d. h. die Wahl der Schlüsselkunden ist immer eingebettet in die gesamte Kundenkategorisierung eines Unternehmens.

Kategorisierung des Kundenstammes nach Vorjahreszahlen
Im Mittelpunkt der Kategorisierung des Kundenstammes steht eine Eintei-
lung der Marktpartner in homogene Gruppen nach ihrer Bedeutung bezüglich Umsatz bzw. Deckungsbeitrag in der Vergangenheit. Im Gegensatz zur
Segmentierung im Marketing geht es bei dieser Aufteilung nicht um die Aufteilung anonymer Zielgruppen (Produktverwender, Händler etc.), sondern
um die Bedeutung für unser Geschäftsergebnis.

Der Kundenstamm wird nach 1 bis 2 Kriterien analysiert. Als Key-
Accounts werden diejenigen Kunden mit dem größten Kauf- und/oder
Deckungsbeitragsvolumen im letzten Geschäftsjahr (oder in den letzten
2 bis 3 Jahren) verstanden. Als Informationsbasis dienen vorhandene Kun-
dendaten aus dem betrieblichen und finanziellen Rechnungswesen. Proble-
matisch an diesem Ansatz ist seine Vergangenheitsorientierung. Es findet
keine Auseinandersetzung mit dem Potenzial des Unternehmens, mit unseren zukünftigen Zielen, mit unserer Position beim Kunden etc. statt, wie aus
der nachstehenden Zusammenstellung hervorgeht.

Kunden-kategorie	Umsatz pro Kunde Vorjahr	DB pro Kunde Vorjahr	Anzahl Kunden
Key-Account	≥ 1'000'000	≥ 500'000	7
A-Kunde	≥ 200'000	≥ 150'000	50
B-Kunde	≥ 50'000	≥ 25'000	600
C-Kunde	< 50'000	< 25'00	7'000

Bildung von Kunden-
kategorien nach
Vergangenheitswerten
(in €)

Ein Beispiel soll die Methode verdeutlichen:

Kundenname	Umsatz Vorjahr	DB Vorjahr	Kategorie
Müller	3'500'000	1'750'000	KA
Meyer	600'000	300'000	A
Fischer	180'000	90'000	B
Schulze	100'000	50'000	B
Mariska	90'000	45'000	B
Franke	–	–	N

Kundenkategorisierung nach Zukunftswerten

Eine Weiterentwicklung der vergangenheitsorientierten Kundenkategorisierung bildet die Methode mit der Integration der zukünftigen Ziele. Teilweise wird diese Methode in Verbindung mit den Vergangenheitswerten eingesetzt. Key-Accounts und andere Kundenkategorien sind nach dieser Methode Marktpartner, welche in der Zukunft einen bestimmten Zielumsatz erzielen werden. Basis für diese Kundenkategorisierung ist die Einschätzung der möglichen Ziele durch die Verkaufsverantwortlichen auf der Basis der Vergangenheitszahlen. Nachteil dieser Methode ist die gefühlsmäßige Einschätzung. Der wichtigste Vorteil ist die einfache Verarbeitung in den Datenbanken.

Kundenkategorisierung nach Zielen in der Zukunft (in €)

Kundenkategorie	Zielumsatz (in 1000 €)	Ziel DB
Key-Account (KA)	≥ 1'000'000	≥ 500'000
A-Kunde	≥ 200'000	≥ 150'000
B-Kunde	≥ 50'000	≥ 25'000
C-Kunde	≥ 50'000	≥ 25'000
Target-Account (TA)	≥ 1'000'000 (in 2 Jahren)	≥ 500'000 (in 2 Jahren)
Neukunde (N)	≥ 200'000 (in 2 Jahren)	≥ 100'000 (in 2 Jahren)

Zuteilung der Kunden auf der Basis der Ziele der Verkaufsverantwortlichen

Kunde	Umsatz Vorjahr	DB Vorjahr	Ziel-U. +1 Jahr	Ziel-DB +1 Jahr	Ziel-U. +2 Jahre	Ziel-DB +2 Jahre	Kat.
Müller	3'500'000	1'750'000	3'500'000	1'750'000	3'000'000	1'500'000	KA
Meyer	600'000	300'000	800'000	400'000	1'200'000	650'000	TA
Fischer	180'000	90'000	290'000	150'000	450'000	220'000	A
Schulze	100'000	50'000	110'000	60'000	120'000	65'000	B
Mariska	90'000	45'000	40'000	25'000	40'000	25'000	C
Franke	–	–	350'000	180'000	1'100'000	550'000	TA

Portfolio-Methodik für die Kundenkategorisierung

Eine beliebte Methodik für die Zuteilung der Kunden zu den einzelnen Kategorien ist der Einsatz der Portfolio-Methode, wobei die Technik von der bekannten Produktportfolio-Methode übernommen wird. Das Kundenportfolio orientiert sich an zwei Dimensionen zur Bestimmung der Kundenkategorie: die Attraktivität der Kunden und die Positionierung des eigenen Unternehmens beim Kunden.

Die Attraktivität des Kunden wird durch Kriterien wie z. B. erzielte Geschäftsergebnisse, Attraktivität der vom Kunden belieferten Märkte, Wachstumschancen des Kunden in seinem Markt oder Umsatzziele mit unseren Produkten in der Zukunft bestimmt. Die Positionierung des eigenen Unternehmens ergibt sich dagegen aus Kriterien wie: unser Umsatzanteil am Total-Umsatz des Kunden, Deckungsbeitrag des Kunden, Beziehungsqualität zu kaufwichtigen Personen, Attraktivität unserer Lösungen für den Kunden.

Nach der Aufteilung der beiden Dimensionen in verschiedene Kriterien erfolgt eine Bewertung der Kriterien in Bezug auf deren Wichtigkeit für die Kundenkategorisierung. Die Gewichtung kann in Prozentzahlen ausgedrückt werden, wobei die Summe der Gewichtungen 100% ergeben muss. Im nächsten Schritt muss für jeden Kunden der Erfüllungsgrad pro Kriterium angegeben werden. Der Erfüllungsgrad wird mit einer Skala von 1 (sehr schlecht) bis 10 (sehr gut) angegeben. Die Verknüpfung zwischen Erfüllungsgrad und Gewichtung ergibt die Bewertung. Anschließend kann für jede Dimension der Durchschnittswert berechnet werden. Für die Subkriterien der Attraktivität und zur Position müssen klare Bewertungsgrundlagen analog der vorstehenden Beispiele zur Verfügung gestellt werden.

Das folgende Beispiel soll zur Verdeutlichung des Vorgehens dienen. Es wird lediglich der Kunde Müller aus den vorhergehenden Beispielen betrachtet:

Unsere Kriterien	Gewichtung	Erfüllungsgrad	Bewertung
Umsatzpotenzial	40 %	10	4.00
DB-Potenzial in 2 Jahren	40 %	8	3.20
Attraktivität der Märkte (des Kunden)	15 %	9	1.35
Wachstumschancen des Kunden	5 %	8	0.40
Attraktivität des Kunden Müller			8.95

Kriterien des Kunden	Gewichtung	Erfüllungsgrad	Bewertung
Unser Anteil am Umsatz	20 %	9	1.8
DB des Kunden (Ist)	35 %	10	3.5
Beziehungsqualität	30 %	8	2.4
Attraktivität unserer Lösungen	15 %	8	1.2
Unsere Position bei Kunde Müller			8.9

Die in beiden Dimensionen erreichte durchschnittliche Punktzahl wird in das Kundenportfolio übertragen (Schnittpunkt beider Achsen) und davon wird die entsprechende Kategorie resp. die Bedeutung innerhalb der Key-Accounts abgeleitet. Die Zuordnung der Kundenkategorien innerhalb des Kundenportfolios kann von Unternehmen zu Unternehmen unterschiedlich sein.

Kundenportfolio

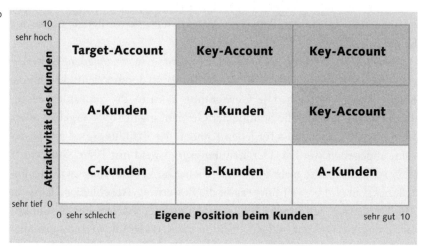

Die Kundenportfolio-Methode ist anspruchsvoll und bedingt eine sehr gute Kenntnis der Kunden auf der Basis detaillierter Analysen. Sie wird deshalb oft nur bei sehr wichtigen Kunden eingesetzt. Die Methode wird sinnvollerweise durch Unternehmen verwendet, welche ihre Top-Kunden sehr gut kennen und bereit sind, bei wichtigen Accounts differenzierte Strategien zu verfolgen: Investitionsstrategie, Konsolidierungsstrategie, Abschöpfungsstrategie etc. Die regelmäßige Pflege des Portfolios bringt einen großen Aufwand mit sich. Zudem ergeben sich immer wieder Diskussionen bezüglich Bewertung von qualitativen Kriterien.

Eine ähnliche Methode besteht darin, rein quantitative Größen zur Bestimmung der Position des Kunden im Portfolio beizuziehen. Dies ist möglich, wenn sehr gute Planungsunterlagen und hervorragende Informationen aus dem Rechnungswesen (Deckungsbeiträge, direkt zuordenbare Kosten) sowie gute Marktinformationen (z. B. Nielsen, GfK/IHA) zur Verfügung stehen. Das ist etwa in der Nahrungsmittelindustrie möglich.

Die beiden Dimensionen sind z. B. bei der rein quantitativen Variante: durchschnittliche Wachstumsrate des Kunden oder Wachstumsziele unseres Kunden in den nächsten 2 Jahren und Marktanteil oder Ist-Umsatz/-DB unseres Unternehmens beim Kunden.

Kategorisierung international tätiger Kunden

In verschiedenen Branchen werden internationale und weltweit tätige Kunden immer wichtiger. Zudem wird oft festgestellt, dass wichtige Kunden im Kundenportfolio fehlen. In der Praxis ist man deshalb dazu übergegangen, die Key-Accounts differenziert zu betrachten.

Als *Major-Accounts* oder *Global-Accounts* werden Größtkunden bezeichnet, welche international oder weltweit aktiv sind und für Großbetriebe eine existenzielle Bedeutung haben. Durch ihre starke Wettbewerbsposition als Marktführer in ihrer Branche sind sie für Anbieter besonders attraktiv und genießen innerhalb des Kundenportfolios oberste Priorität. Diese Kunden müssen in verschiedenen Ländern oder sogar weltweit betreut werden (»Follow the customer«). So hat z. B. ein Marktleader im IT-Bereich seine Unternehmensstrategie mit Key-Account-Überlegungen geprägt: Mit 100 Kunden wollen wir weltweit ≥ 100 Mio. Umsatz erzielen. Top-Kunden ohne internationale Bedeutung werden als *nationale Key-Accounts* bezeichnet.

Target-Accounts sind potenzielle Großkunden, die bislang relativ wenig oder keinen Umsatz mit unserem Unternehmen erzielt haben und in der Zukunft zum Key-Account oder Major-Account aufgebaut werden sollen. Es handelt sich hier um Kunden, deren Attraktivität besonders hoch ist und wo die eigene Position noch sehr schwach ist. Es gilt, diese Kunden als »Investitionskunden« binnen 1 bis 3 Jahren aufzubauen und langfristig an das Unternehmen zu binden. Target-Accounts sind klug auszuwählen, denn diese »Investitionskunden« binden beträchtliche Mittel und Ressourcen.

Im Übrigen gilt es zu beachten, dass bestehende A- und B-Kunden zu Key-Accounts oder Major-Accounts entwickelt werden können (siehe Abbildung auf der folgenden Seite). Mit einer solchen Strategie wird die Erfahrung genutzt, dass es wesentlich leichter ist, einen bestehenden Kunden mit einem großen Potenzial zu erschließen, als einen neuen Kunden (Target-Account) aufzubauen.

Kategorisierung verschiedener Marktpartner

Fortschrittliche Unternehmen haben erkannt, dass mit einer guten Methode alle Marktpartner (Produktverwender, Händler und externe Beeinflusser) nach der gleichen Methode kategorisiert werden können.

Allerdings bleibt festzustellen, dass die qualitativen Werte bei externen Beeinflussern (z. B. Top-Architekten) nur mit anspruchsvollen IT-Hilfsmitteln gemessen werden können.

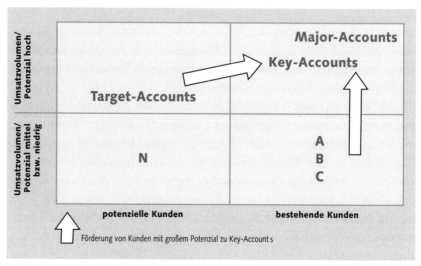

Stoßrichtungen im Key Account Management

3.3.2   Praktiker suchen pragmatische Lösungen

In der Praxis der Vertriebs-/Verkaufsleiter wird innerhalb der definierten Konzepte zur Kundenkategorisierung eine pragmatische Lösung angestrebt, um den mit »akademischen Methoden« verbundenen großen Arbeitsaufwand zu vermeiden. Meistens werden 2 bis 4 Punkte der nachstehenden Kriterien ausgewählt:

- Umsatz des letzten Geschäftsjahres oder Forecast im laufenden Jahr
- Deckungsbeitrag des letzten Geschäftsjahres oder Forecast im laufenden Jahr
- Zielumsatz im nächsten Geschäftsjahr
- Deckungsbeitragsziel im nächsten Jahr
- Bedeutung als Imageträger (branchenübergreifend/branchenbezogen)
- Relevanz für einzelne Geschäftsbereiche (Business Units) oder für den ganzen Konzern
- Nationale und internationale Tätigkeit und Bedeutung des Kunden
- Kunden, welche heute oder in der Zukunft x % des Umsatzes (z. B. $\geq 3\,\%$) ausmachen
- Wichtigste Firmen einer Branche (alle Großverteilerorganisationen)

Von den definierten 2 bis 4 Kriterien müssen bei der definitiven Wahl z. B. 2 von 3 oder 3 von 4 Kriterien erfüllt sein, damit ein Account als Schlüsselkunde qualifiziert wird.

Oft wird der Umsatz als wichtigstes Kriterium betrachtet. Dabei vernachlässigen die Verantwortlichen häufig, dass der absolute Umsatz wenig aussagefähig ist, insbesondere dann, wenn hohe Produktionskosten oder »Sonderzahlungen« (Listinggebühren, Boni, Werbebeiträge etc.) anfallen. Der »absolute« (nicht der relative) Deckungsbeitrag ist wesentlich aussagefähiger, weil daraus hervorgeht, welchen Beitrag ein Kunde mit seinen Aufträgen oder Projekten an die Fixkosten eines Unternehmens leistet.

Wichtige Imageträger (Kunden und externe Beeinflusser) werden teilweise unabhängig vom Umsatz und Deckungsbeitrag als Key-Accounts bezeichnet und gezielt bearbeitet. Imageträger sind Marktpartner, welche dank ihrer Ausstrahlung als Referenzen hoch interessant sind und unserem Unternehmen zu einer erhöhten Glaubwürdigkeit, zu einem besseren Image oder zu einer besseren Akzeptanz im Markt verhelfen (z. B. Top-Architekten beim Verkauf von Möbeln, Leuchten, Baumaterialien etc.).

Kriterien	Qualifikation	Ist-Umsätze/ Zielumsatz p. a. (in 1000 €)	Imagebedeutung	Anzahl Systeme/ installierte Basis
Major-Account	Internationaler, multinationaler Top-Kunde	≥ 10 Mio. (HW)	Internationaler Imageträger	Große installierte Basis
Key-Account	Nationaler Top-Kunde mit langjährigem Potenzial	≥ 2 – 10 Mio. (Hardware/ Software)	Nationaler, branchenübergreifender Imageträger	Große installierte Basis
Target-Account	Übereinstimmung zwischen den Kundenbedürfnissen und eigenem Angebot / Industrie-Fokus, sehr großes Potenzial, langfristig	≥ 1 Mio. (HW/SW) binnen 2 Jahren ≥ 4 Mio. (HW/SW) binnen 3 Jahren	Wichtiger, nationaler, branchenübergreifender Imageträger	Keine (oder sehr kleine) installierte Basis unseres Unternehmens
A-Kunde	Sehr wichtiger, mittlerer Kunde mit langjährigem Potenzial	≥ 0,2 – 2 Mio. (HW/SW)	Sehr wichtiger Imageträger in der Branche	≥ 20 Modell X ≥ 50 Modell Z
B-Kunde	Mittlerer Kunde mit gewissem Potenzial in den nächsten 2 Jahren	≥ 0,1 – 0,2 Mio. (HW/SW)	Wichtiger Imageträger in der Branche	≥ 5 Modell X ≥ 20 Modell Z
C-Kunde	Kleiner Kunde mit wenig Potenzial	≥ 0,1 Mio. (HW/SW)	Kein Imageträger	< 5 Modell X < 20 Modell Z
Neu-kunde	Kunde ohne Installation unseres Unternehmens	≥ 0,6 Mio. (HW/SW) binnen 1 Jahr	Unbedeutend, bisher Konkurrenzkunde	Keine installierte Basis unseres Unternehmens

Beispiel der Kundenkategorisierung eines IT-/Elektronik-Unternehmens

Einzelne Unternehmen sind von entscheidender Bedeutung für unser Unternehmen (z. B. Marktleader). Aufträge von diesen Schlüsselkunden sind selbst bei tiefen Deckungsbeiträgen nötig, weil das große Auftragsvolumen eine genügende Grundauslastung sicherstellt und das Nutzen der Erfahrungskurve ermöglicht. Auf der Basis dieser Grundauslastung ist es möglich, Aufträge von A-, B- und C-Kunden zu besserem Preis zu verkaufen und vom Effekt der »Skalenerträge« und von der »Erfahrungskurve« zu profitieren. Diese Überlegungen nutzen viele große Kunden bei den Preisverhandlungen.

Das Beispiel auf der vorherigen Seite stammt von einem großen, international tätigen IT-/Elektronik-Unternehmen. Es zeigt einen pragmatischen Ansatz, wie in der ganzen Verkaufsorganisation die »Grundregeln« für die Kundenkategorisierung definiert werden. Von den definierten Kriterien Qualifikation, Ist-Umsatz, Zielumsatz, Imagebedeutung, Anzahl Systeme/installierte Basis müssen mindestens drei erfüllt sein. Eine in Österreich und in der Schweiz tätige Medien-, Verlags- und Druckereigruppe hat bei der Einführung des Key Account Managements einen pragmatischen Ansatz für die Wahl der Schlüsselkunden an die Verkaufsverantwortlichen vorgegeben:

Kategorie	Beschreibung
1. Key-Accounts der Gruppe	20 umsatzstärkste Kunden (Ø ≥ 3–20 Mio. €) der Gruppe, welche ≥ 50 % des Gesamtumsatzes ausmachen
2. Target-Accounts der Gruppe	5 Branchenleader mit Ist-Umsatz ≤ 1 Mio. €, welche in allen Geschäftsbereichen Potenzial haben (Zielumsatz ≥ 4 Mio. binnen 2 Jahren)
3. Key-Accounts der Geschäftsbereiche	10 umsatzstärkste Kunden pro Geschäftsbereich (Bereiche Zeitung, Zeitschriften, Druckerei, TV ≥ 1 Mio. €, Bereich Radio ≥ 0.5 Mio.), welche keine Key-Accounts der Gruppe sind
4. Target-Accounts der Geschäftsbereiche	10 Neukunden oder A/B-Kunden, welche binnen 2 Jahren den Ø eines Bereichs-Key-Accounts erreichen (≥ 1,5 Mio. € resp. ≥ 7 Mio. €)

Beispiel Kundenkategorisierung innerhalb der Key-Accounts

Der Geschäftsbereich mit dem größten Umsatzanteil übernimmt zusammen mit einem Mitglied der Konzernleitung/Bereichsleitung (»Pate des Key-Accounts«) die integrale Verantwortung für den Account/Schlüsselkunden und koordiniert die entsprechenden Aktivitäten.

Weitere Beispiele aus der Praxis sind in der nachstehenden Übersicht dargestellt, wobei diese wegen der Übersichtlichkeit vereinfacht wurden. Die Übersicht zeigt, dass selbst mittlere und größere Unternehmen »einfache« Ansätze für die Wahl der Schlüsselkunden wählen.

Branche	Musskriterien für internationale Major-/ Global-Accounts	Musskriterien für nationale Key-Accounts im Land X	Musskriterien für nationale/internationale Target-Accounts
Druckerei (national tätig)	Strategisch nicht relevant	Zielumsatz ≥ 2 Mio. €	Zielumsatz ≥ 0.5 Mio. € in 1 Jahr
Leuchten/ Lichtlösungen (international tätig)	Zielumsatz ≥ 10 Mio. € p.a.	Zielumsatz ≥ 3 Mio. € p.a.	alle Großverteiler, Groß- banken und Versicherungen außerhalb des Kunden- stammes
Großbank (international tätig)	Internationale/ weltweit tätige Bluechips im Kundenstamm (Marge > 2 Mio. €)		Internationale Bluechips außerhalb des Kunden- stammes (Ist-Marge ≤ 1 Mio. €)
Allbranchen – Versicherung (international tätig)	Firmen mit > 50 000 Mit- arbeitern im Kunden- stamm und > 10 Mio. € Prämienumsatz	Top 30 im Kundenstamm mit Umsatz ≥ 3 Mio. €	Firmen mit > 50 000 Mit- arbeitern mit < 500 000 € Prämienumsatz
Elektronik (international tätig)	Distributoren mit Zielumsatz ≥ 10 Mio. €	10 Top-Distributoren mit Zielumsatz > 1 Mio. €	Industrieunternehmen mit Zielumsatz > 2 Mio. €
Elektronik (international tätig)	Distributoren mit Zielumsatz ≥ 10 Mio. €	10 Top-Distributoren mit Zielumsatz > 1 Mio. Industrieunternehmen mit Zielumsatz > 2 Mio. €	Wichtigste 20 Distributoren international mit Ist-Umsatz < 0.5 Mio. €
Großes Beratungs- unternehmen (international tätig)	Konzerne, welche uns als weltweiter Beratungs- partner qualifiziert haben	Firmen mit Mandaten > 0.5 Mio. € p. a. oder mit einmaligen Projekten ≥ 1 Mio. €	Bluechip-Firmen pro Land in den Zielgruppen Industrie und Handel
Kleines Handelsunter- nehmen (national tätig)		Kunden mit Zielumsatz ≥ 0.5 Mio. € (persönliche Kunden des Inhabers)	
Wartungs- und Unter- haltsunter- nehmen für Großanlagen (national tätig)		Alle Kunden der Schwesterfirma (Anlagebauer mit War- tungs- und Unterhalts- volumen ≥ 2 Mio. p. a.)	Kunden, welche bei der Schwesterfirma oder bei Konkurrenzunter- nehmen > 100 Mio. € investiert haben

Schlüsselkunden-Kriterien zur Auswahl von Key- Accounts in verschie- denen Unternehmen

3.4   Fokussierung auf die Schlüsselkunden-Betrachtung

3.4.1   Der Markt des Kunden

Um unsere Ziele zu erreichen, müssen wir die Unternehmensziele, die Geschäftsgrundsätze und den Markt unserer Schlüsselkunden ebenso gut kennen wie die Mitarbeiter des Schlüsselkunden. Erst wenn diese Voraussetzungen gegeben sind, können maßgeschneiderte Konzepte für diese Größtkunden erarbeitet werden, welche optimal den Kundenbedürfnissen und -erwartungen entsprechen.

Zuerst müssen die »Mitspieler« im Markt des Kunden geortet werden. Eine gute Übersicht liefert in der Regel die Darstellung des Marktsystems bzw. der Marktstruktur (nach R. Kühn).

Marktsystem unseres Kunden

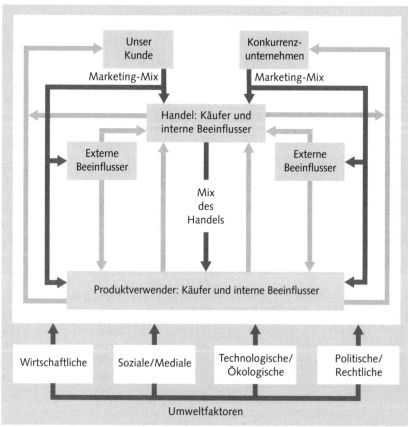

Im Allgemeinen können gemäß diesem methodischen Ansatz (Kühn) in einem Marktsystem folgende »Spieler« (d. h. Elemente) ausgemacht werden:

- Teilmärkte (Produktgruppen)
- Produktverwendersegmente (Entscheider und interne Beeinflusser)
- Vertriebskanäle
- Externe Beeinflusser
- Konkurrenten
- Eigenes Unternehmen
- Externe Umweltfaktoren

Teilmärkte sind Produktgruppen, für die das Marktsystem entwickelt wurde. Unter Produktverwendern unserer Top-Kunden sind Personen oder Gruppen von Personen (Organisationen) zu verstehen, welche die im Markt angebotene Leistung zur Befriedigung der persönlichen Bedürfnisse gebrauchen oder verbrauchen oder zur Produktion der von ihnen auf anderen Märkten angebotenen Produkte bzw. Leistungen einsetzen.

Die *Produktverwender* lassen sich in Marktsegmente unterteilen, welche definiert werden als Gruppen von Personen oder Organisationen, die unterschiedliche Interessen und Bedürfnisse haben und deshalb ein verschiedenartiges Kaufverhalten resp. einen unterschiedlichen Kaufentscheidungsprozess aufweisen.

Produktverwendersegmente können weiter unterteilt werden in Entscheider und interne Beeinflusser, welche unterschiedliche Bedürfnisse und Erwartungen an einen Anbieter haben und in unterschiedlicher Art und Weise am Kaufentscheidungsprozess beteiligt sind.

Die *Vertriebskanäle* umfassen alle Organisationen, die gebrauchs- oder verbrauchsfertige Produkte weitgehend unverändert auf eigene Rechnung kaufen und weiterverkaufen (z. B. Großverteiler, Großhändler) bzw. auf fremde Rechnung Vertragsabschlüsse zwischen Anbietern und Produktverwendern vermitteln (z. B. Makler, selbstständige Agenten).

Externe Beeinflusser »beeinflussen« den Kaufentscheidungsprozess. Dazu werden jene Personen und Organisationen gezählt, die als außenstehende Berater (z. B. Unternehmensberater, EDV-Berater etc.) oder als Mitgestalter des Entscheidungsprozesses die Kaufentscheide der Produktverwender (und/oder evtl. der Vertriebskanäle) beeinflussen.

Zu den externen Beeinflussern zählen wichtige Professoren in Universitäten (opinion leader) im Markt Medikamente, Architekten im Hochbaumarkt, Fachjournalisten in vielen Branchen, Vertreter von Konsumentenorganisationen, Treuhänder, Anwälte, Banken etc.

Unser Markt und der Markt unseres Kunden ist in »Umwelten« eingebettet. Verschiedenste *Umweltfaktoren* beeinflussen den Markt als Ganzes und bestimmen dessen Entwicklung. Insbesondere verändern diese das Verhalten der verschiedenen Marktpartner. Diese Einflüsse werden in folgende Gruppen unterteilt:

- Wirtschaftliche Umweltfaktoren (z. B. Hypothekarzinsen, Wechselkurse, Konjunktur etc.)
- Soziale/mediale Umweltfaktoren (z. B. gesellschaftliche Normen, Schwergewicht der Interessengebiete, Arbeitslosigkeit etc.)
- Technologische/ökologische Umweltfaktoren (z. B. technologische Innovationen, Einstellung zur Ökologie etc.)
- Politische/rechtliche Umweltfaktoren (z. B. Gesetze, Bauvorschriften, Bundesgerichtsentscheidungen etc.)

Alle Schlüsselkunden sind selbst in eines oder mehrere solcher Marktsysteme eingebettet und haben es so mit verschiedensten Partnern und Marktsituationen, Trends, Bedürfnissen, Ansprüchen etc. zu tun, denen der Schlüsselkunde zu entsprechen hat, um sich im Markt zu behaupten. Um im Kundenmanagement erfolgreich zu sein, gilt der Grundsatz: »Kenne den Markt und die Kunden deines Kunden.« Würden wir das Marktsystem für unser Unternehmen entwickeln, dann wäre aus unserer Sicht ein Key-Account ein wichtiger Produktverwender, Händler oder externer Beeinflusser.

3.4.2   Das Marktsystem des Schlüsselkunden

Im Marktsystem unseres Unternehmens ist der Schlüsselkunde einer von vielen, jedoch ein sehr bedeutender Marktpartner, den es gezielt zu bearbeiten gilt. Wird der Marketingansatz auf das Schlüsselkunden-Management »fokussiert«, haben allgemeine Bestimmungsfaktoren wohl eine zentrale Bedeutung, doch das Marktsystem präsentiert sich anders. Im Schlüsselkunden-Management orten wir folgende »Mitspieler« und Einflussfaktoren:

- Schlüsselkunden inkl. Coaches, Fans, Gegner an der Zentrale des Schlüsselkunden sowie in den verschiedenen Divisionen (inkl. Niederlassungen) und Abteilungen
- Konkurrenten

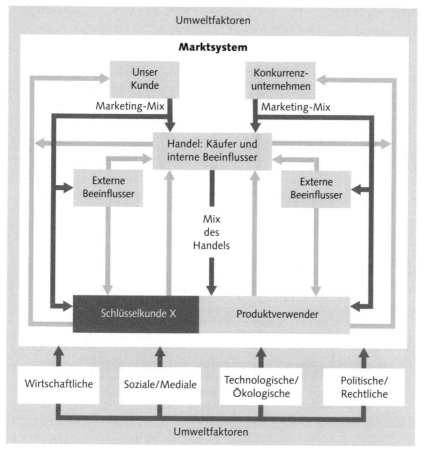

- Externe Beeinflusser
- Marktsystem(e) unserer Schlüsselkunden inkl. Umweltfaktoren im Markt unserer Schlüsselkunden
- Umweltfaktoren in unserer Branche

3.4.3   Das Buying-Center des Schlüsselkunden

Das Buying-Center (Gruppe der Entscheider und der internen Beeinflusser) des Kunden besteht aus mehreren Personen, die unter eher informellen Bedingungen die Einkaufsentscheidungen des Unternehmens bestimmen. Im Buying-Center können Mitarbeiter/-innen verschiedener Abteilungen und Divisionen ebenso wie Mitglieder des Managements geortet werden. Im Key Account Management müssen der Umfang, die Struktur, die hierarchische Macht und der Einfluss der beteiligten Personen sowie das Informations- und Entscheidungsverhalten des Buying-Centers berücksichtigt werden.

Schlüsselkunden-
Marktsystem aus Sicht
unseres Unternehmens

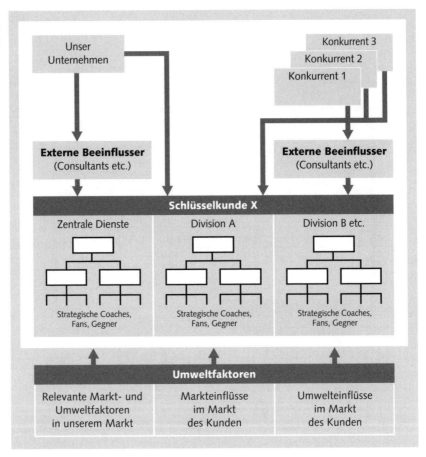

Nach einer empirischen Untersuchung der FHS St. Gallen und von Dr. Pius Küng & Partner, St.Gallen, in der Investitionsgüter- und Dienstleistungsbranche sind vier bis acht »wichtige« Personen an einer Kaufentscheidung beteiligt. Sie sind für uns beim Key-Account die zentralen Ansprechpartner. Sie übernehmen im Entscheidungsprozess unterschiedliche Aufgaben und Rollen, die u. a. durch ihre Funktion und durch ihre Persönlichkeit innerhalb des Unternehmens geprägt sind. Einige dieser in Literatur und Praxis eingesetzten Bezeichnungen weisen Überlappungen auf.

So besitzen *Einkäufer* zwar die »formale Kompetenz«, Kaufabschlüsse zu tätigen. Die tatsächliche Entscheidungskompetenz beschränkt sich aber häufig auf die vertraglichen Detailpunkte beim Erstabschluss. Bei Wiederholungsbestellungen ist die »Macht« der Einkäufer jedoch größer.

Benutzer sind die eigentlichen Mitarbeiter, für die das Produkt oder die Leistung eingekauft wird. Ihre besondere Stellung ergibt sich aus ihren Erfahrungen. Sie beinflussen maßgeblich Umfang, Spezifikation und die Qualität der zu erwerbenden Leistung, selbst dann, wenn sie in der Hierarchiestufe wenig formale Entscheidungskompetenz haben.

Durch die *internen Beeinflusser* wird der Beschaffungsprozess indirekt gesteuert. Interne Beeinflusser sind Personen, welche über informelle Kompetenzen verfügen. Durch selektive Informationsbeschaffung oder das Beantragen von Mindestanforderungen (Normen) tragen sie zu einer subjektiven Verlagerung der Wahlentscheidung zwischen den (Anbieter-)Varianten bei.

Als *externe Beeinflusser* werden Consultants, Trainer oder kooperierende Unternehmen bezeichnet. Sie besitzen Geschäftsbeziehungen zu verschiedenen Anbietern und Konkurrenten. Dadurch haben ihre Meinung bzw. Empfehlungen einen nicht zu unterschätzenden Einfluss auf den Beschaffungsprozess.

Im Unternehmen gibt es Personen, welche in verschiedenen Phasen des Einkaufsprozesses dank ihrer Fachkompetenz die Entscheidung für einen Anbieter steuern oder bremsen können. Sie sind »*Gatekeeper*«, die z. B. durch die selektive Aufbereitung von Informationen den Wissensstand des gesamten Buying-Centers regulieren. Gatekeeper können u. a. Finanzchefs oder Qualitätsmanager sein.

Die *Coaches* innerhalb des Buying-Centers geben den übrigen Personen Hinweise und Ratschläge in Bezug auf die Kaufentscheidung. In der Regel versteht der Coach dank seiner Position und seines Wissens den Account als Ganzes sehr gut und kann aus dieser Rolle heraus gute Ratschläge erteilen.

Sponsoren sind Personen innerhalb des Buying-Centers, welche die Lösung unserer Firma besonders unterstützen und fördern können und wollen. Häufig handelt es sich bei den Sponsoren um eigentliche »Fans unseres Unternehmens«. Demgegenüber sind die *Antisponsoren* unserem Unternehmen gegenüber negativ eingestellt bzw. es sind ausgesprochene Fans unserer Konkurrenten.

Die Auftragsvergabe erfolgt durch die *Entscheider* und/oder *Mitentscheider*. Aufgrund ihrer Machtposition und/oder der damit verbundenen Einflussstärke bestimmen sie über die definitive Auswahl eines Angebotes oder Anbieters. Je nach Bedeutung des Abschlusses wird die Entscheidung an unterschiedlichen Stellen getroffen. Bei Großinvestitionen entscheidet häufig das oberste Management (CEO, Divisionsleiter). Eine Person kann innerhalb des Buying-Centers mehrere Funktionen/Rollen gleichzeitig übernehmen. Eine vertiefte Betrachtung des Buying-Centers erfolgt in Kapitel 9, »Verkauf von Großprojekten«.

Rollen und Funktionen
innerhalb des
Buying-Centers

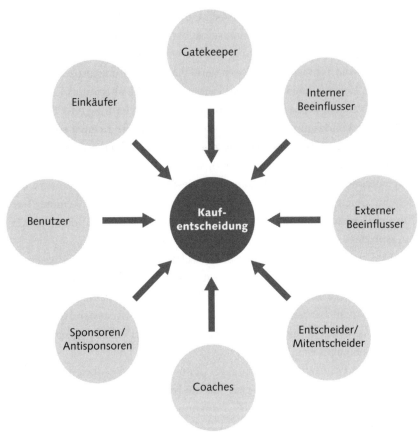

Die Einstellung und das Verhalten der Personen innerhalb des Buying-Centers hängt von zwei Faktoren ab. Zum einen von den genutzten Informationsquellen und zum anderen von der Phase des Entscheidungsprozesses.

Empirische Ergebnisse zeigen, dass unterschiedliche Informationsquellen von den Mitgliedern des Buying-Centers genutzt werden. Je nach Position wünschen die Mitglieder verschiedene Arten von Informationen und nutzen unterschiedliche Informationsmedien. Vor Einkaufsentscheidungen sind folgende Informationsquellen bedeutungsvoll:

1. Berater von Anbieterfirmen
2. Messen/Ausstellungen
3. Prospekte/Broschüren
4. Internet
5. Fachzeitschriften
6. Besichtigungen in anderen Unternehmen
7. Gespräche mit Fachkollegen

Je nach Phase des Entscheidungsprozesses verändern sich die genutzten Informationsquellen. So werden die unpersönlichen bzw. Massenmedien vor allem in der Phase der ersten Informationssammlung und Alternativenbewertung dominant, während der persönliche Kontakt zum Anbieter in den Phasen vor der konkreten Entscheidung wichtiger wird, wie aus der folgenden Abbildung hervorgeht.

Die Frage, durch welche Person(en) die Entscheidung maßgeblich beeinflusst oder getroffen wird, lässt sich nicht generell, sondern nur situativ beantworten. Entscheidend hierfür ist die Frage der Machtstellung der einzelnen Personen im Buying-Center. Dabei kann die Macht der Personen positiv (entscheidungsfördernd) oder negativ (entscheidungshemmend) eingesetzt werden.

Die »Macht« bezüglich Entscheidungen zeichnet sich durch die formale Position (Hierarchie) innerhalb des Unternehmens aus. Demgegenüber wirkt die Macht der Gegner (Antisponsoren) subtiler. Sie entsteht häufig durch informelle Beziehungen im Buying-Center und äußert sich z. B. durch das fachspezifische Wissen oder eine besondere Legitimation einer Person im Entscheidungsprozess. Im Key Account Management und im Verkauf von Großprojekten ist die Kenntnis des Buying-Centers und damit der Macht- und Einflussverhältnisse der am Entscheidungsprozess beteiligten Personen ausschlaggebend für den Erfolg (vgl. Kapitel 9).

Entscheidungsprozess des Kunden / Informationsquellen	Anregungsphase/ Informationsbeschaffung	Suchphase/ Evaluation	Vorentscheid	Definitive Entscheidung
Inserate, Homepage	●	●	○	○
PR	●	●	○	○
Direktmarketing	●	●	○	○
Prospekte	●	●	○	○
Porträts/Prospekte/ Dokumentationen	●	●	●	●
Seminare und Info-Anlässe	●	●	●	●
Messen	●	●	●	●
Verkauf/Präsentationsmappe	●	●	●	●
Offerten/Nachfassen	○	●	●	●

● sehr wichtig   ● wichtig   ● nicht zu vernachlässigen   ○ unwichtig

Stellenwert der Informationsquellen im Entscheidungsprozess des Kunden

3.4.4   Die Geschäftsprozesse des Schlüsselkunden

Neben dem Buying-Center ist die Kenntnis der vom Kunden verfolgten Strategien von großer Bedeutung. Je nach deren Ausprägung bieten sich unterschiedliche Anknüpfungspunkte für die Leistungen des eigenen Unternehmens. Um als Anbieter für unternehmerische Problemlösungen die Leistungsfähigkeit des Kunden steigern zu können, ist die Kenntnis der Wertschöpfungskette bezüglich Erfolgs- bzw. Misserfolgsfaktoren sowie der geplanten Strategien u. a. bezüglich Aufbau und Verbesserung der Kernkompetenzen notwendig. Als Analyserahmen kann hierzu die Wertschöpfungskettensystematik von Porter herangezogen werden. Die Wertschöpfungskettenanalyse nach Porter versteht das Unternehmen als eine untereinander verknüpfte »Abfolge von Aktivitäten, die zur Leistungserstellung erfüllt werden müssen«. Es werden zwei Arten von Aktivitäten unterschieden:

- *Primäre Aktivitäten* (Kernprozesse): Sie dienen direkt dem Leistungserstellungsprozess. Dazu gehören die Wareneingangslogistik, der Herstellungsprozess, der Verkauf der Ware und nicht zuletzt das Marketing.

- *Unterstützende Aktivitäten* (Basisprozesse): Sie sind verantwortlich für die Aufrechterhaltung der primären Aktivitäten. Mit diesen Tätigkeiten werden Funktionen sichergestellt und Ressourcen erworben, die allen Kernprozessen des Unternehmens zur Verfügung gestellt werden.

Jedes Unternehmen hat unterschiedliche Verknüpfungen zwischen den Aktivitäten. Ziel muss es sein, die Aktivitäten so zu kombinieren, dass sich aus den Stärken einzelner Glieder Wettbewerbsvorteile gegenüber der Konkurrenz ergeben. Zu diesem Zweck müssen zunächst die Wertschöpfungskette definiert und kritische Erfolgsfaktoren resp. Kernkompetenzen ermittelt werden. Im nächsten Schritt werden die Verknüpfungen zwischen den einzelnen Aktivitäten auf ihre Kostenintensität und ihre Effizienz hin überprüft.

Die Wertschöpfungskette (Geschäftsprozesse) eines Unternehmens (nach Porter)

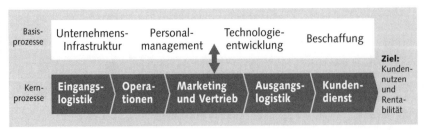

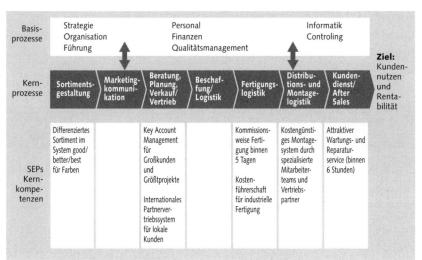

Basis-prozesse	Strategie Organisation Führung		Personal Finanzen Qualitätsmanagement						

| Kern-prozesse | Sortiments-gestaltung | Marketing-kommuni-kation | Beratung, Planung, Verkauf/ Vertrieb | Beschaf-fung/ Logistik | Fertigungs-logistik | Distribu-tions- und Montage-logistik | Kunden-dienst/ After Sales | **Ziel:** Kunden-nutzen und Renta-bilität |

| SEPs Kern-kompe-tenzen | Differenziertes Sortiment im System good/ better/best für Farben | | Key Account Management für Großkunden und Größtprojekte Internationales Partnerver-triebssystem für lokale Kunden | | Kommissions-weise Ferti-gung binnen 5 Tagen Kosten-führerschaft für industrielle Fertigung | Kostengünsti-ges Montage-system durch spezialisierte Mitarbeiter-teams und Vertriebs-partner | Attraktiver Wartungs- und Reparatur-service (binnen 6 Stunden) | |

Die Prozess- und Wert-schöpfungskette eines international tätigen Küchenherstellers

Ein erfolgreiches Unternehmen zeichnet sich dadurch aus, dass es gelungen ist, die Aktivitäten auf einzigartige Art und Weise zu kombinieren. Die Wertschöpfungskette ist so gestaltet, dass sie (orientiert an den Bedürfnissen der Kunden) Nutzen bietet und so einen Kosten- und/oder Differenzierungsvorteil gegenüber der Konkurrenz sicherstellt.

Um die Kosten- und Differenzierungsvorteile gegenüber der Konkurrenz deutlicher aufzuzeigen, kann die Wertschöpfungskette in Kombination mit den strategischen Erfolgspositionen und Kernkompetenzen dargestellt werden, wie das Beispiel eines international tätigen Küchenherstellers zeigt, welcher u. a. das Key Account Management als eine der wichtigsten Kernkompetenzen definiert hat.

Für das Key Account Management besteht die Herausforderung hauptsächlich darin, die Prozesskette des eigenen Unternehmens optimal mit der Wertschöpfungskette des Kunden zu verknüpfen. Durch die Verknüpfung sollen Synergiepotenziale zwischen dem eigenen Unternehmen und dem Kunden bestmöglich genutzt werden, damit schließlich für beide Seiten eine erfolgssteigernde Zusammenarbeit entsteht (Win-Win-Verhältnis).

Die Druckerei im nachfolgenden Beispiel hilft mit Fullservice-Leistungen ihrem Kunden, sich im Markt zu profilieren und Fixkostenblöcke abzubauen. Im vorliegenden Fall wurden u. a. folgende betriebliche und unternehmerische Herausforderungen des Kunden optimal gelöst:

Herausforderung des Kunden (Versandhändler)	Beitrag des Lieferanten (Druckerei)
Profilierung gegenüber den Mitbewerbern	Integration von Duftstoffen und Rubbellösungen für Wettbewerbe in die Kataloge
Umgang mit großen Datenbanken/ Individualisierung der Werbemittel	Übernahme des Datenbestandes und Individualisierung/ Versand der Kataloge und Mailings an die Kunden des Versandhändlers
Hohe Fixkosten	Abbau der Fixkosten durch Leistungen in den Bereichen Datenmanagement, Lettershop, Versand, Postbotensortierung etc. (GU-Leistung)
Kurzfristige Reaktion auf Konkurrenzpreise, um Preisstrategien von Mitanbietern gezielt zu »begegnen«	Möglichkeit für Preisänderungen bis 3 Tage vor Druckbeginn, damit Konkurrenten nicht mehr reagieren können

Beispiel zum Beitrag einer Druckerei zu den Herausforderungen eines Versandhändlers

Zusammenfassung:

Als Key-Accounts werden diejenigen Schlüsselkunden bezeichnet, welche eine »lebenswichtige Bedeutung« für das Unternehmen haben.

In der Investitionsgüter-, Dienstleistungs- und Konsumgüterbranche sind unterschiedliche Herausforderungen, Entscheidungsprozesse und Stoßrichtungen erkennbar. Branchenübergreifend kann festgestellt werden, dass die Schlüsselkunden immer mehr ihre Bedeutung für die Anbieterunternehmen erkennen und deshalb bei vergleichbaren Angeboten ihre Einkaufsmacht immer härter ausnutzen.

In der Theorie stehen verschiedenste Ansätze zur Wahl der Schlüsselkunden zur Verfügung. In der Praxis werden jedoch pragmatische Lösungen angestrebt, indem aus der nachstehenden Liste 2 bis 4 Kriterien ausgewählt werden, welche umfassend oder zumindest zu einem großen Teil erfüllt sein müssen:

- Umsatz des letzten Geschäftsjahres
- Deckungsbeitrag des letzten Geschäftsjahres
- Zielumsatz im nächsten Geschäftsjahr
- Deckungsbeitragsziel im nächsten Geschäftsjahr
- Wichtiger Imageträger
- Konzernweite oder Business-Unit-spezifische Bedeutung
- Nationale und internationale Tätigkeit/Bedeutung des Kunden
- x % des Umsatzes der Division oder des Unternehmens
- Wichtigste Firmen einer Branche

Im Key Account Management wird gegenüber dem Marketing eine unterschiedliche Betrachtungsweise angestrebt. Wir betrachten nicht mehr alle Marktpartner, sondern fokussieren uns auf den Schlüsselkunden und beachten hierbei insbesondere sein Buying-Center, seine externen Beeinflusser, die Markt- und Umwelteinflüsse in seinem Markt. Selbstverständlich müssen auch die entsprechenden Einflussfaktoren in unserem Markt berücksichtigt werden.

Eine der wichtigsten Herausforderungen besteht darin, die Funktionen und Rollen im Buying-Center zu kennen sowie die Macht und den Einfluss der am Entscheidungsprozess beteiligten Personen zu erfassen, um unser Beziehungsmanagement gezielt aufbauen zu können.

Im Key Account Management können wir dann nachhaltig gute Resultate erzielen, wenn es uns gelingt, unsere Geschäftsprozesse mit denjenigen des Kunden optimal zu kombinieren. Damit helfen wir dem Kunden, seine Strategie zu verfolgen und seine Kernkompetenz zu optimieren, und wir selbst können trotz Preisdruck bessere Geschäftsergebnisse erzielen sowie die Treue des Kunden sicherstellen.

4 Fitnessanalyse zum Key Account Management

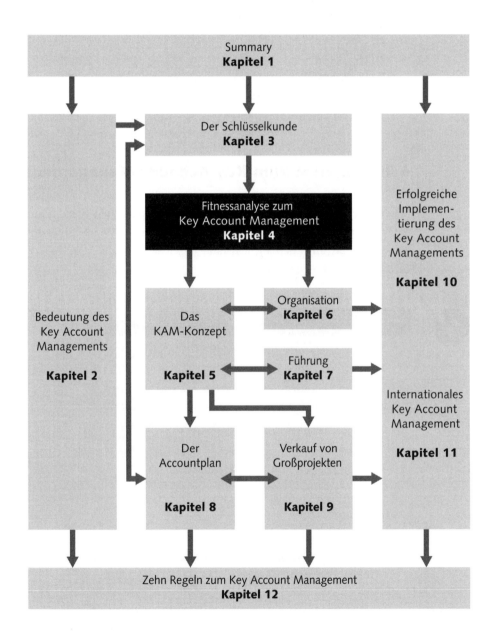

Summary
Kapitel 1

Der Schlüsselkunde
Kapitel 3

Fitnessanalyse zum
Key Account Management
Kapitel 4

Erfolgreiche
Implemen-
tierung des
Key Account
Managements

Kapitel 10

Bedeutung des
Key Account
Managements

Kapitel 2

Das
KAM-Konzept

Kapitel 5

Organisation
Kapitel 6

Führung
Kapitel 7

Internationales
Key Account
Management

Kapitel 11

Der
Accountplan

Kapitel 8

Verkauf von
Großprojekten

Kapitel 9

Zehn Regeln zum Key Account Management
Kapitel 12

In diesem Kapitel finden Sie Antworten auf folgende Fragen:

- *Mit welchen Schritten filtern wir mögliche Schlüsselkunden aus dem vorhandenen Kundenstamm?*
- *Wie finden wir Erfolgsreserven für eine fokussierte und kompetente Bearbeitung von Top-Kunden?*
- *Was gehört in eine grobe Accountanalyse?*
- *Was für Erkenntnisse können wir aus einer Fitnessanalyse ziehen?*
- *Wie finden wir Ansätze zur Verbesserung im Key Account Management?*
- *Wie finden wir Ansatzpunkte für mögliche Quantensprünge?*
- *Wie analysieren wir pragmatisch unseren Kundenstamm?*
- *Wie finden wir die richtigen Key-Accounts, welche genauer analysiert werden?*

4.1   Kurztest zum Key Account Management

Nachstehend finden Sie einen einfachen, pragmatischen Fitnesstest zum Key Account Management. Mit diesem Test können Sie sich ein erstes, allgemeines Bild über den Fitnessstand des Key Account Managements in Ihrem Unternehmen machen.

Aussagen	Trifft zu	Trifft teilweise zu	Trifft nicht zu
Wir haben ausgewiesene Erfolge in der Bearbeitung bestehender und potenzieller Größtkunden.	☐	☐	☐
Wir haben unsere Kunden und wichtigen Beeinflusser analysiert und kategorisiert.	☐	☐	☐
Die Vorgaben zum Key Account Management gehen aus der Unternehmensstrategie bzw. aus dem Marketingkonzept klar hervor.	☐	☐	☐
Die Ziele der Unternehmensstrategie und des Marketingkonzeptes werden im Key Account Management konsequent umgesetzt.	☐	☐	☐
Wir helfen unseren Top-Kunden, Probleme zu lösen.	☐	☐	☐
Dank unserer Lösungen können sich unsere Kunden in ihrem Markt besser und erfolgreicher positionieren.	☐	☐	☐
Wir haben die Schlüsselkunden ausführlich analysiert und kennen deren angestrebte Stoßrichtung in der Zukunft.	☐	☐	☐

Kurztest zum Key
Account Management

Aussagen	Trifft zu	Trifft teilweise zu	Trifft nicht zu
Wir kennen den Entscheidungsprozess beim Kunden und die wichtigsten Entscheidungspersonen sind uns bekannt.	☐	☐	☐
Bei jedem Kontakt mit dem Schlüsselkunden sammeln wir Informationen zum Schlüsselkunden und insbesondere zu den Kontaktpersonen.	☐	☐	☐
Für jeden Schlüsselkunden haben wir Ziele für die nächsten Jahre festgelegt.	☐	☐	☐
Wir haben kreative und wirkungsvolle Marketingmaßnahmen für unsere Schlüsselkunden geplant, mit denen wir uns von der Konkurrenz abheben.	☐	☐	☐
Wir haben ein klares Kontrollsystem und einfache Soll-Ist-Vergleiche, mit denen der Erfolg bei jedem Schlüsselkunden laufend überwacht und gesteuert werden kann.	☐	☐	☐
Wir haben gut qualifizierte Mitarbeiter, welche in der Lage sind, die Aufgaben als Stratege, Koordinator, Analytiker und Verkäufer zu erfüllen.	☐	☐	☐
Die Key Account Manager haben genügend Zeit und Kompetenzen, um sich intensiv der Schlüsselkunden anzunehmen.	☐	☐	☐
Punkte pro Antwort	2	1	0

Auswertung:

24 – 28 Punkte: Sie haben bzw. Ihre Firma hat das Key Account Management grundsätzlich im Griff. Die nachfolgenden Kapitel in diesem Buch geben Ihnen Anregungen und Ideen, um das Key Account Management in Ihrer Firma weiter zu optimieren. Sie sind und bleiben erfolgreich.

16 – 23 Punkte: Für das Key Account Management in Ihrer Firma gibt es wichtige Lücken zu füllen, welche in der nächsten Zeit angegangen werden sollten. In den folgenden Kapiteln dieses Buches erhalten Sie Anhaltspunkte zum Vorgehen und zur effizienten Ausgestaltung des Key Account Managements. Versuchen Sie die dargestellten Konzepte und Instrumente für Ihr Unternehmen umzusetzen. Führen Sie diesen groben Test in ca. 6 Monaten nochmals durch, bestimmt können dann auch Sie auf ≥ 24 Punkte zählen.

≤ *15 Punkte:* Es fehlen noch wichtige Voraussetzungen für den Erfolg mit dem Key Account Management. Sie müssen sofort aktiv werden oder die Organisation und den Aufbau des Key Account Managements geeigneten Drittpersonen anvertrauen.

4.2 Fitnessanalyse im Key Account Management

Sie kennen nun den groben Fitnessstand des Key Account Managements in Ihrem Unternehmen. Bevor aber mit der eigentlichen Ausgestaltung bzw. Optimierung des Key Account Managements begonnen werden kann, sollte sich jedes Unternehmen ein detaillierteres Bild über die heutige Situation machen. Erst wenn die bisherigen Stärken und Schwächen, welche das Key Account Management betreffen, bekannt und beschrieben sind, kann ein Unternehmen die Strategie für die Schlüsselkunden-Betreuung erarbeiten, ausgestalten und anschließend implementieren.

In der Praxis hat sich das nachfolgend dargestellte Arbeitsinstrument »KAMERA« zur Erkennung von Erfolgsreserven im Key Account Management bewährt. Die KAMERA (= Key-Account-Management-Erfolgsreserven-Analyse) soll anhand einfacher, klarer Fragestellungen die Ist-Situation darlegen und gleichzeitig erste grobe Verbesserungsideen aufzeigen. Je nach Entwicklungsstand des Key Account Managements in den einzelnen Unternehmen fällt die gesamte Analyse mehr oder weniger ausführlich aus.

Unternehmen, welche noch keine Key-Account-Management-Organisation eingeführt haben, können die Analyse sinngemäß durchführen. Die Fragestellungen beziehen sich dementsprechend auf diejenigen Personen bzw. Abteilungen des Unternehmens, welche bisher die wichtigsten/größten Kunden betreut haben.

Das in der Praxis von Dr. Pius Küng & Partner, St.Gallen entwickelte Instrument hilft, wichtigste Stärken und Schwächen zu erkennen und gleichzeitig erste Verbesserungsideen zu entwickeln. Damit sollen später Stärken ausgebaut, vorhandene Schwächen – wo sinnvoll – neutralisiert und Chancen zur Optimierung gezielt genutzt werden.

Im Bedarfsfalle sind zur Bearbeitung der Fitnessanalyse die entsprechenden Kapitel dieses Buches zuerst zu lesen.

KAMERA (Key-Account-Management-Erfolgsreserven-Analyse)

Divison/Bereich: _____ Bearbeiter: _____ Datum: _____

Kriterien/Fragen	Stärken/positive Punkte des heutigen Key Account Managements	1–10 [1]	Schwächen/negative Punkte des heutigen Key Account Managements	1–10 [1]	Grobe Verbesserungsideen
1. Resultate Wie viel Umsatz-/Deckungsbeitrag machen die definierten Key-Accounts aus? Wie gut werden bislang die Ziele im Key Account Management erreicht?					
2. Konzepte/Vorgaben Wie gut sind Unternehmens-, Marketing- und Verkaufskonzepte und welche Vorgaben/Rahmenbedingungen zum Key Account Management sind darin enthalten? Inwiefern besteht eine klare »Unité de doctrine« bez. Zielen und Inhalten des KAM?					

[1] Wichtigkeit der aufgeführten Punkte in Bezug auf den zukünftigen Unternehmenserfolg; dabei bedeuten: 1 = unwichtig, 10 = sehr wichtig. Gleichzeitig soll die Gewichtung die wichtigsten Stärken und Schwächen (aus Sicht des Bearbeiters) deutlicher zum Ausdruck bringen. Die Bewertung der aufgeführten Punkte erfolgt in Relation zum Erfolg des Unternehmens bzw. zum Erfolg des KAM.

Kriterien/Fragen	Stärken/positive Punkte des heutigen Key Account Managements	1–10[1]	Schwächen/negative Punkte des heutigen Key Account Managements	1–10[1]	Grobe Verbesserungsideen
3. KAM-Konzept Wie gut ist das KAM-Konzept in Bezug auf Klarheit und Vollständigkeit resp. wie werden die Schlüßelkundenaspekte in anderen Strategien und Konzepten behandelt (falls kein KAM-Konzept vorliegt)?					
4. Eingliederung Wie und wo wurden die Key Account Manager in die Organisation integriert? Wie stellt sich die hierarchische Eingliederung dar? Welchen Stellenwert nehmen die Anliegen der Schlüsselkunden in der heutigen Organisation ein?					
5. Aufgaben/Kompetenzen Wie wurden die Aufgaben, Kompetenzen und Verantwortlichkeiten der Key Account Manager geregelt, z. B. im Rahmen von Stellenbeschreibungen, Funktionsdiagrammen etc.? Wie gut sind die Aufgaben und Kompetenzen von Key Account Managern von anderen Verkaufsmitarbeitern abgegrenzt?					

Kriterien/Fragen	Stärken/positive Punkte des heutigen Key Account Managements	1–10 [1]	Schwächen/negative Punkte des heutigen Key Account Managements	1–10 [1]	Grobe Verbesserungsideen
6. Anforderungen an Key Account Manager Welche Anforderungen werden an einen Key Account Manager gestellt? Wie gut werden die Aufgabenbereiche Stratege, Koordinator, Analytiker und Verkäufer abgedeckt?					
7. Ablauforganisation Welche maßgeschneiderten Abläufe für Aufträge von Schlüsselkunden bestehen? Wie klar ist die Bearbeitung von Schlüsselkunden festgehalten?					
8. Effizienz Wie stark wird der Key Account Manager durch spezialisierte Innendienstmitarbeiter oder spezialisierte Techniker unterstützt bzw. entlastet? Inwiefern hat der Key Account Manager überhaupt Zeit, sich auf die Anliegen der Schlüsselkunden zu konzentrieren? Wie viele Bilanzgespräche finden mit dem Top-Kunden statt?					

Kriterien/Fragen	Stärken/positive Punkte des heutigen Key Account Managements	1–10[1]	Schwächen/negative Punkte des heutigen Key Account Managements	1–10[1]	Grobe Verbesserungsideen
9. Effektivität Welche Kunden werden vom Key Account Management betreut (Anzahl, Wichtigkeit etc.)? Wie gut entspricht die bestehende Kundenkategorisierung den Unternehmenszielen und den Prioritäten aus den Strategien?					
10. Wirtschaftlichkeit Wie wirtschaftlich ist die gesamte KAM-Organisation?					
11. Sitzungen Wie wichtig sind die spezifischen Belange der Schlüsselkunden an Management-Sitzungen und welche Auswirkungen haben sie? Ist z. B. das Thema Schlüsselkunden ein fixer Punkt innerhalb der Dauertraktandenliste von Management- oder Verkaufssitzungen?					

Kriterien/Fragen	Stärken/positive Punkte des heutigen Key Account Managements	1–10[1]	Schwächen/negative Punkte des heutigen Key Account Managements	1–10[1]	Grobe Verbesserungsideen
12. Planung Wie gut entspricht der Accountplan den Anforderungen bezüglich Klarheit und Vollständigkeit? Inwiefern wurden für jeden Schlüsselkunden individuelle Analysen durchgeführt sowie Ziele und Maßnahmen definiert und regelmäßige Reviewgespräche eingeplant?					
13. Motivation Woraus setzt sich das Lohnsystem eines Key Account Managers zusammen? Welche Elemente beinhaltet das Lohnsystem, um die Motivation der Key Account Manager zu fördern? Welche weiteren Führungsinstrumente werden eingesetzt, um die Motivation der Key Account Manager zu unterstützen und zu fördern (Incentives, Coaching etc.)?					
14. »Höhere« Kundenkontakte Wie stark ist das Management in die Kundenkontakte insbesondere zu den Führungskräften des Kunden eingebunden?					

Kriterien/Fragen	Stärken/positive Punkte des heutigen Key Account Managements	1–10¹⁾	Schwächen/negative Punkte des heutigen Key Account Managements	1–10¹⁾	Grobe Verbesserungsideen
15. Reporting/Soll-Ist-Vergleiche Wie sieht das (maßgeschneiderte) Reporting für die Key Account Manager aus? Wie oft werden Soll-Ist-Vergleiche und interne Reviews pro Schlüsselkunde durchgeführt?					
16. Know-how Wie gut sind Wissen und Erfahrung der einzelnen Key Account Manager als Stratege, Koordinator, Analytiker und Verkäufer? Wie oft werden »maßgeschneiderte« KAM-Trainings durchgeführt? Wie gut sind die Trainingsinhalte auf den Ausbildungsbedarf abgestimmt?					
17. Summary Was sind die 5 wichtigsten Stärken und Schwächen und die 3 zentralen Verbesserungsvorschläge (Punkt 1–16)?					

Die KAMERA hat für ein großes, internationales Unternehmen aus der Investitionsgüterindustrie, welches in mehrere Geschäftsbereiche gegliedert ist, zusammengefasst folgendes Bild ergeben:

	Geschäftsbereich A	Geschäftsbereich B	Geschäftsbereich C
Wichtigste Stärken	■ Das Key Account Management ist in diesem Geschäftsbereich ein Thema, d. h. es wird über Sinn und Unsinn gesprochen ■ Bedürfnisse der Schlüsselkunden kommen an Sitzungen zum Tragen ■ Accountplan pro Schlüsselkunde wird intuitiv gehandhabt	■ Klare KAM-Organisation (einziger Unternehmensbereich, in dem das KAM in Organisation bereits ausgewiesen ist) ■ Grundsätzliches Konzept liegt vor	■ Bereitschaft, den KAM-Bereich sauber zu strukturieren ■ Gewisse Abläufe sind auf die Schlüsselkunden und deren Bedürfnisse angepasst worden ■ Bedeutung der Schlüsselkunden erkannt (große Bedeutung an Sitzungen)
Wichtigste Schwächen	■ KAM-Konzept fehlt ■ Kundenkategorisierung ist nicht schriftlich festgehalten ■ Anforderungen an Key Account Manager sowie Aufgaben/Kompetenzen beruhen auf unterschiedlichem Verständnis ■ Wissen der Key Account Manager bezieht sich noch nicht auf alle vier Rollen (Stratege, Koordinator, Analytiker, Verkäufer)	■ Fehlende Kenntnisse zu Methodik und Aufgaben der Key Account Manager ■ Grundlagen sind vorhanden, allerdings noch nicht im Detail ausgeführt ■ Optimierung der Zusammenarbeit in der KAM-Organisation ist notwendig, um die Wirtschaftlichkeit zu erhöhen ■ Kundenkenntnisse sind z. T. ungenügend	■ Fehlendes KAM-Konzept ■ Es sind noch Unklarheiten vorhanden (organisatorische Einbettung der Key Account Manager in das Produktmanagement sinnvoll?) ■ Unklarheiten darüber, was und wer überhaupt ein KeyAccount ist
Wichtige Ideen	■ Erstellen eines KAM-Konzeptes mit der Kundenkategorisierung als integrierender Bestandteil	■ Schulung der Key Account Manager in den Bereichen Strategie, Koordination, Analyse ■ Konkretisierung und Vertiefung der bestehenden Konzepte und Ansätze	■ Erarbeiten eines klaren KAM-Konzeptes ■ Überdenken der organisatorischen Einordnung und der Stellung des Key Account Managements

Zusammenfassung zu den Ergebnissen der KAMERA für einen Konzern

	Geschäftsbereich A	Geschäftsbereich B	Geschäftsbereich C
Wichtige Ideen	■ Schulung der Key Account Manager in den Bereichen Strategie, Koordination, Analyse ■ Klare Definition der Anforderungen, Aufgaben und Kompetenzen der Key Account Manager	■ Optimierung der Zusammenarbeit in der KAM-Organisation ist notwendig, um die Wirtschaftlichkeit zu erhöhen ■ Kundenkenntnisse sind z. T. ungenügend	

Aus den oben dargestellten Erkenntnissen der Erfolgsreserven-Analysen (KAMERA) für die einzelnen Geschäftsbereiche können folgende Herausforderungen für das gesamte Unternehmen abgeleitet werden:

■ Festlegen der Anforderungen an Key-Accounts

■ Überarbeiten bzw. Ergänzen von Unternehmens-, Marketing- und Verkaufsstrategie um den Bereich Key Account Management

■ Erstellen klarer Key-Account-Management-Konzepte, welche unter anderem die Kundenkategorisierung, die KAM-Organisation sowie das Lohnsystem beinhalten

■ Erarbeitung von Accountplänen für internationale Kunden und für national tätige Kunden

■ Festlegen und Abstimmen der Zuständigkeiten innerhalb der KAM-Organisation

■ Überarbeiten und Bereinigen der Anforderungsprofile und Stellenbeschreibungen (Aufgaben, Kompetenzen, Verantwortung) der Key Account Manager

■ Schulung der Key Account Manager in den Bereichen Analyse, Strategie und Koordination, um die wichtigsten Aufgaben des Key Account Managers optimal (d. h. richtig und gut) zu erfüllen

4.3 Grobanalyse Accounts

Neben der KAMERA sollte sich jedes Unternehmen vor der Optimierung bzw. der konkreten Ausgestaltung des Key Account Managements eingehend mit den bestehenden und potenziellen Top-Kunden auseinandersetzen.

Mit Hilfe der groben Accountanalyse sollen einerseits erste Informationen zu den Schlüsselkunden gesammelt werden, gleichzeitig soll diese Analyse zeigen, ob sich das Unternehmen bisher tatsächlich auf die richtigen Kunden fokussiert hat. Es geht im Wesentlichen um die Überprüfung der Effektivität und die Effizienz des Key Account Managements. Gleichzeitig soll das zukünftige Potenzial der KAM-Organisation erkannt werden.

Die wesentlichen Informationen, welche in einer groben Accountanalyse enthalten sind, sind in der folgenden Abbildung dargestellt:

Accountanalyse
der wichtigsten Kunden

Datum:_____

Key Account Manager: Hans Muster   Geschäftsbereich/Abteilung: Geschäftsbereich/KAM

Total Umsatz KAM
letztes/laufendes Jahr: _____ € _____ € Zielumsatz KAM nächstes Jahr: _____ €

Account und wichtigste Personen	Total Umsatz vor 2 Jahren	Total Umsatz vor 1 Jahr	Total Umsatz laufendes Jahr (Zielumsatz und/oder Forecast)	Wichtigste Produkte vor 1 Jahr (mit Umsatzangabe)		Wichtigste Abteilungen des Kunden vor 1 Jahr (mit Umsatzangabe)		Wichtigste Abteilungen des Kunden ohne Präsenz der eigenen Firma	Mögliches Umsatzziel in 3 Jahren	Bemerkungen (Trends, Gefährdungen etc.)
				Produkt	Umsatz in 1000.–	Abteilung	Umsatz in 1000.–			
A in B	1300	900	Z: 1000 F: 800	A B C D	90 700 10	Div. 1 Div. 2 Div. 3	– 50 750	Division Abt. Delta Abt. Omega Land D	3000	Nur in Division 3 gut etabliert. Wichtige Produkte für Div. 1 und 2 fehlen. Sehr großes Potenzial vorhanden.
B in C	1000	1300	F: 1800 Z: 1600	B C D	500 700 500 100	Filiale 1 Filiale 2 Filiale 3	– 600 1200	Filiale 1 Filiale 4 Filiale 5	4000	Produkt D sehr erfolgreich im laufenden Jahr. Eintritt in Region 1 nun gelungen (ca. 200). Produkt D entspricht Kundenbedürfnissen.
C in D	–	–	Z: 400 F: –	–	– –	–	–	Div. 1 Div. 2 Div. 3	2000	Target Account wurde nur einmal kontaktiert wegen Überlastung. Support bei Projekt wurde nicht bewilligt. Großes Potenzial vorhanden.

Geschäfts-bereich	Zielumsatz Total 20..	Umsatzziel der wichtigsten Accounts 20.. pro Geschäftsbereich	%-Anteil am Gesamtumsatz (20..)	ø pro Account in Mio	Umsatzziel 5 wichtigste Accounts in 3 Jahren (20..) pro Geschäftsbereich	Ø pro Account in 3 Jahren (20..)
Geschäfts-bereich 1	27.70	14.08	51%	2.82	19.15	3.83
Geschäfts-bereich 2	11.20	9.30	83%	1.86	10.90	2.18
Geschäfts-bereich 3	28.50	13.00	46%	2.60	16.00	3.20
Total	67.40	36.38	54%	2.42	46.05	3.07

Grobe Accountanalyse eines Konzerns (Zahlen in Mio. €)

Die grobe Accountanalyse des oben beschriebenen Konzerns (Investitions-güterindustrie) hat für die einzelnen Geschäftsbereiche folgendes Bild er-geben: Die grobe Accountanalyse zeigt, dass der Konzern die »richtigen« Kunden als Schlüsselkunden definiert hat und dass mit diesen Kunden über die Hälfte des Umsatzes generiert wird.

Aufgrund der KAMERA (vgl. oben) sowie der groben Accountanalyse be-stehen für den Konzern noch einige Erfolgsreserven im Key Account Ma-nagement, welche behoben bzw. weiter optimiert werden sollten:

- Integration des Key Account Managements in die Unternehmens-, Marketing- und Verkaufsstrategie

- Erstellen klarer Key-Account-Management-Konzepte, welche unter anderem die Kundenkategorisierung, die KAM-Organisation sowie das Lohnsystem beinhalten

- Gezielte, systematische Bearbeitung der Schlüsselkunden anhand von Accountplänen

- Interne und bei Bedarf externe Selektion geeigneter Key Account Ma-nager (gemäß Anforderungsprofil)

- Schulung der Key Account Manager in den Bereichen Analyse, Strate-gie und Koordination, um die wichtigsten Aufgaben des Key Account Managers optimal (d. h. richtig und gut) zu erfüllen

Zusammenfassung:

Mit Schlüsselkunden beschäftigt sich bewusst oder weniger bewusst jedes Unternehmen. Ein pragmatischer, kurzer Test zeigt in wenigen Minuten, ob und welche Erfolgsreserven im Key Account Management bestehen.

Stärker ins Detail geht die sog. Key-Account-Management-Erfolgsreserven-Analyse (KAMERA). Dieses Praxistool setzt sich mit dem Fitnessstand des Key Account Managements auseinander, indem sämtliche relevanten Bereiche durchleuchtet und hinterfragt werden:

- Resultate
- Eingliederung in bestehende Konzepte
- Qualität des KAM-Konzeptes
- Eingliederung des Key Account Managements in die Organisation
- Aufgaben und Kompetenzen der Key Account Manager, inkl. Anforderungen an die Key Account Manager
- Abstimmung der Abläufe auf die Bedürfnisse des Key Account Managements
- Effizienz und Wirtschaftlichkeit des Key Account Managements
- Effektivität des Key Account Managements
- Bedeutung des Key Account Managements bei internen Sitzungen
- Planungsinstrumente im Key Account Management
- Motivation im Key Account Management
- Einsatz der Geschäftsleitung
- Reporting und Soll-Ist-Vergleiche
- Know-how der Key Account Manager und Ausbildungsbedarf / Trainingsinhalte

Neben der Analyse der Ist-Situation ermöglicht das Arbeitsinstrument KAMERA die Entwicklung erster Verbesserungsideen. Im Bedarfsfall lohnt es sich, zuerst die Kapitel 5 und 6 zu konsultieren, bevor mit der Ausarbeitung der KAMERA begonnen wird.

Die KAMERA gibt einen Überblick über die »Fitness« des Key Account Managements. Daneben sollte sich jedes Unternehmen eingehend mit den bestehenden und potenziellen Top-Kunden auseinandersetzen.

Die grobe Accountanalyse sammelt erste allgemeine Informationen zu den wichtigsten Kunden, ob sich das Unternehmen überhaupt auf die richtigen Kunden fokussiert hat. Diese Analyse ist das ideale Arbeitsinstrument zur Überprüfung der Effektivität und Effizenz des Key Account Managements.

5 Das Key-Account-Management-Konzept

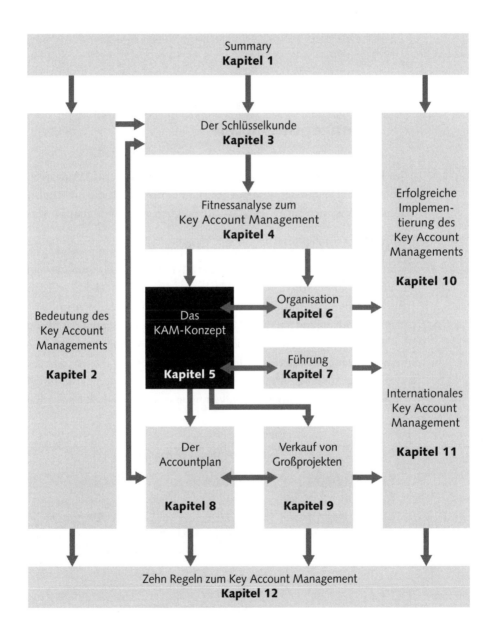

In diesem Kapitel finden Sie Antworten auf folgende Fragen:

- Wie werden die Erkenntnisse der Accountanalyse und der Fitnessanalyse in ein einfaches, systematisches Konzept integriert?
- Wie ist die Abgrenzung des Key-Account-Management-Konzeptes gegenüber anderen Strategien?
- Wie wird ein Key-Account-Management-Konzept aufgebaut?
- Was sind die wichtigsten Inhalte eines Key-Account-Management-Konzeptes?

5.1   Einbettung in die unternehmerische Konzepthierarchie

Das Key-Account-Management-Konzept wird aus den Erkenntnissen der Accountanalyse und der KAMERA abgeleitet und enthält die unternehmensinternen Vorgaben und Grundsätze bezüglich des Key Account Managements.

Wie bereits in Kapitel 2 erwähnt, zählt das Key-Account-Management-Konzept zu den mittelfristigen Teilstrategien. Es sollte aus der Unternehmensstrategie sowie aus der Marketingstrategie abgeleitet werden und eine Einheit bilden mit den Vertriebsstrategien. Wobei die Vertriebsstrategien sich vorwiegend auf die Bearbeitung und die Zielsetzungen gegenüber den A-, B- und C-Kunden konzentrieren und das Key-Account-Management-Konzept die Betreuung der Schlüsselkunden vor Augen hat.

Die nachstehende Abbildung zeigt, dass die Unternehmensstrategie für das gesamte Unternehmen Gültigkeit haben soll. Bezüglich Marketing und

Die Zusammenhänge zwischen den unternehmerischen Konzepten

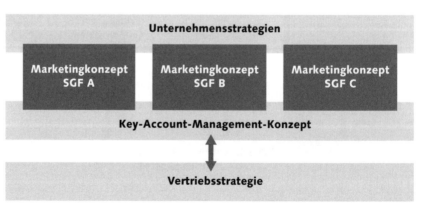

Verkauf werden im Rahmen der Unternehmensstrategie die wichtigsten Grundsätze definiert. In größeren Unternehmen ist in diesem Zusammenhang die Rede von einer Marketing-Gesamtstrategie, welche im Wesentlichen folgende Fragen beantworten soll:

- Welche Strategiebereiche haben welche Prioritäten? Welche geografischen Märkte sollen bearbeitet werden? Welche Leistungen/Produkte wollen wir in diesen Märkten anbieten? Welche Marktsegmente sollen in welcher Priorität bearbeitet werden?
- Welche Corporate Identity soll für uns Gültigkeit haben? Welche Markenpolitik verfolgt das Unternehmen? (Bestimmung der unternehmerischen Kommunikationsstrategie)
- Welche Vertriebspolitik soll grundsätzlich verfolgt werden? (Mit dieser Frage soll z. B. grundsätzlich beantwortet werden, ob das Key Account Management für das Unternehmen ein Thema ist oder nicht). Welche Forderungen stellt diese Politik an die Verkaufsorganisation und die Logistik?

Abgeleitet aus der Unternehmens- und Marketinggesamtstrategie werden für einzelne strategische Geschäftsfelder (SGF) bzw. strategische Geschäftsbereiche (SGB) Marketingkonzepte entwickelt. Oft sind mehrere strategische Marketingkonzepte notwendig, weil die einzelnen strategischen Geschäftsfelder unterschiedliche Segmente bearbeiten, unterschiedliche Bedürfnisse und Erwartungen abdecken oder gar unterschiedliche Produkte/Leistungen anbieten.

Strategische Marketingkonzepte umfassen folgende Punkte:

- Einsatzrichtung des Marketings und Positionierung gegenüber der Konkurrenz
- Festlegen der qualitativen und quantitativen Erfordernisse gegenüber den Produktverwendern
- Bestimmung der Bearbeitungsprioritäten und Ziele in Bezug auf Absatzkanäle und externe Beeinflusser
- Bestimmung der Maßnahmenschwerpunkte des Marketing-Mix
- Teilmix Produktverwender (Entscheider und externe Beeinflusser)
- Teilmix Handel
- Teilmix externe Beeinflusser
- Anpassung der Marketinginfrastruktur (Organisation, Personal, Marketinginformationssystem, Marketingplanungssystem etc.)
- Marketing-Grobbudgets

Insbesondere die Bestimmung der Bearbeitungsprioritäten in Bezug auf die Absatzkanäle, aber auch die Maßnahmenschwerpunkte des Marketing-Mix enthalten wichtige Vorgaben für das Key Account Management. Aus den Maßnahmenschwerpunkten ist z. B. ersichtlich, welche Bedeutung dem Key Account Management als Marketinginstrument überhaupt zukommt.

Die Überlegungen der Marketingstrategien gilt es so herauszuschälen, dass diese problemlos in eine geeignete Verkaufsstrategie und ein Key-Account-Management-Konzept umformuliert werden können. Die Stellung des Verkaufsbereiches im Marketing-Mix sowie die Schwerpunkte der Arbeit des Verkaufsaußen- und -innendienstes sollten sich aus den Vorgaben der Unternehmens- und Marketinggesamtstrategie sowie aus den Marketingkonzepten pro SGF ergeben.

Eine wesentliche Herausforderung für den Verkauf und insbesondere für das Key Account Management besteht oft darin, dass der Verkauf für die Realisierung mehrerer strategischer Marketingkonzepte verantwortlich ist. Die Abbildung verdeutlicht dies, indem sowohl das Key-Account-Management-Konzept als auch das Vertriebskonzept überspannend für alle drei Marketingkonzepte eingezeichnet ist. Daraus wird ersichtlich, dass die Vorgaben klar definieren müssen, welches dieser Marketingkonzepte jeweils welche Bedeutung für den Verkauf hat und wie sich diese Marketingkonzepte in den Verkauf umsetzen lassen.

Die Verkaufsstrategie bzw. das Verkaufskonzept hat die Aufgabe, die Marketingkonzepte für den Verkauf umzusetzen. Die Verkaufsstrategie konkretisiert demzufolge die Vorgaben und Verhaltensrichtlinien der Marketingstrategie für die Verkaufsverantwortlichen. Somit wird eine Verkaufsstrategie zum umfassenden Bauplan des Verkaufsinstrumentariums und hat folgenden Inhalt:

- Definition des vom Verkauf bearbeiteten geografischen Bereiches
- Festlegung der vom Außendienst mit Priorität betreuten Produktgruppen
- Grundsätze bezüglich der Bearbeitung der Kundengruppen (Kontaktqualität, Kontaktquantität, Kontaktperiodizität nach Kunden- resp. Kontaktpersonenkategorien)
- Grundsätze zu den wichtigsten Aufgaben des Verkaufsapparates im Rahmen anderer Instrumente (Verkaufsförderung, Dienstleistungen, Merchandising etc.), d. h. Interpretation der Marketingstrategie für den Verkauf
- Bestimmung der mittelfristigen strategischen Verkaufsziele durch Interpretation der Marketingziele für den Verkaufsbereich

- Ableitung von Grundsatzentscheidungen bezüglich der Verkaufsinfra-struktur
- Grobe Festlegung des für die Realisierung der verkaufsstrategischen Entscheidungen notwendigen Budgets

Wie bereits erwähnt, bestimmt die Verkaufsstrategie die wichtigsten Grundsätze für die Bearbeitung aller A-, B- und C-Kunden. Anschließend soll die Bearbeitung der Schlüsselkunden etwas genauer betrachtet werden. Insbesondere soll aufgezeigt werden, was die Inhalte eines Key-Account-Management-Konzeptes sind.

5.2   Aufbau und Inhalt

Das Key-Account-Management-Konzept konzentriert sich auf die Bestimmung der Ziele und Grundsätze für die Bearbeitung der Schlüsselkunden. Das Key-Account-Management-Konzept zählt zu den mittelfristigen Konzepten und sollte demzufolge mindestens für die nächsten drei Jahre Gültigkeit haben.

Im Gegensatz zum Accountplan (vgl. Kapitel 8), welcher in der Praxis häufig eingesetzt wird, haben verschiedene Umfragen gezeigt, dass das Key-Account-Management-Konzept nur gerade in 12 % der befragten Unternehmen konkret ausformuliert ist. Weitere 17 % der befragten Unternehmen gaben an, dass die Formulierung eines Key-Account-Management-Konzeptes zurzeit in Erarbeitung sei.

Das häufige Fehlen des Key-Account-Management-Konzeptes in der Praxis kann mehrere Gründe haben:

- Die zentralen Aspekte des Key Account Managements sind bereits in der Unternehmensstrategie oder in der Divisionsstrategie genügend ausführlich formuliert.
- Das Key-Account-Management-Konzept ist gemeinsam mit der Vertriebsstrategie verschmolzen, d. h. die Aspekte der Schlüsselkunden-Betreuung stellen einen Unterpunkt der Vertriebsstrategie dar. Dieser Fall trifft v. a. in jenen Fällen zu, wo das Key Account Management hierarchisch dem Verkauf und somit dem Verkaufsleiter unterstellt ist.
- Bisher wurde die Notwendigkeit der Formulierung eines Key-Account Management-Konzeptes nicht erkannt oder war nicht erforderlich, weil sich z. B. das Key Account Management erst in der Aufbauphase befindet.

Was auch die Gründe sein mögen, dass das Key-Account-Management-Konzept in der Praxis noch wenig verbreitet ist, so sind die Autoren doch überzeugt und die mehrjährige Erfahrung mit Key Account Management hat es bestätigt, dass es sich lohnt, auf 5 bis 10 Seiten ein kurzes, prägnantes Key-Account-Management-Konzept zu formulieren.

Die Vorteile eines schriftlich formulierten Key-Account-Management-Konzeptes lassen sich v. a. in folgenden Punkten erkennen:

- Klare Definition der Schlüsselkunden
- Verbindliche und überprüfbare Zielsetzungen für das Key Account Management
- Eindeutige Aufgabenzuteilung zwischen allen beteiligten Mitarbeitern im Key Account Management
- Vorgaben für die Selektion neuer Mitarbeiter im Key Account Management
- Grundsätze zur Ableitung von Führungsinstrumenten, z. B. Lohnsysteme, Aus- und Weiterbildungen, Reporting und Sitzungen

Zusammenfassend kann der Nutzen des Key-Account-Management-Konzeptes in der einheitlichen, zielgerichteten Bearbeitung sämtlicher Schlüsselkunden festgestellt werden. Die wesentlichen Inhalte eines Key-Account-Management-Konzeptes gehen aus der Abbildung auf der nächsten Seite hervor.

Die Basis für die Erarbeitung eines Key-Account-Management-Konzeptes bilden, wie die Abbildung zeigt, einerseits die Vorgaben aus der Unternehmens-, Marketing- und Verkaufsstrategie und andererseits die Erkenntnisse und Schlussfolgerungen, welche aus den Analysen, insbesondere aus der KAMERA (Key-Account-Management-Erfolgsreserven-Analyse, vgl. Kapitel 4) und aus der groben Accountanalyse, gewonnen wurden. Die Zusammenfassung zu den wichtigsten Stärken und Schwächen sowie zu den Chancen und Gefahren kann zusätzliche Informationen liefern.

Mit diesen Angaben kann die eigentliche Strategie formuliert werden. Als Erstes gilt es, die konkreten Anforderungen an einen Schlüsselkunden zu definieren. Die verschiedenen Möglichkeiten und Kriterien zur Bestimmung der Schlüsselkunden wurden bereits ausführlich in Kapitel 3 behandelt. Im Key-Account-Management-Konzept wird neben der Bestimmung der Anforderungen an einen Key-Account gleichzeitig eine erste grobe Selektion der Key-Accounts vorgenommen. Diese Vorselektion soll aufzeigen, mit wie vielen Key-Accounts das Unternehmen aufgrund der Anforderungskriterien rechnen kann. Gleichzeitig bildet diese Vorselektion die Basis für die Bestimmung der quantitativen Ziele und für die Personalplanung.

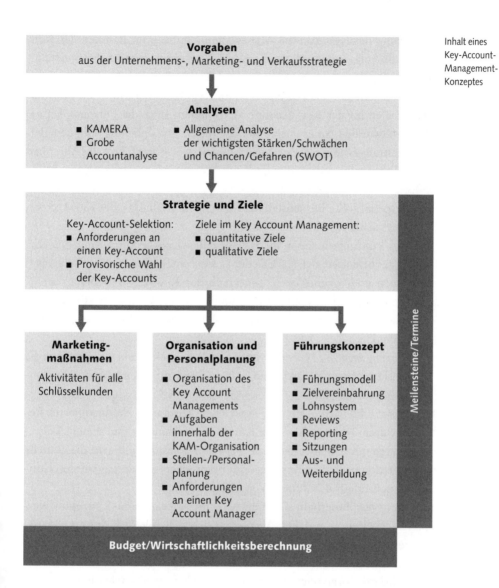

Die Ziele im Key-Account-Management-Konzept umfassen neben den quantitativen Zielen, wie Umsatz-, Absatz- und Deckungsbeitragszielen, auch qualitative Ziele, welche das Key Account Management betreffen (z. B. wir wollen bei den definierten Key-Accounts eine Leaderstellung einnehmen).

Im Rahmen der Organisation wird das Key Account Management in die bestehende Organisationsstruktur eingebunden. Ist das Unternehmen nach Prozessen organisiert, wird oft für das Key Account Management ein eigener Prozess definiert. Neben der grundsätzlichen organisatorischen Eingliederung des Key Account Managements müssen im Rahmen des Konzeptes die Aufgaben innerhalb der KAM-Organisation und insbesondere innerhalb des Key-Account-Management-Teams definiert werden.

Aufbauend auf der Vorselektion der Key-Accounts sowie den quantitativen Zielen für das Key Account Management kann die Personalplanung abgeleitet werden. Sinnvollerweise wird die Personalplanung über den gleichen Zeitraum wie die Ziele erstellt (üblicherweise drei Jahre). Im Anschluss an die Personalplanung sollte das Key-Account-Management-Konzept die Anforderungen an einen Key Account Manager definieren. Dieses Anforderungsprofil sollte Bestandteil der Stellenbeschreibung jedes Key Account Managers sein.

Das Führungskonzept im Rahmen des Key-Account-Management-Konzeptes orientiert sich stark an den gesamtunternehmerischen Führungsrichtlinien und -grundsätzen. Innerhalb des Key-Account-Management-Konzeptes werden lediglich abweichende und ergänzende Bestimmungen festgehalten. In den meisten Fällen beziehen sich diese Ergänzungen auf folgende Punkte:

- *Führungsmodell/Lohnsystem:* Es wird z. B. festgelegt, auf welcher Basis die Zielvereinbarung stattfinden soll und was die Elemente des Entlohnungssystems sind.
- *Reviews:* Es wird bestimmt, in welchen Abständen ein detailliertes Reviewgespräch zwischen dem Key Account Manager und seinem Vorgesetzten intern stattfinden soll. Bei diesen Gesprächen wird die aktuelle Situation bei jedem Key-Account besprochen und daraus werden Konsequenzen für das weitere Vorgehen gezogen.
- *Sitzungen:* Innerhalb des Key-Account-Management-Konzeptes wird festgehalten, in welchen Abständen sich z. B. alle Key Account Manager des Unternehmens zum Erfahrungsaustausch treffen. Gleichzeitig besteht die Möglichkeit, an solchen Sitzungen gemeinsame Aktivitäten zu koordinieren oder allgemein Informationen auszutauschen.
- *Aus- und Weiterbildung:* Nicht zu unterschätzen ist auch der Bereich der Aus- und Weiterbildungen im Key Account Management. Wie in Kapitel 7 noch detailliert dargestellt wird, werden an einen Key Account Manager hohe Anforderungen gestellt. Aufgrund des bestehenden Mitarbeiterpotenzials wird im Key-Account-Management-Konzept definiert, welche Weiterbildungsaktivitäten nötig und geplant sind. Dabei wird häufig zwischen Maßnahmen *on the job* und Maßnahmen *off the job* unterschieden. Gerade im Rahmen der Maßnahmen on the job spielen die Kollegen sowie der Vorgesetzte der Key Account Manager eine zen-

trale Rolle. Durch Begleitungen, Mitarbeitergespräche, Coachings und Tipps z. B. im Anschluss an Reviews können große Verbesserungen in der täglichen Key-Account-Management-Arbeit erzielt werden.

Die Marketingmaßnahmen im Rahmen des Key-Account-Management-Konzeptes konzentrieren sich ausschließlich auf Maßnahmen, welche für sämtliche Key-Accounts geplant sind. Zu denken ist z. B. an Maßnahmen wie Social Events (Festspiele etc.), Werksbesuche oder Key-Account-spezifische Werbegeschenke.

Sobald die benötigten Strukturen (Organisation, Mitarbeiter, Führungs-instrumente) sowie die Maßnahmen definiert sind, kann eine Wirtschaft-lichkeitsrechnung für das Key Account Management erarbeitet werden. Ausgehend vom Umsatz, welcher mit den Key-Accounts erzielt wird, wer-den die proportionalen Produktionskosten abgezogen (Einstandspreise, Rohmaterialpreise, variable Fertigungskosten, Rabatte, Skonti etc.); dies er-gibt einen ersten Deckungsbeitrag, welcher oft als Bruttomarge bezeichnet wird. Von dieser Bruttomarge werden alle direkt zurechenbaren Key-Ac-count-Management-Kosten abgezogen, insbesondere handelt es sich um die Personalkosten und die Kosten für die KAM-spezifischen Marketing-aktivitäten.

Je nach Detaillierungsgrad des Key-Account-Management-Konzeptes werden Meilensteine zur Realisierung des Konzeptes formuliert. Diese Mei-lensteine sollen in Teilschritten aufzeigen, wie die Ziele des Key-Account-Management-Konzeptes realisiert werden sollen.

Beispiel eines Key-Account-Management-Konzeptes:

Zur besseren Darstellung der oben eher theoretisch beschriebenen Inhalte eines Key-Account-Management-Konzeptes soll das nachfolgende Beispiel aus der Investitionsgüterbranche dienen.

A. Grundsatzentscheidungen/Vorgaben

- Größter Anbieter im Bereich Anlagen-Service werden
- Vertiefung der Präsenz innerhalb der Wertschöpfungskette des Kunden (die Kunden entscheiden sich entweder für ein Outsourcing sämtlicher Wartungsarbeiten oder stellen Personal der Firma »Alpha« fix an)
- Gezielte Bearbeitung von Anlagen der Konkurrenz
- Schaffen einer flexiblen Organisation

B. Key-Account-Selektion

Die Key-Accounts werden mit folgenden geografischen Prioritäten bearbeitet:

1. Priorität: Kundenbeziehungen konsolidieren/vertiefen
- Deutschsprachiges Europa und Westeuropa

2. Priorität: Aufbau Kundenbeziehungen
- Restliche europäische Länder
- Südostasiatischer Raum

Die wichtigsten Anforderungen an einen Key-Account sind (wobei mind. zwei der Anforderungen erfüllt sein müssen):

1   Umsatz > 1 Mio. €/Jahr
2   Wichtige Referenzanlage
3   Umsatz > 100 000 €/Jahr im Service und Ersatzteile, aber mit Potenzial für 1 Mio. €/Jahr
4   Langjährige Kunden-Lieferanten-Beziehung (Servicevertrag)

Die Wahl der Key-Accounts ist aus der folgenden Übersicht ersichtlich:

	KAM	Durch den Account erfüllte Anforderungen:			
		Umsatz	Referenz	Potenzial	Beziehung
Kunde A	ro	•	•		
Kunde B	pk			•	•
Kunde C	pk			•	•
Kunde D	cb	•			•
Kunde E	mk			•	•
Kunde F	cb	•	•		
Kunde G	mk	•	•		
Kunde H	ro	•		•	•
Kunde I	ro		•	•	•
Kunde K	pk	•	•	•	•
Kunde L	cb	•	•		
Kunde M	cb		•	•	•
Kunde N	mk	•	•		
Kunde O	pk	•	•	•	•

C. Zielsetzung Key Account Management

Qualitative Ziele/Terminziele

- Durch die intensive Zusammenarbeit und Betreuung der Key-Accounts wird der Anlageservice zum Markt- und Technologieführer im Bereich Müllverbrennungsanlagen.
- Alle Key-Accounts sind jährlich bis 31. 12. dokumentiert (Analyse, Strategie, Maßnahmenpläne).
- Die Kundenbefragung (inkl. Maßnahmenplan) ist jährlich bis 31. 10. bei allen Key-Accounts abgeschlossen.

Quantitative Ziele

Mit der Organisation werden folgende Ziele verfolgt:

Umsätze in Mio. €	Jahr 1	Jahr 2	Jahr 3	Jahr 4
Service	9	10	11	12
Umbauten	3	4	5	5
Ersatzteile	3	4	4	5
Total	15	18	20	22

D. Organisation

Die übergeordnete Organisation ist definiert.

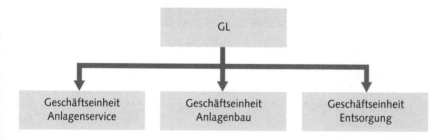

Die Geschäftseinheit Anlagenservice befindet sich in einer Reorganisation. Die definitive Organisation kann erst zu einem späteren Zeitpunkt festgelegt werden. Es werden KAM eingesetzt, welche integral die verschiedenen Produkte (Service, Umbauten, Ersatzteile) verkaufen.

E. Aufgaben innerhalb der KAM-Organisation

	KAM	Vorgesetzter KAM	Leiter Geschäftseinheit
KAM-Konzept		•	• 4)
Accountpläne (Analyse, Strategie, Maßnahmen)	•		
Marketingaktivitäten	• 1)	• 2)	• 2)
Verkaufskontakte	•	•	•
Coaching der KAM		•	
Konditionen/Preise	• 3)	• 4)	• 4)
Reporting/Interne Analyse	•		
Reviews/Audits		•	
Projektofferten	•		
Kalkulation	•		

1) KA-spezifische Aktivitäten
2) übergreifende Aktivitäten
3) Informationen, Basisvorschlag
4) Mitbestimmung

F. Wichtigste Anforderungen an einen Key Account Manager

Kriterien	Muss	Soll
Alter	≥ 30 Jahre	
Sprache	Deutsch	Französisch, Englisch, Italienisch
Ausbildung/ Weiterbildung	Ing. HTL/ETH	BWL-Weiterbildung (HWV, HKG, VL, MP etc.)
Erfahrung	■ Mind. 2 Jahre Erfahrung im Anlagebau	■ 5 Jahre Erfahrung im Anlagebau ■ ≥ 2 Jahre Verkaufserfahrung ■ Erfahrung im KAM
Charakter/ Persönlichkeit	■ Organisationstalent ■ Mobilität ■ Verkaufstalent ■ Kostenbewusst ■ Konzepter/Analytiker ■ Zielorientiert	■ Verhandlungsstark ■ Führungsstark ■ Beziehungsstark

G. Lohnsystem/Zielvereinbarung

Die Key Account Manager werden grundsätzlich fix entlohnt. Im Rahmen der jährlich stattfindenden Qualifikation können folgende Ziele als Messgrößen herbeigezogen werden: Umsatz, DB, Kundenzufriedenheit, persönliche Ziele (Qualitätsicherung, Organisation) etc. Je nach Erfüllung der Ziele wird die Höhe der Jahresgratifikation ausbezahlt.

H. Reporting/Sitzungen

Alle drei Monate werden detaillierte Kostenkontrollen durchgeführt. Der Key Account Manager erarbeitet pro Account quartalsweise einen Bericht mit Analysen der Resultate, Analyse der Kontakte und den geplanten Konsequenzen (als Basis für Reviews).

Folgende Sitzungen sind geplant:

- *KAM-Sitzung* inkl. Weiterbildungsinputs, Problembesprechung, Kundenzufriedenheitsanalyse, Bewertung der offenen Offerten (inkl. Erfolgschancen): **monatlich**
- *Review-Sitzungen* (inkl. Vertrieb): **quartalsweise**
- *Einzelgespräche* pro KAM: **jährlich bzw. bei Bedarf**

I. Weiterbildung/Schulungen

Die Schlüsselkunden-Betreuer sollen stufenweise in folgenden Bereichen geschult werden:

- Betriebswirtschaftliche Zusammenhänge (insbesondere Marketing, Verkauf)
- KAM-Konzept
- Selektion von Key-Accounts
- Aufgaben des KAM
- Accountplan erarbeiten
- Analyse, Strategie und Aktionen für ausgewählte Key-Accounts
- Präsentationstechnik
- Strategisches Verkaufen
- Investitionsrechnung
- Individuelle fachliche Weiterbildungen

Neben den Schulungen werden die KAM anfänglich intensiv durch den KAM-Vorgesetzten gecoacht und bei Besuchen begleitet.

Bei neuen KA-Anlagen sollen die Key Account Manager mind. 1 Woche während der Einführung vor Ort präsent sein, um mit der Anlage und mit den Personen vertraut zu werden.

K. Informationsbeschaffung

Die Informationsbeschaffung über Key-Accounts wird durch folgende Mittel sichergestellt:

- Kollegen Anlagebau
- Geschäftsberichte
- Argus-Abonnement
- Persönliche Interviews und Gespräche mit Mitarbeitern der Accounts
- Analyse Rapporte
- Analyse Vergangenheitszahlen
- Kundenzufriedenheitsanalyse
- Internet
- Interviews mit Berater
- Hauszeitung der Key-Accounts

Zusammenfassung:

Das Key-Account-Management-Konzept baut auf den Entscheidungen und Grundsätzen der Unternehmens- und Marketingstrategie auf und vertieft die für das Key Account Management relevanten Aspekte. Für das Key Account Management besteht eine wesentliche Herausforderung darin, die Interessen der verschiedenen Marketingkonzepte (z. B. pro SGF) einheitlich zu vertreten und zu vereinen.

In der Praxis liegt häufig kein schriftlich formuliertes Key-Account-Management-Konzept vor, dies aus mehreren Gründen:

- Die Unternehmens- oder Bereichsstrategien beinhalten die KAM-Aspekte bereits in ausreichendem Maße.
- Das KAM-Konzept ist in die Vertriebsstrategie integriert.
- Die Notwendigkeit der Formulierung eines KAM-Konzeptes wurde nicht erkannt.

Ein kurzes, prägnantes Key-Account-Management-Konzept hat sich in der Praxis bewährt und bietet wesentliche Vorteile:
- Einheitliche, unternehmensweite Definition der Schlüsselkunden
- Verbindliche Ziele für das Key Account Management
- Klare Aufgabenzuteilung für alle Beteiligten
- Grundsätze für die Selektion neuer KAM-Mitarbeiter
- Grundsätze für die Erarbeitung von Führungsinstrumenten

Die wichtigsten Inhalte des Key-Account-Management-Konzeptes können wie folgt zusammengefasst werden:
- Vorgaben aus übergeordneten Konzepten und Strategien
- Erkenntnisse aus den Analysen
- Anforderung an einen Key-Account
- Selektion der Key-Accounts
- Quantitative und qualitative Ziele für das Key Account Management
- Organisation des Key Account Managements
- Aufgaben innerhalb der KAM-Organisation
- Personalplanung
- Anforderungen an einen Key Account Manager
- Wichtigste Grundsätze zur Führung
- Spezielle Marketingmaßnahmen für alle Key-Accounts
- Wirtschaftlichkeitsberechnungen
- Meilensteine / Termine

Unter Berücksichtigung der Hinweise in diesem Kapitel ist das KAM-Konzept nicht lediglich ein weiteres Strategiepapier, sondern ein nützliches Instrument zur Festlegung der wichtigsten Grundsätze für das Key Account Management.

6 Organisation im Key Account Management

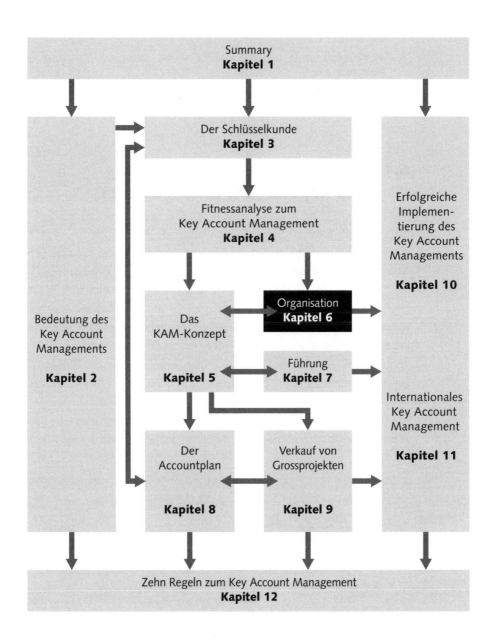

In diesem Kapitel finden Sie Antworten auf folgende Fragen:

- *Welche Möglichkeiten zur organisatorischen Integration des Schlüsselkunden-Verantwortlichen gibt es?*
- *Welche Position sollen die Key Account Manager im Organigramm haben?*
- *Was verstehen wir unter einem KAM-Prozess?*
- *Wie wird die Funktion eines Key Account Managers zu anderen Funktionen abgegrenzt?*
- *Was sind die wichtigsten Aufgaben der verschiedenen Mitglieder eines Key-Account-Teams?*
- *Welche Anforderungen werden an einen Key Account Manager gestellt?*

6.1 Organisatorische Eingliederung des Key Account Managements

Neben der in Kapitel 5 dargestellten Strategie für das Key Account Management gilt es im Folgenden die Organisation sowie die Führung im Key Account Management zu betrachten.

Es werden in einem ersten Schritt die unterschiedlichen Formen der organisatorischen Eingliederung dargestellt und die Zusammenarbeit mit anderen Funktionsbereichen erläutert. Es werden dabei die Extremformen der tätigkeitsorientierten, der divisionalen und der Matrixorganisation dargestellt, zwischen denen sich Mischformen ergeben können. Wir verzichten auf die Darstellung der verschiedenen Mischformen, da dies zu weit führen würde.

In Zusammenhang mit organisatorischen Fragen ist zurzeit die Prozessorganisation in aller Munde. Die nachfolgenden Ausführungen beziehen

Der Key-Account-Management-Prozess in der Investitionsgüterindustrie

Accountanalyse und -planung → Konzept-/Lösungserarbeitung → Projektakquisition (bei Bedarf) → Auftragsbearbeitung → After-Sales → Reviewgespräche

Der Key-Account-Bearbeitungsprozess gegenüber dem Handel

Accountanalyse und -planung → Beratung und Konditionen → Marketing-Support → Auftragsbearbeitung → After-Sales → Reviewgespräche

sich grundsätzlich auf die traditionelle Organisationsstruktur. Wir möchten es aber nicht unterlassen, kurz einen Einblick in die KAM-spezifische Prozessorganisation zu geben. Der Key-Account-Management-Prozess kann von Unternehmen zu Unternehmen sehr unterschiedlich gestaltet sein. Exemplarisch sollen nachfolgend je ein Beispiel für die Investitionsgüter- sowie für die Konsumgüterindustrie dargestellt werden.

Die aufgezeigten Prozesse zeigen deutlich, dass es in der Investitionsgüterbranche häufig nicht um wiederkehrende Aufträge geht, sondern dass je nach Problemstellung entsprechende Konzepte erarbeitet werden. Die Qualität dieser Konzepte ist für den Erfolg ausschlaggebend. Die wesentlichen Unterschiede zur Prozesskette im Key Account Management mit Handelsunternehmen bestehen darin, dass der Key Account Manager mit den Handelsketten verstärkt über Konditionen verhandeln muss und einen gezielten Marketingsupport liefert. Die Prozessorganisation entspricht sehr gut dem Key-Account-Management-Gedanken. In der Regel übernimmt der Key Account Manager die gesamte Verantwortung über einen Schlüsselkunden. Dies deckt sich mit der Basisidee der Prozessorganisation, bei der für jeden Prozess ein Verantwortlicher bestimmt wird (ein sogenannter Process-Owner), welcher den Prozess von Anfang bis Ende betreut.

Abgesehen von diesen wenigen Gedanken zur Prozessorganisation sollen nachfolgend die grundsätzlichen Möglichkeiten zur Eingliederung des Key Account Managements in die traditionelle Unternehmenshierarchie dargestellt werden.

6.1.1 KAM in funktionsorientierten Organisationen

Innerhalb der funktionsorientierten Organisation werden die Key Account Manager als Linienverantwortliche für den Bereich der Größtkunden eingesetzt (Unterstellung unter Geschäftsleitung, Divisionsleitung, Marketing- oder Verkaufsleitung). Der Verantwortungsbereich wird als unabhängige und eigenständige Aufgabe in den Unternehmen angesehen (vgl. die nachfolgende schematische Darstellung). Eine Einordnung in eine Stabsstelle ist nicht sinnvoll beziehungsweise diese Einordnung wird der Bedeutung des Key Account Managements nicht gerecht. Typischerweise verfügen Stabsstellen über keine Weisungsbefugnis, sondern haben lediglich beratende und unterstützende Funktionen. Angesichts dieses Verständnisses einer Stabsstelle wäre der Key Account Manager nicht befähigt, seine Aufgaben in umfassender Weise wahrzunehmen, weil ihm die Kompetenzen fehlen würden. Zudem würde es dem Key Account Manager in dieser Position an Akzeptanz seitens der Verhandlungspartner mangeln.

Tätigkeitsorientierte Organisation des Key Account Managements

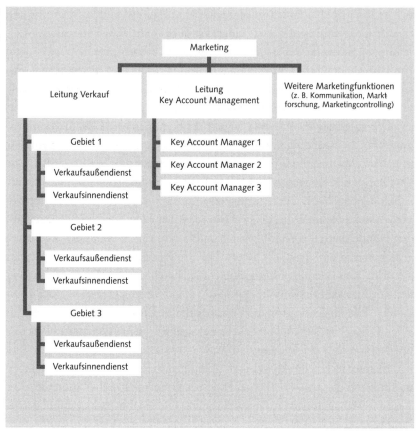

Die klare Abgrenzung des Verantwortungsbereiches und die Möglichkeit der Konzentration auf die Kernaufgaben des Key Account Managements sind die Vorteile der Organisation nach Funktionsbereichen im Marketing und Verkauf. Sie ermöglicht eine eindeutige Zurechenbarkeit von Kosten und DBs des Key Account Managements. Gerade für kleinere und mittelständische Unternehmen mit einem beschränkten und engen Produktprogramm bietet sich die funktionale Eingliederung an.

Nachteile bestehen im Bereich der Koordination mit den anderen Funktionsbereichen des Marketings. Die Abstimmung zwischen den Bereichen muss durch eine übergeordnete Instanz erfolgen, welche die Gesamtaufgaben nach einzelnen Teilaufgaben differenziert und verteilt. Zudem besteht die Gefahr, dass das Key Account Management das Gesamtziel aus den Augen verliert und einem blinden »Bereichsegoismus« verfällt.

6.1.2 KAM in divisionalen Organisationen

Innerhalb der divisionalen Organisation nach Geschäftseinheiten (Business Units), Produktgruppen etc. kann dem Key Account Management eine größere Bedeutung gegenüber der funktionsorientierten Vorgehensweise eingeräumt werden. Zu diesem Zweck werden die Geschäftsbereiche nach produktspezifischen Kriterien oder nach Kundengruppen aufgeteilt. Dadurch erhält der Key Account Manager vorrangige Kompetenzen gegenüber anderen Funktionsbereichen des Marketings. Es entstehen flexible Organisationsstrukturen, die sich konsequent an den Bedürfnissen des Schlüsselkunden ausrichten.

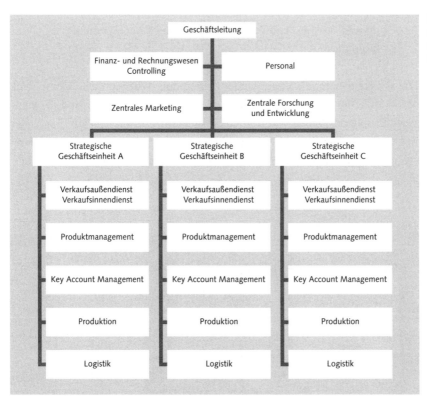

Divisionale Eingliederung des Key Account Managements in die Organisation

Vorteilhaft ist in diesem Zusammenhang die konsequente Ausrichtung der Unternehmen an den Bedürfnissen des Marktes und insbesondere der Kunden, dank der Bildung von spezialisierten Divisionen. Die konsequente Ausrichtung unterstützt die Umsetzung von klaren Key-Account-Management-Konzepten.

Nachteilig wirkt sich der geringere Einfluss der höheren Managementebenen auf die Divisionen aus. Die umfassende und autonome Arbeit der

Bereiche lässt sich nur schwer kontrollieren bzw. im Sinne der Unternehmensstrategie steuern. Gemeinsame Bearbeitung von Key-Accounts über die Divisionen hinaus ist nur mit einem erheblichen Koordinationsaufwand möglich. Ebenso muss von einer hohen Kostenintensität des Key Account Managements ausgegangen werden und es besteht die Gefahr von kostenintensiven Doppelspurigkeiten.

6.1.3   KAM in Matrixorganisationen

Im Falle der Matrixorganisation werden zwei Funktionsbereiche gleichberechtigt nebeneinander gestellt. Für den Bereich des Marketings sind zwei Alternativen denkbar:

1. Kombination von Produkt- und Key Account Management
2. Kombination von Vertriebs- und Key Account Management

Die Weisungsbefugnis ist auf beiden Seiten durch die fachliche Kompetenz beschränkt. So betreut der Produktmanager ausschließlich produktorientierte Probleme. Der Key Account Manager konzentriert sich auf Fragen der Betreuung und der Bearbeitung des Accounts. Die nachfolgende Darstellung zeigt die Kombination zwischen Produkt- und Key Account Management.

Matrixorganisation des Key Account Managements

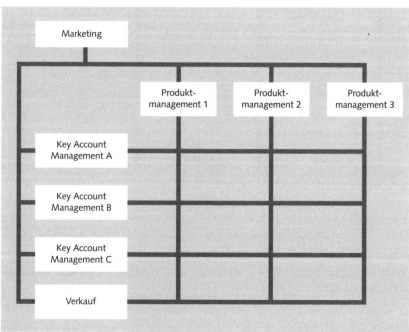

Ziel ist es, die Vorteile der funktionsorientierten und der divisionalen Organisation zu verknüpfen. Unterschiedliche Verantwortungsbereiche sollen
sich eigenständig untereinander abstimmen, ohne dass ein Eingreifen der
Geschäftsleitung notwendig ist.

Die Nachteile bestehen vor allem in einem hohen Konfliktpotenzial,
dem die weisungsgebundenen Stellen innerhalb der Matrixorganisation aus-
gesetzt sind. Die Außendienstmitarbeiter stecken dauerhaft in der Klemme,
denn es ist ihnen unklar, welchen Anweisungen – jenen der Produktmanager
oder jenen der Key Account Manager – sie nun Folge leisten sollen.

6.1.4 Hierarchische Eingliederung des KAM

In den oben dargestellten Grundformen wurde stets davon ausgegangen,
dass das Key Account Management dem Bereich Marketing (vgl. Abbildun-
gen »Tätigkeitsorientierte Organisation des Key Account Managements«
und »Matrixorganisation des Key Account Managements«) bzw. dem Geschäftsbereich (vgl. Abbildung »Divisionale Organisation des Key Account
Managements«) zugeordnet ist.

In der Praxis sind die verschiedensten hierarchischen Eingliederungen
denkbar. Eine Umfrage von Dr. Pius Küng & Partner (»Wo ist in Ihrem
Unternehmen das Key Account Management angegliedert?«) zeigte folgende Ergebnisse:

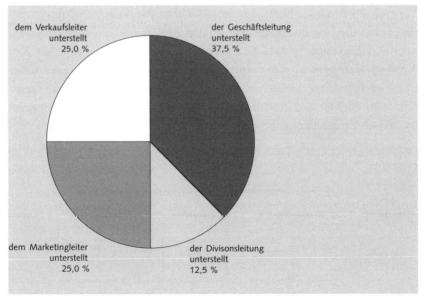

Integration des Key Ac-
count Managements in
der Gesamtorganisation

dem Verkaufsleiter
unterstellt
25,0 %

der Geschäftsleitung
unterstellt
37,5 %

dem Marketingleiter
unterstellt
25,0 %

der Divisonsleitung
unterstellt
12,5 %

50% der Befragten gaben an, das Key Account Management der Geschäftsleitung oder der Divisionsleitung unterstellt zu haben. In den restlichen Unternehmen ist das Key Account Management entweder dem Marketingleiter (25,0%) oder dem Verkaufsleiter (25,0%) unterstellt.

Die Resultate der Umfrage mögen auf den ersten Blick erstaunen. Die Ergebnisse würden die große Bedeutung des Key Account Managements für den unternehmerischen Erfolg deutlich unterstreichen, indem sich die meisten Unternehmen entschlossen haben, das Key Account Management auf höchster hierarchischer Ebene einzuordnen. Bei genauerer Betrachtung der Ergebnisse stellt man aber fest, dass in 50% der Fälle, in denen angegeben wurde, dass das Key Account Management direkt der Geschäftsleitung unterstellt ist, der Geschäftsführer selbst die Aufgaben des Key Account Managers innehat. Dies trifft meistens auf kleinere und mittlere Unternehmen zu. In eher kleinen Unternehmen deckt der Geschäftsführer in der Regel mehrere Funktionen ab (z. B. Geschäftsführung und gleichzeitig Marketing- und Verkaufsleitung oder Geschäftsführung und zugleich Finanzchef bzw. Produktionsleitung).

Das Key Account Management als eine »lebenswichtige« Aufgabe sollte der Geschäftsführer in kleinen und mittleren Unternehmen nicht aus der Hand geben, sondern er muss selbst dafür Sorge tragen, die wichtigen Kontakte zu den Schlüsselkunden zu pflegen und die Beziehungen aufrecht zu erhalten.

Bei Handelsorganisationen (d. h. Unternehmen, welche lediglich den Vertrieb der Produkte übernehmen, selbst aber über keine Produktion verfügen) hat die Untersuchung gezeigt, dass der Vertrieb entweder regional oder kundengruppenspezifisch aufgebaut ist. In diesen Fällen bildet das Key Account Management meist eine eigenständige »Vertriebsschiene« unter dem Geschäftsleiter der Vertriebsorganisation, parallel zu den Vertriebseinheiten mit Außen- und Innendienstmitarbeitern. Das nachfolgende Beispiel soll diesen Zusammenhang verdeutlichen.

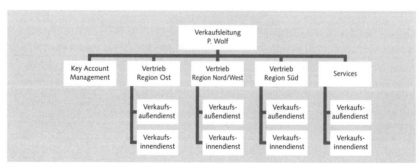

Beispiel für die Einordnung des KAM in einem Handelsunternehmen

Das dargestellte Beispiel zeigt eine regionale Organisation des Vertriebs. Über diese Organisationseinheiten werden sämtliche mittleren und kleineren Kunden im ganzen Land betreut und beraten. Lediglich die Großkunden werden durch die getrennte Key-Account-Management-Organisation betreut. In der Abteilung »Services« sind sämtliche Bereiche zusammengefasst, welche nicht direkt zum Vertrieb gehören, z. B. Logistik, Organisation, Planung, technische Verkaufsunterstützung.

6.1.5 Empfehlungen für die organisatorische Eingliederung des KAM

In Bezug auf die einzelnen Branchen (Konsumgüter, Investitionsgüter und Dienstleistungen) hat die Umfrage keine nennenswerten Unterschiede hervorgebracht. Für die Wahl der organisatorischen Eingliederung des Key Account Managements in der Unternehmensorganisation ist nicht so sehr die jeweilige Branche entscheidend, sondern folgende Punkte:

Größe des Unternehmens
Je kleiner das Unternehmen, desto höher in der Hierarchie ist das Key Account Management eingeordnet. Dies ergibt sich schon aus der Tatsache, dass sich der Geschäftsleiter in kleineren und mittleren Unternehmen selbst intensiv um die Größtkunden kümmert und sie aufgrund deren Bedeutung für den Unternehmenserfolg meist selber betreut.

Teilweise trifft man in kleineren und mittleren Unternehmen die Situation an, dass sich der Manager (CEO) verstärkt um die technischen oder administrativen Belange kümmert. In diesen Fällen steht ihm in der Regel ein kompetenter Marketing- und Verkaufsverantwortlicher (als Geschäftsleitungsmitglied) zur Seite, der die Betreuung der Schlüsselkunden übernimmt. So wird das Key Account Management ebenfalls direkt der Geschäftsleitung zugeordnet.

Zusammenarbeit mit den anderen Verkaufsmitarbeitern
In der Konsumgüterbranche kann es von Vorteil sein, wenn die Key Account Manager und die Verkaufsaußendienstmitarbeiter unter einheitlicher Leitung vereint sind (z. B. Key Account Management und Verkauf unter Marketingleitung). Meistens definieren die Key Account Manager die Rahmenabkommen mit den zentralen Einkaufsabteilungen des Schlüsselkunden. Anschließend erhalten die Außendienstmitarbeiter klare Weisungen durch die Key Account Manager zur Bearbeitung der einzelnen Filialen (Outlets) des Schlüsselkunden. Ein international tätiges Unternehmen der Lebensmittelbranche hat sich auf die beschriebene Weise organisiert. Die Einzel-

heiten sind aus der unten stehenden Abbildung ersichtlich. Wie daraus hervorgeht, übernehmen die beiden Key Account Manager die Betreuung der zentralen Stellen der national tätigen Handelsketten und Cash & Carries. Gleichzeitig koordinieren die Key Account Manager den Einsatz der Außendienstmitarbeiter in den einzelnen Filialen der Schlüsselkunden.

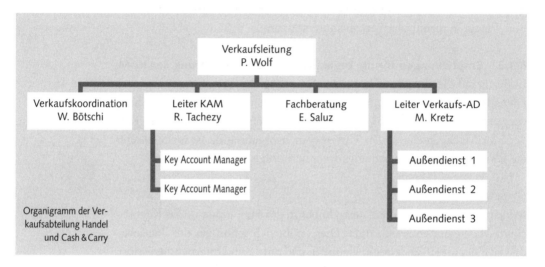

Organigramm der Verkaufsabteilung Handel und Cash & Carry

6.2 Abgrenzung des KAM gegenüber anderen Funktionen

Wenn die organisatorische Eingliederung des Key Account Managements im Gesamtunternehmen geklärt ist, gilt es die Aufgaben und Anforderungen an die Mitarbeiter im Key Account Management näher zu erörtern. Bevor auf die einzelnen Aufgaben des Key Account Managers eingegangen wird, ist eine Abgrenzung zu anderen Funktions- bzw. Managementaufgaben im Bereich von Marketing und Verkauf sinnvoll und nützlich.

6.2.1 Abgrenzung zum Produktmanager

Das Produktmanagement fasst die produktorientierten Aufgaben des Marketings zusammen. Demzufolge ist der Produktmanager mit allen Aufgaben betraut, welche direkt mit Fragen des Produktes zusammenhängen. Dazu gehören u. a. die Gestaltung des Marketingprogramms (Markt- und Konkurrenzanalysen für das betreute Produkt, Ableiten von Marketingstrategien) und dessen Anpassung an Umweltveränderungen, die Gestaltung der kommunikationspolitischen Maßnahmen (Werbe- und Verkaufsförderungsmaßnahmen für das Produkt, Schulung der Verkaufsmitarbeiter), Koordination zwischen Marketing, Produktion sowie Forschung & Entwicklung.

In neuester Zeit wird in der Investitionsgüterbranche zusätzlich zwischen Produkt- und Marktmanagern unterschieden, wobei sich der Produktmanager technischen Belangen widmet (Projektarbeit, technische Merkblätter, Koordination mit der Entwicklung etc.) und der Marktmanager kundenspezifische Fragen (Marktanalysen, Trendanalysen, Marktleistungsprofile etc.) bearbeitet. Im Gegensatz dazu beschäftigt sich der Key Account Manager mit der kundenorientierten Sichtweise des Marketingmanagements. Der Aufgabenfokus ist die Entwicklung kundenbezogener Strategien. Ziel ist es, das Angebotsprogramm gegenüber den Key-Accounts zu profilieren und gegenüber der Konkurrenz zu differenzieren.

6.2.2 Abgrenzung zum Projektmanager

Das Projektmanagement ist auf den Zeitraum eines Projektes beschränkt. Die Aufgaben des Projektmanagements werden von mehreren Personen mit unterschiedlichen Qualifikationen und Aufgabenbereichen im Team bewältigt. Das Team ist für alle projektspezifischen Maßnahmen eigenverantwortlich tätig. Ziel des Projektmanagements ist die Einhaltung der zeitlichen und finanziellen Vorgaben des Projektes. Projektmanager werden in der Praxis teilweise für die Abwicklung von Großaufträgen eingesetzt.

Das Key Account Management stellt im Gegensatz zum Projektmanagement eine dauerhafte, zeitlich nicht begrenzte Funktion innerhalb der Unternehmen dar. Zwar können sich die Key-Accounts im Zeitablauf verändern, jedoch sind die Aufgaben immer mit der gleichen Zielvorgabe zu erfüllen: durch eine maßgeschneiderte Unternehmensleistung ist der Kunde langfristig an das Unternehmen zu binden.

6.2.3 Abgrenzung zum Verkaufsleiter

Der Verkaufsleiter ist für den regional-, teilmarkt- oder branchenspezifisch organisierten Verkauf der Leistungen zuständig. Ihm sind die einzelnen Außendienstmitarbeiter unterstellt. Vor dem Hintergrund der vorgegebenen Marketingstrategie entwirft er die Verkaufsstrategie und definiert die Verkaufsziele (Absatz, Umsatz, Kontakte) für Mitarbeiter und Regionen sowie die entsprechenden Führungs- und Steuerungsinstrumente.

Verkaufsmanagement und Key Account Management haben den gleichen Fokus, »den Kunden«. Im Gegensatz zum Verkaufsleiter konzentriert sich der Key Account Manager auf die Größtkunden und auf potenzielle Top-Kunden (gemäß Definition in Kapitel 3). Sein Ziel ist es, die unternehmenseigenen Leistungen gegenüber dem Kunden derart zu positionieren, dass sie der Kunde als einen potenziellen Wettbewerbsvorteil gegenüber seiner direkten Konkurrenz wahrnimmt. Der Verkaufsleiter betreut zusammen mit den Außendienstmitarbeitern alle weiteren Kundenkategorien (A-, B- und C-Kunden sowie potenzielle Neukunden). Ein weiterer Unterschied besteht in der Organisation des Key Account Managements. Sie ist selten regional strukturiert, sondern richtet sich nach den für das Unternehmen relevanten Kundeneigenschaften. Der Key Account Manager (KAM) ist national und zunehmend international tätig.

Zusammenfassend kann der Aufgabenbereich des Key Account Managers wie folgt umschrieben werden: Der Key Account Manager ist diejenige Person, welche die Darstellung und Profilierung des eigenen Unternehmens gegenüber seinen Schlüsselkunden übernimmt. Er analysiert die Position des eigenen Angebotes, plant die Strategien, führt die Maßnahmen durch und kontrolliert den Erfolg der eigenen Aktivitäten. Er ist die Schnittstelle zwischen dem eigenen Unternehmen und dessen wichtigsten Kunden.

6.3 Die Person des Key Account Managers

6.3.1 Aufgaben des Key Account Managers

Um den Zuständigkeitsbereich des Key Account Managers zu beschreiben, sollen im Folgenden zuerst seine Hauptaufgaben dargestellt werden. Von besonderer Bedeutung sind hierbei die Erwartungen, die der Kunde an den Key Account Manager und sein Team richtet. So sind nach einer Umfrage von Dr. Pius Küng & Partner folgende Anforderungen an einen Key Account Manager wichtig:

- Konzeptionelles und analytisches Know-how
- Ausgeprägte Marketingorientierung und tiefes Verständnis für die Kundenprobleme und -strategien
- Hohe Fach- und Beratungskompetenz
- Know-how im Projektmanagement
- Sicheres und konsequentes Auftreten beim Kunden

Der ideale Schlüsselkunden-Manager hat somit das »Format eines Verkaufsleiters«, aber er hat weniger Interesse an der Führung vieler Mitarbeiter.

Vor diesem Hintergrund lassen sich die Aufgaben des Key Account Managers mit vier Rollen umschreiben:

- die Rolle als Konzepter für Kundenstrategien (Rolle 1)
- die Rolle als interner Koordinator (Rolle 2)
- die Rolle als Verkäufer, Kundenbetreuer und Berater (Rolle 3)
- die Rolle als Analytiker (Rolle 4)

Diese Rollen werden in ihrer Bedeutung große Veränderungen erfahren, wenn der Account-Manager die Entwicklungstendenzen in den Märkten berücksichtigt und den Herausforderungen und Anforderungen der Zukunft seiner Kunden gerecht werden will.

Viel zu oft wurde der beste Verkäufer zum Key Account Manager erkoren, ohne zu beachten, ob die Person den Anforderungen an einen Key Account Manager überhaupt erfüllt. Dies hat zur Folge, dass der bisherige Verkäufer weiterhin das tut, was er am besten kann: Verkaufen. Damit können aber die Erwartungen und Bedürfnisse der Top-Kunden nur ungenügend erfüllt werden, weil die Rollen als Analytiker, Konzepter und interner Koordinator nur schlecht abgedeckt werden. Der Key Account Manager muss deshalb alle vier dargestellten Rollen abdecken.

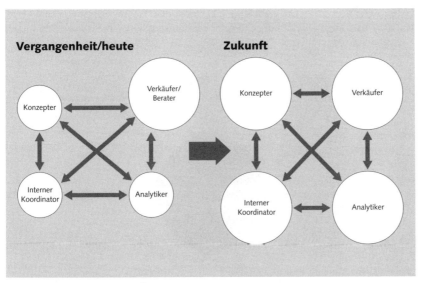

Die Rolle des Key Account Managers in der Vergangenheit und in der Zukunft

Die in obiger Abbildung dargestellten Veränderungen für die einzelnen Rollen lassen sich wie folgt begründen:

Rolle 1: Der Account-Manager als Konzeptionist und Stratege
Angesichts der steigenden Bedeutung der Schlüsselkunden muss der Account-Manager vermehrt strategisch denken und handeln. Er darf nicht mehr als unermüdlicher Umsatzjäger jedem x-beliebigen Geschäft nachrennen, sondern er muss Konzepte entwerfen, die es ermöglichen, die eigene Wettbewerbsposition nachhaltig auszubauen und den Kunden langfristig an das Unternehmen zu binden.

Der Key Account Manager muss in der Lage sein, die übergeordneten Strategien des eigenen Unternehmens (Unternehmens- und Marketingstrategie) sowie die Strategien seines Schlüsselkunden und dessen strategische Erfolgspositionen und Kernkompetenzen zu erkennen. Auf dieser Basis gilt es, maßgeschneiderte Konzepte zu entwickeln und die Maßnahmen (Aktionen) daraus abzuleiten. Diese Aufgabe kann nur erfüllt werden, wenn eine enge Zusammenarbeit mit der Geschäfts-, Marketing- und Verkaufsleitung im eigenen Unternehmen sichergestellt ist.

Die nachfolgende Abbildung zeigt die Zusammenhänge zwischen dem eigenen Unternehmen und dem Top-Kunden. Es muss dem Key Account Manager gelingen, die strategischen Vorgaben des eigenen Unternehmens mit den strategischen Zielen des Kunden zu verschmelzen.

Rolle 2: Der Account-Manager als interner Koordinator
Dieser Bereich wird in Zukunft besonders an Bedeutung gewinnen. Der Rationalisierungsdruck in unserem Unternehmen sowie bei unseren Kunden verlangt eine systematische, alle Instrumente umfassende Koordinations-

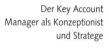
Der Key Account Manager als Konzeptionist und Stratege

und Führungsarbeit, damit die Bearbeitung sowie die Betreuung des Kunden zielgerichtet durch alle Mitarbeiter erfolgen.

Unsere Interviews in Größtbetrieben haben aufgezeigt, dass die Koordinationsarbeit noch große Erfolgsreserven aufweist. Mit der Arbeit des Account-Managers als Verkäufer ist man wohl zufrieden, seine Fähigkeiten als interner Koordinator zieht man jedoch sehr stark in Zweifel.

Die Rolle als Koordinator bezieht sich nicht allein auf die Mitglieder des Account-Teams und auf die Mitarbeiter im Innendienst, sondern auch auf die Marketingverantwortlichen, denn die Account-Strategien verlangen »maßgeschneiderte Marketingaktionen« sowie entsprechende Infrastruktur-Maßnahmen in verschiedenen Unternehmensbereichen.

Rolle 3: Der Account-Manager als Verkäufer, Kundenbetreuer und Berater
Die traditionelle Aufgabe des Key Account Managers ist der Verkauf der Unternehmensleistungen an den Kunden. Die harte Konkurrenzsituation verlangt, dass der Account-Manager seine Verkaufsaufgabe aktiv wahrnimmt, damit die kurz- und mittelfristigen Strategien erreicht werden können. Vor dem Hintergrund des Buying-Centers auf Kundenseite muss das Key-Account-Team über Möglichkeiten und Fähigkeiten verfügen, die einzelnen an der Einkaufsentscheidung beteiligten Personen umfangreich zu informieren. Die Schlüsselspieler auf der Kundenseite sind der Fokus aller Kontakt- und Verhandlungsbemühungen des Key Account Managers.

Rolle 4: Der Account-Manager als Analytiker
Die Rollen 1 bis 3 können nur dann erfolgreich erfüllt werden, wenn der Account-Manager ein kompetenter Analytiker ist, welcher die Märkte, die Probleme und die Strategien des Kunden versteht und ihm dann bei der Umsetzung dieser Strategien behilflich sein kann. Auch hier gilt der Grundsatz: Wenn die Unternehmensziele und Geschäftsgrundsätze des Accounts bekannt und verstanden sind, sind die wichtigsten Informationen erkannt, um Erfolg zu haben.

Auf den ersten Blick entstehen Widersprüche und damit Konflikte zwischen den vier verschiedenen Rollen. Diese Konflikte können jedoch zumindest teilweise bewältigt werden. Der Account-Manager wird noch gezielter als bisher die Verkaufsarbeit auf die wichtigsten Schlüsselspieler an der Konzernzentrale und in den verschiedenen Abteilungen bzw. Filialen des Key-Accounts konzentrieren müssen. Es liegt an ihm, Konzepte und/oder umfassende Vorschläge zur Lösung von Kundenproblemen zu »verkaufen«. Er wird sich deshalb bei seiner Aufgabe als Analytiker (Rolle 4) noch intensiver mit dem Verkaufen (Rolle 2) geeigneter Vorschläge zur Problemlösung befassen müssen, d. h. er muss sich im persönlichen Kontakt mit dem Kunden identifizieren und eine echte Partnerschaft aufbauen, um den Schlüsselkunden in seiner Bedeutung zu erhalten und weiterzuentwickeln. Die Rolle des Account-Managers wird sich in Zukunft dahingehend ändern, dass er sich nicht allein auf seine Verkaufsaufgabe fokussiert, sondern mehr denn je alle vier Rollen wahrnimmt. Die nachfolgende Abbildung stellt die vier Rollen nochmals im Gesamtzusammenhang dar.

Die Rollen des
Key Account Managers

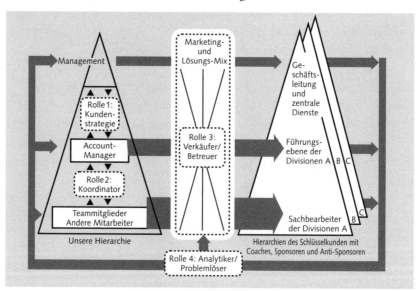

6.3.2   Das Account-Team

Wie in der obigen Darstellung klar zum Ausdruck kommt, sind neben dem Key Account Manager auch weitere Mitarbeiter des Unternehmens mit Mitarbeitern des Schlüsselkunden in Kontakt. Es wird deshalb in diesem Zusammenhang vom sogenannten Key-Account-Management-Team bzw. vom Account-Team gesprochen. Das Account-Team kann sich z. B. wie folgt zusammensetzen:

- *Key Account Manager:* Er nimmt die Gesamtverantwortung gegenüber dem Schlüsselkunden wahr.

- *Vorgesetzter des Key Account Managers:* Er übernimmt die Führung mehrerer Key Account Manager, d. h. der Vorgesetzte steht den Key Account Managern als Coach zur Seite und soll durch sein eigenes Verhalten als Vorbild gelten.

- *Pate der Geschäftsleitung:* Jedem Schlüsselkunden sollte ein Geschäfts-leitungsmitglied als Pate zur Seite stehen. Die wichtigsten Aufgaben des Paten bestehen darin, bei bedeutenden Verhandlungen mit Schlüsselkun-den ebenfalls anwesend zu sein und die Kontakte zur Geschäftsleitung des Schlüsselkunden zu pflegen.

- *Innendienstmitarbeiter:* Diesen kommen hauptsächlich administrative Aufgaben innerhalb des Key Account Managements zu. Gewöhnlich werden die besten Innendienstmitarbeiter mit der Bearbeitung und der Betreuung von Aufträgen der Topkunden betraut.

- *Außendienstmitarbeiter:* Während der Key Account Manager in der Re-gel die »Zentrale« des Schlüsselkunden bearbeitet, übernehmen in geo-grafisch großen Märkten die Außendienstmitarbeiter die »Feldbearbei-tung«. Das heißt allfällige Außenstellen des Schlüsselkunden, wie Filia-len, Abteilungen etc. werden durch Außendienstmitarbeiter in enger Abstimmung mit dem Key Account Manager betreut.

- *Technische Mitarbeiter:* Im Bereich technisch anspruchsvoller Produkte gehören stets technische Mitarbeiter zum Account-Team. Erst mit die-sen Spezialisten ist der Key Account Manager in der Lage, dem Schlüs-selkunden echte Problemlösungen anzubieten.

Das Key-Account-Management-Team kann sich in jedem Unternehmen ent-sprechend den eigenen Bedürfnissen und den Erwartungen des Schlüssel-kunden unterschiedlich zusammensetzen. Die Schwerpunkte und die Auf-gaben sind je nach Rolle innerhalb des Key-Account-Management-Teams allerdings unterschiedlich.

In Anlehnung an die Abbildung »Die Rollen des Key Account Managers« kann festgestellt werden:

- Die *Mitglieder der Geschäftsleitung* übernehmen vorwiegend den Kontakt zu Topmanagern des Kundenunternehmens.

- *Technische Mitarbeiter* oder Innendienstmitarbeiter des Account-Teams pflegen vorwiegend den Kontakt zu den Sachbearbeitern des Kunden-unternehmens.

Diese vereinfacht dargestellten Grundsätze zeigen, dass sich jeweils Personen mit gleichen Erwartungen und Verpflichtungen aus dem eigenen Unternehmen und dem Kundenunternehmen im Gespräch gegenüberstehen. Die Akzeptanz, Kompetenz und Glaubwürdigkeit der Gesprächspartner werden dadurch erhöht.

Mit den beschriebenen vielschichtigen Beziehungen zwischen dem eigenen Unternehmen und dem Kundenunternehmen hat es sich in der Praxis als zweckmäßig erwiesen, die Aufgaben und Kompetenzen innerhalb des Key-Account-Management-Teams klar zu definieren, um Kompetenzkonflikte zu vermeiden und mit klaren Verantwortlichkeiten und Aufgabenbereichen zu arbeiten. Gleichzeitig kann dies einen Beitrag zur Vereinfachung und gleichzeitig zur Verbesserung der Koordination zwischen dem Unternehmen und dem Schlüsselkunden leisten.

Das nachfolgende Beispiel eines großen Verlages zeigt, wie die Aufgaben und Kompetenzen gegenüber dem Schlüsselkunden in der Praxis definiert werden können. Für ein Verlags- und Druckereiunternehmen wurden in einem ersten Schritt für jeden Schlüsselkunden die zuständigen Personen bestimmt.

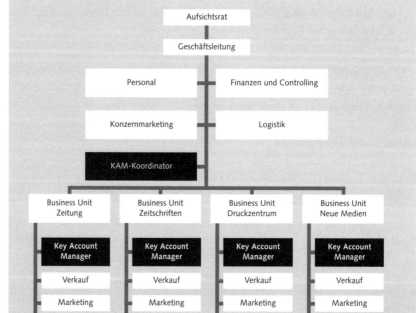

Organigramm eines großen Verlags- und Druckereiunternehmens

Das Verlags- und Druckereiunternehmen ist zum relevanten Zeitpunkt eine divisionale Organisation mit einem zentralen KAM-Koordinator. Typischerweise setzte sich das Schlüsselkunden-Team bei diesem Medienunternehmen wie folgt zusammen:

- *Key Account Manager:* Er hat die volle Verantwortung gegenüber dem Schlüsselkunden und ist aus Sicht des Schlüsselkunden die Hauptansprechperson.

- *Delegierter der Geschäftsleitung (= Pate):* Jedem Key Account Manager und damit jedem Schlüsselkunden wird ein Mitglied der Geschäftsleitung zugeordnet. Dieses Geschäftsleitungsmitglied kann bei besonders wichtigen Entscheidungen miteinbezogen werden.

	Delegierter der GL	Key Account Manager	Andere Mitglieder des Account-Teams	Key-Account-Koordinator
Zuständig	M. Kretz	G. Enhuber	A. Meier	Ch. Bötschi
Aufgaben/ Verantwortung	■ Supervisor der Gruppe ■ mind. 1–2 Topmanagement-Kontakte p. a. ■ mind. 1 Reviewgespräch im Team mit dem Management des Schlüsselkunden ■ Genehmigung der Strategie und der Maßnahmen pro Kunde ■ Support und Hilfestellung gegenüber dem Teamleader und den Teammitgliedern bei Problemen, Spezialaufgaben etc. ■ Teilnahme an vierteljährlicher Reviewsitzung pro Key-Account ■ Vertretung des Teams bzw. des Key-Accounts in der Geschäftsleitung	■ Erarbeitet und ergänzt die Analysen ■ Erarbeitet die Key-Account-Strategie und die Key-Account-Pläne ■ Koordiniert die Arbeiten im Team ■ Wertet die Monatsrapporte der Teammitglieder und Spezialrapporte des Delegierten der Geschäftsleitung aus ■ Monatlicher Rapport an den Key-Account-Koordinator ■ Erstellt monatliche Soll-Ist-Vergleiche ■ Sichert regelmäßige Kundenkontakte auf mittlerer und höherer Managementebene beim Schlüsselkunden (ca. 1x pro Quartal) ■ Vorbereitung und Durchführung von Quartals- und Jahresgesprächen	■ Sicherstellung der bereichspezifischen Kundenbetreuung und des Cross-Sellings ■ Mitarbeit bei der Analyse und bei der Planung ■ Erarbeitete Monatsrapporte an den Teamleiter ■ Führt geplante Maßnahmen durch ■ Übernimmt Spezialaufgaben im Auftrag des Teamleaders	■ Erarbeitet die Arbeitsinstrumente zum Schlüsselkunden-Management ■ Wertet die Monatsrapporte aus und leitet entsprechende Maßnahmen ein ■ Koordiniert die vierteljährlichen Reviewsitzungen ■ Ist Ansprechpartner für die Geschäftsleitung bei übergeordneten Problemen zum Schlüsselkunden-Management ■ Stellt die Weiterbildung zum Themenkreis Schlüsselkunden-Management und Cross-Selling sicher

- *Key-Account-Koordinator:* Er ist für die Koordination aller Key Account Manager im eigenen Unternehmen verantwortlich. Die wesentlichen Aufgaben gehen aus der Übersicht auf der vorhergehenden Seite hervor. Gegenüber dem Key-Account hat er keine Aufgaben wahrzunehmen. Er hat somit lediglich interne Serviceaufgaben.

- *Andere Mitglieder des Account-Teams:* In diesem spezifischen Fall handelt es sich um technische Mitarbeiter und Innendienstmitarbeiter.

6.3.3   Anforderungen an einen Key Account Manager

In Ableitung zu den definierten Aufgaben und Rollen eines Key Account Managers können die Anforderungen an den »idealen« Schlüsselkunden-Betreuer wie folgt dargestellt werden:

- *Erfolgreiche Verkaufserfahrung:* Als eine der wichtigsten Anforderungen wird immer wieder die langjährige, erfolgreiche Verkaufserfahrung erwähnt. Es zeigt sich, dass der Key Account Manager in den Verhandlungen mit dem Kunden sein gesamtes verkäuferisches Know-how einsetzen muss. In allen Branchen stehen den Key Account Managern immer besser ausgebildete Einkäufer gegenüber.

- *Betriebswirtschaftliches Know-how:* Neben der Verkaufserfahrung muss der Key Account Manager über ein fundiertes betriebswirtschaftliches Wissen verfügen. Diese Anforderung wurde in der Umfrage oft mit der Forderung nach einem akademischen Abschluss oder Fachhochschulabschluss verstärkt. Die Praxis zeigt in den letzten Jahren verstärkt den Trend, im KAM Leute einzustellen, die bereits über einen sehr guten »Schulrucksack« verfügen. Dies stellt sicher, dass die Mitarbeiter schnell die Marktsituation, die Strukturen und Strategien des Kunden erkennen und anschließend systematisch Strategien, Ziele und Aktivitäten ableiten können. Als wichtigste Bereiche der Betriebswirtschaftslehre haben sich für das Key Account Management neben dem Marketing v. a. die Kenntnisse der Investitionsrechnung, der Logistik und des Finanz- und Rechnungswesens (Kalkulation) erwiesen.

- *Optimale Teamfähigkeit:* Im Weiteren soll der Key Account Manager über eine hohe soziale Kompetenz verfügen. Es muss ihm gelingen, die Interessen und Erwartungen verschiedener Mitarbeiter und Personen im eigenen Unternehmen und im Unternehmen des Kunden zu vereinen.

In diesem Zusammenhang wurde in der Umfrage mehrmals die Eigenschaft eines »Teamplayers« erwähnt. Um der Anforderung als Teamplayer zu entsprechen, muss es sich beim Key Account Manager in der Regel um eine offene, kommunikative Person mit starker Persönlichkeit handeln.

■ *Analytische und konzeptionelle Fähigkeiten:* Den oben dargestellten Aufgaben kann der Key Account Manager nur entsprechen, wenn er ein guter Analytiker ist und über ein sehr gut entwickeltes konzeptionelles und vernetztes Denken verfügt. Erst mit diesen Eigenschaften ist der Key Account Manager in der Lage, die komplexen und dynamischen Zusammenhänge im Markt des Kunden zu verstehen und in zielgerichtete Strategien zu übertragen.

■ *Fremdsprachen/multikulturelles Verständnis:* Die Kunden der Key Account Manager sind immer mehr überregional bzw. international organisiert. Für den Key Account Manager gewinnen Fremdsprachen deshalb in Zukunft immer mehr an Bedeutung. Die Internationalisierung der Märkte muss gleichzeitig durch ein verstärktes multikulturelles Verständnis seitens der Key Account Manager unterstützt werden.

Im Weiteren wurden folgende Eigenschaften im Rahmen der Umfrage als wichtig bezeichnet: *Top-Level-Akzeptanz* und *technisches Know-how*. Die Forderung bezüglich des technischen Know-hows wurde von den Interviewpartnern aus der Investitionsgüterbranche erwähnt, welche erklärungsbedürftige technologische, Produkte und Lösungen anbieten.

Wie die Tabelle auf der folgenden Seite zeigt, unterscheiden sich die Anforderungen an einen Key Account Manager deutlich von denen, die an einen Außendienstmitarbeiter gestellt werden. Wird das Key Account Management neu in einem Unternehmen eingeführt, wird in der Praxis oft der »beste«, d. h. erfolgreichste Außendienstmitarbeiter zum Key Account Manager ausgewählt. Dabei wird vernachlässigt, dass der beste Außendienstmitarbeiter gemäß obiger Darstellung in der Regel ein Spezialist ist. Er versteht es, auf ausgezeichnete Art und Weise zu verkaufen. Die einzelnen Verhandlungs- und Argumentationstechniken sind seine Stärken. Dies garantiert einem Unternehmen noch nicht, dass dieser gute Außendienstmitarbeiter auch über Projekt-, Management- und BWL-Know-how verfügt.

Mögliche Anforderungen
an einen Key Account
Manager und an einen
Auendienstmitarbeiter
in einem IT-Unternehmen

	Key Account Manager	Außendienstmitarbeiter
Spezialist	weniger wichtig	sehr wichtig
Generalist	sehr wichtig	wichtig
Verkaufserfahrung	sehr wichtig (≥ 5 J.)	sehr wichtig (≥ 2 J.)
Teamfähigkeit	sehr wichtig	weniger wichtig
Projektmanagement- und BWL-Know-how	sehr wichtig	vernachlässigbar
Konzepter, Analytiker, vernetztes Denken	sehr wichtig	weniger wichtig
Top-Level- Akzeptanz	sehr wichtig	sehr wichtig
Hunter/»Jäger«	wichtig	sehr wichtig
Farmer/»Betreuer«	wichtig	wichtig

Es ist denkbar, dass mit maßgeschneiderten Trainings der gute Außendienstmitarbeiter eventuelle »Wissenslücken« füllen kann. Allerdings muss im Einzelfall überprüft werden, ob das Anforderungsprofil des Key Account Managers dem guten Außendienstmitarbeiter überhaupt entspricht.

6.3.4   Stellenbeschreibung des Key Account Managers

Grundsätzlich gilt, dass die Anforderungen an einen Key Account Manager jeweils unternehmensspezifisch konkretisiert werden müssen. Üblicherweise werden die wichtigsten Anforderungen an die Person des Key Account Managers zusammen mit den Zielen, Aufgaben und Kompetenzen seiner Tätigkeit in einer Stellenbeschreibung integriert.

Das folgende Beispiel zeigt eine typische Stellenbeschreibung für einen Key Account Manager eines Dienstleistungsunternehmens mit 120 Mitarbeitern. Neben dem Anforderungsprofil gehen daraus auch die konkreten Aufgaben hervor, welche aus den Rollen gemäß Kapitel 3.1 abgeleitet wurden. In den Grundzügen kann diese Stellenbeschreibung in allen Unternehmen eingesetzt werden. Selbstverständlich gilt es, die Aufgaben und Kompetenzen den jeweiligen Bedürfnissen der Unternehmen und der Branche anzupassen. Gleiches gilt für das Informationssystem und die Sitzungen, welche in Ableitung zu den bestehenden Grundsätzen des Unternehmens definiert werden müssen.

Stelleninhaber	Name: Vorname:
Stellenbezeichnung	Key Account Manager
Abteilung	Key Account Team 1
Titel/Unterschrift	Kollektiv-Prokura zu Zweien
Vorgesetzter	Geschäftsleiter
Mitarbeiter	Zugeteilte ID-Mitarbeiter und technische Verkaufsmitarbeiter im Account-Team
StV aktiv (Stelleninhaber vertritt)	–
StV passiv (Stelleninhaber wird vertreten)	Geschäftsleiter
Zielsetzung	■ Erreichen der fixierten Umsatz- und DB-Ziele bei den zugeteilten Schlüsselkunden ■ Sicherstellung einer aktiven, kundenspezifischen Marktbearbeitung im Sinne der erarbeiteten Accountpläne und des KAM-Konzeptes
Allg. Weisungen und Richtlinien	■ Unternehmensstrategie/Verkaufskonzept ■ QM-Handbuch ■ KAM-Konzept
Aufgaben/ Verantwortung	**Analyse- und Planungsaufgaben** ■ Mitwirkung bei der Erarbeitung des Marketingkonzeptes und der Marketingpläne ■ Mitwirkung bei der Erarbeitung des übergeordneten Key-Account-Management-Konzeptes ■ Jährliche Erarbeitung und Überarbeitung der Account-Analysen und Accountpläne der zugeteilten Großkunden (inkl. Ziele) ■ Planung der Quartals-Review-Sitzungen mit den Key-Accounts ■ Planung der Kundenkontakte durch die Mitglieder des Account-Teams **Ausführungs- und Koordinationsaufgaben** ■ Pflege der Beziehungen zu den wichtigsten Kontaktpersonen bei den zugeteilten Accounts ■ Akquisition der definierten Target-Accounts ■ Erarbeitung und Koordination der Projektofferten ■ Abschluss von Rahmenaufträgen ■ Erledigung und Koordination der in den Accountplänen definierten Maßnahmen ■ Durchführung der Reviewsitzungen mit den Kunden (inkl. Präsentationen) ■ Bearbeitung von Reklamationen der Key-Accounts **Kontroll- und Reportingaufgaben** ■ Monatliche Kontrolle der definierten Ziele pro Account ■ Monatliches Reporting ■ Vorbereitung und Durchführung der Reviewgespräche mit dem Vorgesetzten ■ Monatliche Bewertung der offenen Projekte gemäß separater Weisung **Spezialaufgaben** ■ Erledigung von Spezialaufgaben gemäß Weisung des Vorgesetzten im Rahmen von Projekten

Informationssystem	**Aktiv** (Infos geben)	**wann**	**an wen**
	▪ Konkurrenz-Infos	Mtl.	GL
	▪ Monatsbericht (Inkl. Soll-Ist-Vergleiche und Vorschläge)	Mtl.	GL
	▪ Besondere Vorkommnisse	Lauf.	GL
	▪ Projektbewertung	Mtl.	GL
	▪ Quartalsbericht pro Account	Quart.	GL
	Passiv (Infos erhalten)	**wann**	**von wem**
	▪ Konkurrenzanalyse	Quart.	PM
	▪ Kundenreklamationen	Lauf.	ID/AD
	▪ Protokolle GL-Sitzungen	Mtl.	GL
Sitzungen/ Schulungen	**Bezeichnungen Sitzungen etc.**	**wann**	**Ltg./Teiln.**
	▪ KAM-Sitzung mit allen KAM	1 x p.Mt.	Teilnahme
	▪ Teamsitzung KAM	1 x p.Mt.	Leitung
	▪ Vertriebstagungen	2 x p.a.	Teilnahme
Kompetenzen	▪ Rabattkompetenz bis Fr. ____ bzw. ____ X % resp.: Fr. ____ p.a.		
	▪ (Mit-)Entscheidungsrecht bei der Einstellung neuer Mitarbeiter		
	▪ Aktionskompetenz für Marketingmaßnahmen bis Fr. ____ pro Schlüsselkunde		
Leistungsbeurteilung/ Qualifikation	Erreichen folgender Ziele in den Bereichen:		
	▪ Umsatz, DB		
	▪ Einhaltung Kostenbudgets		
	▪ Erreichen der MbO-Ziele		

Anforderungsprofil	Muss-Anforderungen	Soll-Anforderungen
Alter	> 30	35 – 45
Lehre/Ausbildung/ Weiterbildung	▪ Abschluss Universität/ Fachhochschule oder gleichwertige Ausbildung	▪ Gezielte Weiterbildungs- maßnahmen im Marketing ▪ Abschluss als dipl. KAM
Berufserfahrung	▪ 5 Jahre Erfahrung im Außendienst (mit Erfolgsnachweis) ▪ Erfahrung bei der Erarbeitung und Umsetzung von Marketing- und/oder Verkaufskonzepten	▪ Erfahrung im Marketing als PM etc. ▪ Erfahrung als KAM
Charaktermerkmale/ persönliche Merkmale	▪ Belastbar ▪ Teamfähig ▪ Verhandlungsgewandt ▪ Loyal, ehrlich ▪ Initiative, selbstständige Arbeitsweise ▪ Verantwortungsbewusst	▪ Analytische Fähigkeiten ▪ Vernetztes Denken ▪ Top-Level-Akzeptanz ▪ Sympathische Ausstrahlung ▪ Freude an der Weiterbildung von unterstellten Mitarbeitern

Sprachen	■ Deutsch, Französisch (Wort und Schrift)	■ Italienisch (Wort)
Datum	20. April 20...	
	Nächste Überarbeitung: 30. November 20...	
Beilagen	■ Organigramm ■ Funktionendiagramm ■ Weisungen ■ Qualitätsrichtlinien ■ _____	
	Unterschrift	Unterschrift
	Vorgesetzter/GL	Stelleninhaber

Zusammenfassung:

Das KAM-Konzept und geeignete Organisationsinstrumente stehen in einem engen Zusammenhang und es gilt, vorhandene Strukturen anzupassen oder geeignete Strukturen zu schaffen, damit die angestrebten Ziele im Key Account Management erreicht werden können.

In der Praxis haben sich folgende Organisationsmodelle bewährt:

- Key Account Management in der funktionsorientierten Organisation
- Key Account Management in der divisionalen Organisation
- Key Account Management in der Matrixorganisation

Über ein Drittel der Key Account Manager ist gemäß einer kürzlichen Umfrage der Geschäftsleitung unterstellt, 12,5 % der Divisionsleitung, weitere 25,0 % der Marketingleitung und 25,0 % den Verkaufsleitern.

Ein guter Schlüsselkunden-Betreuer kann folgende Rollen optimal wahrnehmen:

- Rolle als Konzepter für Kundenstrategien (Rolle 1)
- Rolle als interner Koordinator (Rolle 2)
- Rolle als Verkäufer und Kundenbetreuer (Rolle 3)
- Rolle als Analytiker (Rolle 4)

Eine optimale Leistung kann dann erbracht werden, wenn der Key Account Manager in einem geeigneten Team arbeiten kann, mit dem die wichtigsten Bedürfnisse des Schlüsselkunden abgedeckt werden können und wo ein »Pate« der Geschäftsleitung die Interessen des Schlüsselkunden-Managers wahrnimmt.

Ein wichtiges organisatorisches Hilfsmittel ist die Stellenbeschreibung für den Schlüsselkunden-Manager, wo neben Zielen und Aufgaben speziell die Muss- und Soll-Anforderungen an den Key Account Manager festgehalten werden.

7 Führung des Key Account Managements

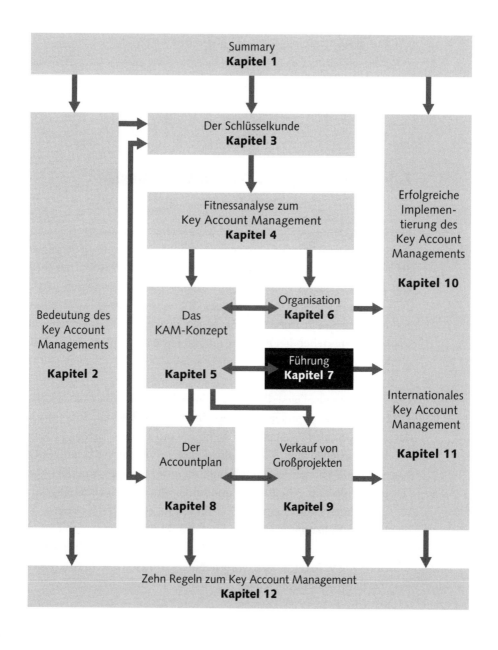

In diesem Kapitel finden Sie Antworten auf folgende Fragen:

- Welche Planungs-, Führungs- und Controllinginstrumente benötigen wir zur Erfolgssteuerung im Key Account Management?
- Wie suchen und finden wir neue Mitarbeiter im Key Account Management?
- Wie werden Key Account Manager aus- und weitergebildet?
- Welche Anforderungen stellen sich an den richtigen Trainer und Berater?
- Wie werden Reporting und Sitzungswesen im KAM gestaltet?
- Welche Modelle gibt es zur optimalen Entlohnung der Key Account Manager?
- Welche Aspekte des Controllings sind im KAM besonders wichtig?

7.1   Die integrale Führung als Basis

Im Key Account Management sind die gleichen Führungsinstrumente wie in anderen Bereichen der Unternehmensführung relevant. Wichtig ist also die Vorbemerkung, dass die Führungsinstrumente kompatibel zur Strategie und zu den Zielen im Key Account Management sein müssen, treu nach dem Motto »structure follows process follows strategy«. Für das Key Account Management müssen keine neuen Instrumente entwickelt werden, sondern die bestehenden Führungsinstrumente werden auf die Bedürfnisse des Key Account Managements angepasst.

Die nachfolgende Darstellung gibt einen Überblick über die wichtigsten Führungsinstrumente. Die einzelnen Instrumente bzw. die Besonderheiten des Key Account Managements werden dann in den folgenden Kapiteln näher beschrieben. Die Führungsinstrumente müssen sich integral in die Konzepthierarchie eines Unternehmens einordnen. Erst so bilden die einzelnen Instrumente eine Einheit und sind optimal aufeinander abgestimmt.

Im Rahmen des integralen Führungskonzeptes werden zuerst Mitarbeiter- und Führungsgrundsätze im Leitbild verankert. Leitbilder geben verbindliche Anhaltspunkte für die Bestimmung der Stoßrichtungen zu den Führungsgrundsätzen in der Unternehmensstrategie und in den Teilstrategien (z. B. im KAM-Konzept).

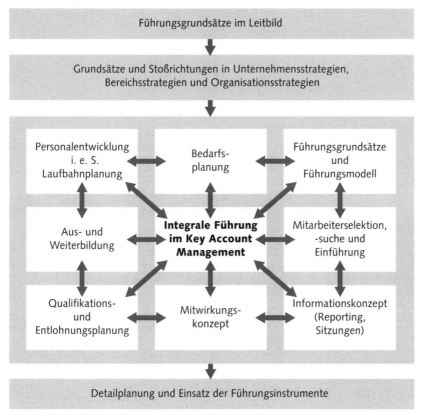

Die integrale Führung

7.2 Die richtigen Mitarbeiter im Key Account Management

7.2.1 Suche und Selektion neuer Mitarbeiter

Auf der Basis des Anforderungsprofils innerhalb der Stellenbeschreibung gibt es verschiedene Möglichkeiten, wie der Bedarf von neuen Key Account Managern gedeckt werden kann:

Erfolgsweg 1: Selektion neuer Key Account Manager oder Junior Key Account Manager aus den vorhandenen, gut qualifizierten Produktmanagern oder Junior-Produktmanagern, welche über eine betriebswirtschaftliche Aus- oder Weiterbildung verfügen.

Erfolgsweg 2: Weiterentwicklung von sehr guten Verkäufern, welche Flair zum Generalisten haben.

Erfolgsweg 3: Auftrag an einen Personalberater oder Headhunter, welcher eine direkte Suche sicherstellt.

Erfolgsweg 4: Auftrag an einen Personalberater, welcher in unserem Auftrag, aber ohne Firmennennung, neue Mitarbeiter sucht.

Erfolgsweg 5: Schalten eigener Inserate.

Diese Erfolgswege haben erfahrungsgemäß spezifische Vor- und Nachteile:

	Vorteile	Nachteile
Erfolgsweg 1: Weiterentwicklung eigener Mitarbeiter	■ Sehr kostengünstig ■ Mitarbeiter kennen bereits die Produkte und das Unternehmen ■ Mitarbeiter können relativ schnell eingesetzt werden	■ Verkaufs-Know-how fehlt oft ■ Die Anforderungen an einen Key Account Manager werden gerne unterschätzt
Erfolgsweg 2: Weiterentwicklung von bestehenden Top-Verkäufern	■ Verkäuferisches Know-how ist bereits vorhanden ■ Oft bestehen bereits erste Beziehungen zu Stellen des Top-Kunden	■ Betriebswirtschaftliches Know-how fehlt ■ Bereitschaft für eine intensivere Weiterbildung teilweise nicht vorhanden ■ Mitarbeiterpotenzial wird oft überschätzt
Erfolgsweg 3: Headhunter	■ Gezielte Suche durch einen Spezialisten ■ Direktansprache von Mitarbeitern der direkten oder indirekten Konkurrenz möglich	■ Top-Key-Account-Manager wechseln sehr selten zur direkten Konkurrenz ■ Teure Lösung für das Unternehmen (ca. ein Jahresgehalt für den Headhunter und mehr Lohn für den Mitarbeiter)
Erfolgsweg 4: Suche über Personalberater	■ Diskretion wird sichergestellt ■ Know-how eines spezialisierten Beraters für das Assessment-Verfahren	■ Kosten für die Honorare des Personalberaters ■ Know-how für spezifische Key-Account-Belange ist oft nicht vorhanden
Erfolgsweg 5: Eigene Suche	■ Die richtigen internen Stellen können für die Suche und Selektion eingesetzt werden ■ Geringe Kosten	■ Großer Zeitaufwand für die involvierten Personen ■ Oft eine zu geringe Objektivität bei der Suche neuer Mitarbeiter

Von besonderer Wichtigkeit ist der Hinweis, dass für die Suche neuer Key Account Manager gleich gut qualifizierte externe und interne Stellen eingesetzt werden wie bei der Suche und Selektion von Managern. Denn wie bereits mehrmals erwähnt, können die Key Account Manager aufgrund des betreuten Kundenportfolios den Unternehmenserfolg wesentlich mitprägen.

Wegen der außerordentlichen Bedeutung eines Key Account Managers drängt sich auch ein Assessment-Verfahren auf, wobei sich folgende Erfolgstipps in der Praxis bewährt haben:

- Grafologisches Gutachten
- Geeignete Tests (Persönlichkeitstests, Intelligenztest, BWL-Tests)
- Interviews durch mehrere Manager, wobei während des Gesprächs auch Stressfragen gestellt werden und im Bedarfsfalle die Sprache gewechselt wird
- Mittagessen oder Abendessen mit den Partnern der Bewerber

Zudem muss erwähnt werden, dass bei der Selektion von neuen Key Account Managern keine Kompromisse gemacht werden dürfen, wenn Muss-Anforderungen nicht erfüllt sind. Kompromisse sind dann möglich, wenn ein Bewerber zuerst als Junior Key Account Manager eingesetzt wird. Im Klartext heißt dies, dass in jedem Fall die definierten Muss-Anforderungen erfüllt sein müssen.

7.2.2 Geeignete Inserate für Key Account Manager
In der Praxis findet man eine große Zahl Inserate, in denen ein Key Account Manager bloß gesucht wird, weil es Schwierigkeiten gibt, normale Außendienstmitarbeiter zu finden.

Deshalb ist es äußerst wichtig, dass in Inseraten – in Ableitung zur Stellenbeschreibung – die Aufgaben und Anforderungen, welche an den zukünftigen Stelleninhaber gestellt werden, klar beschrieben werden. Dies wird zur Folge haben, dass sich relativ wenige, aber dafür sehr gut qualifizierte Kandidaten für die Stelle bewerben.

Das nachstehende anonymisierte Beispiel zeigt, wie ein gutes Inserat aussehen könnte. Das Inserat hat es dem betreffenden Unternehmen erlaubt, in vernünftiger Zeit die offene Stelle zu besetzen.

Als Key Account Manager sind Sie unser »Schlüsselspieler« bei Banken und Versicherungen

Wir sind ein **europäisches Leaderunternehmen** in der designorientierten Gebäude-, Büro- und Verkaufsraumbeleuchtung. Mit unseren elektrotechnischen, energiesparenden Lichtlösungen schaffen wir **Erlebniswelten**, erleichtern die **Arbeit** und erhöhen die **Sicherheit**. Unser dynamisches Team hat sich hohe Ziele für die Zukunft gesetzt. Wir suchen einen ehrgeizigen, 30- bis 40-jährigen

Key Account Manager (mit Verkaufsleiterniveau),

welcher in der Lage ist, sich in die architektonischen, organisatorischen und marktorientierten Bedürfnisse unserer heutigen und zukünftigen Top-Kunden in den Segmenten **Banken und Versicherungen** hineinzudenken und geeignete **Lösungskonzepte** zu erarbeiten.

Zu Ihren Aufgaben gehören der Auf- und Ausbau von **Kundenbeziehungen mit Größtkunden**, die Erarbeitung maßgeschneiderter **Verkaufskonzepte**, der Abschluss von **Rahmenverträgen**, die **Koordination** mit unseren regionalen Projektleitern und das Erreichen der vereinbarten Ziele.

Sie haben eine fundierte **technische Ausbildung** (dipl. Elektrotechniker, dipl. Architekt, dipl. Haustechniker etc.) sowie eine **gezielte kaufmännisch/betriebswirtschaftliche Weiterbildung**. Außerdem haben Sie umfassende **Praxiserfahrungen** im Verkauf oder in der qualifizierten Kundenbetreuung, idealerweise haben Sie bereits als **Key Account Manager** gearbeitet.

Bei dieser gut bezahlten Position entscheiden Sie **selbstständig** mit dem notwendigen **Handlungsspielraum**. Eine gezielte Einführung und eine laufende, technische und betriebswirtschaftliche **Weiterbildung** sowie Aufstiegschancen sind gewährleistet. Ihr Arbeitsort ist........

Wollen Sie unser »Schlüsselspieler« werden? Gerne erwarten wir die üblichen Bewerbungsunterlagen (Lebenslauf, Lichtbild, Zeugnisse, Erfolgsnachweise etc.) z. Hd. Herrn Muster (Geschäftsleitung) und Frau Muster (Personal). Strengste Diskretion ist selbstverständlich.

Alpha AG   Musterstraße 105, 9999 Musterhausen
Tel: 09 / 999 99 99, Fax: 09 / 999 99 09
E-Mail: s.muster@alpha.com

Beispiel Inserat

7.2.3 Einführung neuer Key Account Manager

Ziel einer guten Einführung muss es sein, mit geeigneten Maßnahmen den neuen Mitarbeiter auf den gleichen Know-how-Stand wie die Kollegen zu bringen, welche bereits die Aufgabe erfüllen. Ein weiteres Ziel besteht darin, die Fluktuation in den ersten zwölf Monaten zu vermeiden, denn die Erfahrung zeigt, dass auch bei Key Account Managern die Austrittsrate in den ersten Monaten besonders groß ist.

Für die Einführung neuer Mitarbeiter hat sich folgender Erfolgsweg besonders gut bewährt:

Schritt 1:
Feststellung der Abweichungen zwischen dem Anforderungsprofil (v. a. Soll-Anforderungen) und den vorhandenen Fähigkeiten des neuen Mitarbeiters.

Schritt 2:
Bestimmung eines Paten, welcher für die Einführung des neuen Key Account Managers verantwortlich ist. Meistens ist das der spätere direkte Vorgesetzte.

Schritt 3:
Ausarbeitung eines detaillierten Einführungsprogrammes inkl. Lernzielen, welches neben der Zirkulation durch die verschiedenen Unternehmensbereiche gezielte Schulungsmaßnahmen beinhaltet.

Schritt 4:
In den verschiedenen Abteilungen wird der neue Mitarbeiter am Schluss einem kleinen mündlichen oder schriftlichen Test unterzogen, um festzustellen, ob er die wichtigsten Punkte richtig erfasst hat.

Schritt 5:
Jeder Mitarbeiter, der eine Teilverantwortung bei der Einführung eines neu zugeteilten Mitarbeiters erhält, erarbeitet einen kurzen Bericht für die Vorgesetzten.

Schritt 6:
Am Ende des Einführungsprogrammes erfolgt eine Besprechung der bisherigen Leistungen im Sinne einer Qualifikation unter Beizug der verschiedenen Lernziele für die Einführung, Testergebnisse, Berichte der Abteilungen etc.

Ein gutes Einführungsprogramm orientiert sich an klaren Zielen, an klaren Einführungsinhalten und an klaren Erfolgskontrollen.

Hier ein Beispiel für eine Checkliste für ein Einführungsprogramm:

Checkliste: Einführungsprogramm neuer Mitarbeiter

1. Name/Vorname des neuen Mitarbeiters, Bezeichnung der Funktionen

2. Verantwortlicher für die Einführung (»Pate«)

3. Lernziele (Hier muss genau formuliert werden, was der Mitarbeiter nach seiner Einführung alles kann resp. kennen muss, damit er innerhalb von 6 bis 8 Monaten nach dem Eintritt das gleiche Wissensniveau wie die Kollegen erreicht)

4. Programm

Zeitdauer (von/bis)	Lerninhalt (detaillierte Beschreibung, evtl. in Stufen in den einzelnen Abteilungen)	Abteilung/ Schule/Trainer	Verantwortlich

Hinweis

Das Programm soll neben den verschiedenen Tätigkeiten, Tests und Zwischenbesprechungen mit dem Paten und/oder Vorgesetzten auch die Schlussbesprechung beinhalten, in der der Mitarbeiter beweist, dass er rein wissensmäßig auf der gleichen Höhe ist wie seine Arbeitskollegen.

5. Datum/Unterschriften Vorgesetzter und Personalabteilung

6. Verteiler: Neuer Mitarbeiter, Vorgesetzter, »Pate«, Personalabteilung, zuständige Mitarbeiter für die Einführung

Zusammenfassend kann festgestellt werden, dass folgende Elemente im Rahmen eines Einführungsprogrammes abgedeckt werden müssen:

- Know-how-Transfer zur Strategie des Unternehmens
- Know-how-Transfer bezüglich Produkten und strategischen Erfolgspositionen (SEPs) des Unternehmens
- Vermittlung der Inhalte der Marketinganalyse, der Marketingkonzepte und des KAM-Konzeptes
- Know-how-Transfer bezüglich der zukünftigen zu betreuenden Accounts
- Ergänzung betriebswirtschaftlicher Lücken (z. B. dynamische Investitionsrechnung, Prozessmanagement etc.)
- Aufbau eines sozialen Beziehungsnetzes im Unternehmen

7.3   Aus- und Weiterbildung im KAM

7.3.1   Maßgeschneiderte Weiterbildung von Key Account Managern

Erfahrungen aus der Praxis zeigen, dass es »die« Weiterbildung von Key Account Managern nicht gibt. Basis für eine gezielte Weiterbildung ist immer der Fitnessstand bezüglich Key Account Management im Gesamtunternehmen und der Know-how-Stand der Mitarbeiter.

In der Praxis ist die Ausgangslage für die Trainings von Key Account Managern recht unterschiedlich:

- Das Key Account Management soll neu aufgebaut werden und es wird das Ziel verfolgt, bestehende Top-Verkäufer zu Key Account Managern zu entwickeln.
- Die Mitarbeiter sollen bei der Entwicklung eines KAM-Konzeptes und bei der Einführung des Key Account Managements mit einbezogen werden.
- Das Beziehungsmanagement zu Top-Kunden funktioniert bereits gut, aber es fehlt den Mitarbeitern am notwendigen betriebswirtschaftlichen Know-how.
- Eine Analyse zeigt, dass noch Optimierungsmöglichkeiten im Rahmen des Prozessmanagements und des Projektmanagements vorhanden sind.
- Es gilt, Erfolgsreserven im Rahmen von Quartals- und Jahresgesprächen zu nutzen.

Der Weiterbildungsbedarf kann mit folgender einfacher Formel definiert werden.

x   **Soll-Anforderungen** (KAM-Konzept, Anforderungsprofile, Stellenbeschreibung etc.)

./.   **Ist-Zustand** (erreichte Resultate, Qualifikationsgespräche, Begleitung von Key Account Managern, Fehler etc.)

=   **Lernbedarf** (als Basis für die Formulierung der Lernziele)

Die beiden nachstehenden Beispiele zeigen, wie ein gezieltes Training geplant und mit einem guten Coaching bezüglich Umsetzung begleitet werden kann.

 Beispiel 1: Optimierung des Key Account Managements in einem internationalen Handelsunternehmen

1. Ausgangslage
Das international tätige Handelsunternehmen plant eine Umstrukturierung im Bereich Marketing und Verkauf. Gleichzeitig sollen die ca. zwölf Key Account Manager neu im Unternehmen positioniert werden. Im Zuge dieser Neupositionierung und zur gezielten Unterstützung der Key Account Manager plant das Unternehmen ein effektives und umfassendes Training.

Das Unternehmen erwartet von den Key Account Managern eine umfassende Kundensteuerung, eine volle Umsatzverantwortung und eine »Vertretung der Kundeninteressen unternehmensintern«. Daneben soll mit dem Training auch ein »Mindchange« vom Vertriebsverantwortlichen zum Kundenmanager vorangetrieben werden.

Der bisherige Ausbildungsstand der Key Account Manager ist sehr unterschiedlich. In der Regel wurden bisher verschiedene Themengebiete aus dem Bereich Verkauf, Verhandlungstechnik und teilweise Leadership trainiert.

2. Zielsetzungen
Das Ziel der KAM-Trainings ist erreicht, wenn die Teilnehmer
- den Wandel in der Denk- und Handlungsweise vom Vertriebsverantwortlichen zum Kundenmanager vollzogen haben
- die strategischen und operativen Tools beherrschen, welche die systematische Planung und Steuerung der zugewiesenen Kunden unterstützen.

3. Vorgehensschritte

Schritt/Stichwort	Inhalt	Dauer	Termin
Schritt 1: Analysearbeiten	■ Analyse vorhandener Instrumente und Konzepte zum Key Account Management ■ Interviews mit dem Management und ausgewählten Key Account Managern ➡ Ergebnis: Informationen zur Analyse sind erfasst.	ca. 2 Tage	Februar Jahr 1
Schritt 2: Analysebericht und Tools	■ Analysebericht (Vor- und Nachteile zum Key Account Management) ■ Evtl. Überarbeitung des Key-Account-Management-Konzepts ■ Erarbeitung des Accountplans (Account-Analyse, Ziele etc. pro Account) ■ Erarbeitung eines Muster-Accountplanes zusammen mit einem Mitarbeiter ➡ Ergebnis: Analysebericht und Tools liegen vor.	ca. 2 Tage	Februar Jahr 1
Schritt 3: 1. Workshop	■ Marketing-Basics (Zusammenhänge zwischen Marketing, Key Account Managern etc.) ■ Strategische Erfolgsfaktoren ■ Account-Managementprozess ■ Grundlagen zum Key Account Management inkl. Beispielen aus anderen Unternehmen ■ Individueller Einstieg in den ersten Accountplan für den wichtigsten Kunden ■ Methoden zur Informationsbeschaffung bei Accounts (Februar 2001) ➡ Ergebnis: Basis-Know-how zum KAM ist verankert.	2 Tage	März Jahr 1
Schritt 4: Feedback und Überarbeitung	■ Fertigstellung des 1. Accountplanes durch die Teilnehmer ■ Individuelles, schriftliches Feedback an die Teilnehmer und anschließende Überarbeitung oder persönliches Feedback mit anschließender Überarbeitung ➡ Ergebnis: 1. Accountplan pro Teilnehmer ist erarbeitet und überarbeitet.	Pro Teilnehmer- feedback ca. 1/2 Tag	April Jahr 1
Schritt 5: 2. Workshop	■ Präsentation ausgewählter Accountpläne und gegenseitige Review ■ Inhalte von Präsentationen bei Key-Accounts (Quartalspräsentationen, Jahrespräsentationen) ■ Geheimnisse erfolgreicher Präsentationen	2 Tage	April Jahr 1

Schritt/Stichwort	Inhalt	Dauer	Termin
	bei Key-Accounts/Umgang mit schwierigen Accounts ■ Präsentationstechnik ■ Erste Inputs zum Projektmanagement ➡ Ergebnis: Know-how für erfolgreiche Präsentationen ist erarbeitet.		
Schritt 6: Umsetzung	■ Umsetzung ■ Vorbereitung der Quartalsgespräche (Präsentationsunterlagen) ■ Schriftliches Feedback zu den Präsentationsunterlagen (individuell) ■ Durchführung der Quartalsgespräche durch die Key Account Manager ➡ Ergebnis: 1. Quantensprung bei Kunden ist erreicht.	Pro Teilnehmerfeedback ca. 1/2 Tag	Mai Jahr 1
Schritt 7: 3. Workshop/ ERFA	■ Erfahrungsaustausch zu den Quartalsgesprächen/Learnings ■ Investitions- und Wirtschaftlichkeitsrechnung ■ Konditionensysteme bei Key-Accounts ■ Projektmanagement ■ Teamwork ➡ Ergebnis: BWL-Know-how ist vorhanden und Learnings nach Präsentationen sind verarbeitet.	2 Tage	Mai Jahr 1
Schritt 8: Weitere Accountpläne	■ Erarbeitung weiterer Accountpläne gemäß den zugeteilten Kunden ■ Individuelles Coaching (bei Bedarf) und individuelles schriftliches Feedback ➡ Ergebnis: Alle Accountpläne liegen vor.	Pro Teilnehmerfeedback ca. 1/2 Tag	August Jahr 1
Schritt 9: ERFA/4. Workshop/Brush-up	■ Wirksame Führungskraft (Erfolgsgeheimnis einer guten Arbeitstechnik) ■ Repetition ausgewählter Themen zum Key Account Management ➡ Ergebnis: Know-how ist vertieft und KAM-Organisation ist optimal auf die Ziele ausgerichtet.	2 Tag	Oktober Jahr 1
Schritt 10: 5. Workshop	■ Vorbereitung der Jahresendgespräche ■ Strategisch-politisches Verkaufen ➡ Ergebnis: Erfolgreiche Jahresgespräche sind vorbereitet.	1 Tag	November Jahr 1

Schritt/Stichwort	Inhalt	Dauer	Termin
Schritt 11: Feedback Workshop/Review	■ Individuelle Review mit jedem Teilnehmer ■ Feedbackverarbeitung zu den Jahresendgesprächen ➡ Ergebnis: Individuelle Review pro Mitarbeiter ist erarbeitet.	1–2 Tage	Januar Jahr 2
Schritt 12: Individuelles Audit	■ Audits mit jedem einzelnen Teilnehmer ■ Feedback an das Management inkl. Empfehlungen ➡ Ergebnis: Bericht pro Mitarbeiter inkl. Empfehlungen (z. Hd. des Managements) liegt vor.	1–2 Tage	Juni Jahr 2

Beispiel 2: Einführung des Key Account Managements in einem Investitionsgüterunternehmen

1. Ausgangslage

Eine Analyse anlässlich der GL-Klausur hat gezeigt, dass in den kommenden Jahren ein großer Teil des Umsatzes in den verschiedenen Geschäftseinheiten mit wenigen Kunden erzielt wird. In den strategischen Stoßrichtungen sowie in den Jahreszielen des Unternehmens Omega wird festgehalten, dass in den einzelnen Geschäftseinheiten ein professionelles Key Account Management aufgebaut werden soll.

Das Key Account Management soll einen wichtigen Erfolgsbeitrag im nationalen und internationalen Geschäft leisten, nachdem die Jahresziele in den letzten Jahren und im laufenden Jahr nicht erreicht wurden resp. nicht erreicht werden. Es gilt, die bestehenden Kunden abzusichern und auszubauen und neue Großkunden (Target-Accounts) im Sinne der Strategie gezielt aufzubauen.

2. Zielsetzungen

Das Ziel der Coaching- und Trainingsarbeit ist erreicht, wenn

■ ein gutes Key-Account-Management-Know-how in der Omega-Organisation verankert ist
■ die wichtigsten Top-Accounts schnellstmöglich dokumentiert sind (Analyse, Strategie und Ziele)
■ ein wichtiger Beitrag zur Erreichung der Ziele in den kommenden Jahren sichergestellt ist
■ nach den Trainings- und Reviewphasen der externe Trainer/Berater »überflüssig« wird.

3. Vorgehensschritte

Schritt/Stichwort	Inhalt	Dauer	Termin
Schritt 1: Analysen/ Kick-off-Workshop	■ Analyse vorhandener Instrumente, Analysen Detailkonzepte, Accountpläne etc. ■ Ortung der wichtigsten Key Accounts pro Business Unit ■ Erarbeitung eines kurzen Key-Account-Managements-Konzeptes pro Business Unit ■ Erarbeitung der wichtigsten Inhalte zum Tool »Accountplan« ➡ Ergebnis: Die wichtigsten Stoßrichtungen im KAM pro Business Unit sind definiert.	2 Tage	November Jahr 1
Schritt 2: Bereinigung des Key-Account-Management-Konzeptes pro Business Unit	■ Coaching für individuelle Bereinigung des Key-Account-Management-Konzeptes der Business Units (inkl. Wahl der Key-Accounts für die Phase 1) ■ Bereinigung des Tools »Accountplan« ■ Definition eines Paten (in der GL) pro Key-Account ■ Präsentation und Genehmigung des Konzeptes durch den CEO ➡ Ergebnis: Die wichtigsten Stoßrichtungen im KAM pro Business Unit sind definiert.	4 Tage	Dezember Jahr 1
Schritt 3: Pilotphase	■ Erarbeitung eines Muster-Accountplanes pro Business Unit (durch die Leiter) ■ Audit zu den Pilot-Accountplänen ➡ Ergebnis: Accountplan-Tool ist getestet.	3 Tage	Januar Jahr 2
Schritt 4: 1. Training/ Workshop	■ Planung und Durchführung eines Workshops mit den wichtigsten Mitarbeitern aus den Business Units (Leiter Business Units, definierte Key Account Manager der Phase 1) ■ Inhalt: KAM-Strategie, Inhalt des Accountplanes, Erarbeitung von Accountplänen, strategisches und politisches Verkaufen bei Großprojekten und Großaufträgen ➡ Ergebnis: Das KAM-Know-how ist bei den wichtigsten Mitarbeitern verankert.	2 Tage	Februar Jahr 2
Schritt 5: Erarbeitung und Bereinigung der Accountpläne	■ Erarbeitung der Accountpläne (je 2) durch die Mitarbeiter (Analyse, Strategie, Ziele und Maßnahmen pro Top-Account) ■ Erarbeitung eines Vorgehensplanes zur Realisierung eines wichtigen Schlüsselprojektes bei	Pro Teilnehmer-feedback ca. 1/2 Tag	März Jahr 2

Schritt/Stichwort	Inhalt	Dauer	Termin
	Top-Kunden durch die Teilnehmer (strategisch-politisches Verkaufen) ■ Schriftliche Stellungnahme zu den Konzept-papieren und/oder individuelles Coaching ➡ Ergebnis: 2 Accountpläne sind pro Mitarbeiter erarbeitet und umsetzungsbereit.		
Schritt 6: 2. Training/ Workshop	■ Vertiefung des Key-Account-Management-Know-hows ■ Präsentation und Diskussion ausgewählter Beispiele ■ Vertieftes Training zum strategisch-politischen Verkaufen von Projekten ■ Evtl. Bereinigung des KAM-Konzeptes pro Business Units (individuell) ■ Evtl. Erarbeitung eines Accountplanes für einen Target-Account (pro Teilnehmer) ➡ Ergebnis: Know-how im Key Account Manage-ment ist vertieft und teilweise umgesetzt.	4 Tage	April Jahr 2
Schritt 7: Review/Audit	■ Durchführung einer Review und eines Audits pro Mitarbeiter (nach ca. 3 und 6 Monaten) ■ Ableitung von weiteren Trainings- und Coaching-maßnahmen ■ Erarbeitung eines Konzeptes zur Verankerung des KAM-Know-hows in den Tochtergesellschaften ➡ Ergebnis: Eine Erfolgskontrolle liegt vor und die weiteren Implementierungsschritte sind erarbeitet.	Pro Teilnehmer-feedback ca. 1/2 Tag 2 Tage	Review: Juni Jahr 2 Audit: Oktober Jahr 2

4. Schlussfolgerungen

Mit dem vorliegenden Vorgehenskonzept wird gewährleistet, dass das Key Account Management stufenweise aufgebaut wird und dass dennoch rasche Erfolge erzielt werden. Auf der Basis der erzielten Erfolge ist es möglich, das KAM-Know-how in die Tochtergesellschaften zu übertragen. Mit dem Einbinden der Leiter der Business-Units wird sichergestellt, dass die wichtigsten Marktpartner von Omega zur »Cheffrage« werden.

7.3.2   Der richtige Trainer und Berater

In Abhängigkeit zu den definierten Lernzielen ist der richtige Trainer und Begleiter zu wählen.

Der Einsatz eines klassischen Verkaufstrainers ist falsch, wenn es um die Einführung oder um eine fundierte Weiterentwicklung des Key Account Managements geht. Gerade dieser Trainer kann jedoch wieder der optimale Trainer sein, wenn es um die Verhandlungsqualität in schwierigen Situationen oder um die reine Präsentationstechnik geht.

In der Praxis versucht man oft, den idealen Trainer und Berater zu finden, indem verschiedenste Trainingsinstitute für eine Präsentation eingeladen werden. Dies ist nicht der richtige Weg. Beschränken Sie sich – auf der Basis von Tipps von Kollegen – auf wenige Anbieter, welche auf der Basis Ihres Briefings ein geeignetes Konzept entwickeln und den relevanten Stellen im Unternehmen präsentieren.

Sinnvollerweise enthält ein solches Briefing folgende Positionen:
1. Ausgangslage resp. Fitnessstand des Key Account Managements im Unternehmen heute
2. Lernziele (was soll am Schluss vorliegen?)
3. Wichtigste Inhalte aus Sicht des Auftraggebers
4. Erwünschte Methoden
5. Grober Zeitplan
6. Vorhandenes Budget

7.3.3   Wahl des richtigen Beraters

Auf der Basis eines solchen Briefings ist es einem guten Trainings- und Beratungsunternehmen möglich, ein Trainings-, Beratungs- und Coachingkonzept zu entwerfen, welches den Know-how-Bedarf optimal abdeckt.

Nach erfolgter Präsentation sollten 1 bis 2 gezielte Referenzen eingeholt werden, wobei sich die beiliegende Checkliste sehr gut bewährt hat. Diese Checkliste wird nach dem Einholen der Referenzauskünfte ausgefüllt und soll einen Beitrag zur Entscheidungsfindung leisten.

Wird von einem vorgesehenen Berater die Total-Punktzahl von 180 nicht erreicht, so ist in jedem Fall von einer Zusammenarbeit abzusehen!

Checkliste: Wahl des richtigen Beraters (erst nach Einholen der Referenzauskünfte ausfüllen)

Datum: Bewerter:

	Max. Punktzahl	Berater		Berater	
		Kommentar	Punktzahl	Kommentar	Punktzahl
1. Arbeitsweise/Methodik					
Welche Methoden schlägt der Trainer für die Analyse als Basis für die Konzeptarbeiten vor?	20				
Wurden die Zielsetzungen des Beraters bedürfnisgerecht formuliert?	20				
Wie beurteilen Sie das Konzept und die Methodik des Beraters, d. h. ist die Vorgehensweise für Ihre Problemstellung »maßgeschneidert«?	10				
Wie will der Trainer das Vertrauen von skeptischen, evtl. »beratermüden« Mitarbeitern gewinnen?	10				
Ist der Trainer für eine kontinuierliche Zusammenarbeit während mehrerer Jahre bereit? Könnte er auch als Berater für andere Projekte eingesetzt werden?	5				
2. Referenzen					
Wie gut ist das Ergebnis der Referenzbefragung bei mindestens 3 Kunden des Beraters? Hinweis: Wird das Projekt nicht von der Kontaktperson durchgeführt, dann müssen sich die Referenzen auf Firmen beziehen, in denen der vorgesehene Projektleiter tätig war.	50				

Checkliste: Wahl des richtigen Beraters (erst nach Einholen der Referenzauskünfte ausfüllen)

Datum: Bewerter:

	Max. Punktzahl	Berater		Berater	
		Kommentar	Punktzahl	Kommentar	Punktzahl
3. Qualifikation des Beraters Wie gut sind seine Ausbildung und die praktischen Führungserfahrungen in leitender Stellung?	10				
Wie gut sind das persönliche Auftreten und der allgemeine Eindruck, d. h. wie verkauft sich der Berater selbst?	10				
Wie groß sind seine Erfahrungen in anderen Unternehmen mit ähnlichen Problemen?	10				
Wie gut argumentiert der Berater, wenn Sie seinen Preis zu »drücken« versuchen?	10				
4. Erfolgskontrollen und Arbeiten nach Schluss des Seminars Welche Erfolgskontrollen schlägt der Berater vor, damit die Ergebnisse seiner Tätigkeit bewertet werden können?	10				
Steht der Berater auch nach Abschluss des Projektes bei offenen Fragen, bei Problemen und insbesondere bei der Realisierungshilfe zur Verfügung?	20				

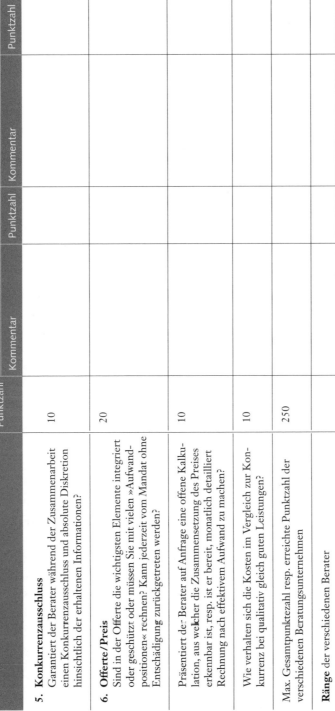

Checkliste: Wahl des richtigen Beraters (erst nach Einholen der Referenzauskünfte ausfüllen)

Datum: Bewerter:

	Max. Punktzahl	Berater Kommentar	Punktzahl	Berater Kommentar	Punktzahl
5. Konkurrenzausschluss Garantiert der Berater während der Zusammenarbeit einen Konkurrenzausschluss und absolute Diskretion hinsichtlich der erhaltenen Informationen?	10				
6. Offerte/Preis Sind in der Offerte die wichtigsten Elemente integriert oder geschätzt oder müssen Sie mit vielen »Aufwandpositionen« rechnen? Kann jederzeit vom Mandat ohne Entschädigung zurückgetreten werden?	20				
Präsentiert der Berater auf Anfrage eine offene Kalkulation, aus welcher die Zusammensetzung des Preises erkennbar ist, resp. ist er bereit, monatlich detailliert Rechnung nach effektivem Aufwand zu machen?	10				
Wie verhalten sich die Kosten im Vergleich zur Konkurrenz bei qualitativ gleich guten Leistungen?	10				
Max. Gesamtpunktzahl resp. erreichte Punktzahl der verschiedenen Beratungsunternehmen	250				
Ränge der verschiedenen Berater					

	Max. 50 Punkte	**Max. 20 Punkte**	**Max. 10 Punkte**
sehr gut	50 Punkte	20 Punkte	10 Punkte
gut	35 Punkte	15 Punkte	8 Punkte
befriedigend	20 Punkte	10 Punkte	5 Punkte
ungenügend	5 Punkte	2 Punkte	1 Punkte

7.4 Informationsfluss im Key Account Management

7.4.1 Interne Reviews und Audits

Die außerordentliche Bedeutung von Schlüsselkunden drängt die Vornahme geeigneter Reviews durch das Management auf. In Ergänzung zu den üblichen Soll-Ist-Vergleichen reicht es, wenn solche Reviews vierteljährlich (einige Tage vor den Quartals- und Jahresgesprächen mit den Kunden) durchgeführt werden.

Teilnehmer dieser Reviews und Audits sind:
- Alle Mitglieder des Account-Teams
- Der Vorgesetzte des Key Account Managers
- Der zuständige Pate in der Geschäftsleitung

Inhalte solcher Reviews und Audits sind:
- Soll-Ist-Vergleiche des letzten Quartals und der kumulierten Resultate (inkl. Begründungen für positive und negative Resultate)
- Audit zu den durchgeführten Maßnahmen inkl. Erfolge und Misserfolge
- Besondere Vorkommnisse im letzten Quartal
- Geplante Schwerpunkte im nächsten Quartal
- Forecast per Jahresende
- Anträge des Key Account Managers inkl. Entscheidungen

Basis für die Reviews bilden der Accountplan, das Monatsreporting sowie die Soll-Ist-Vergleiche (vgl. Controlling).

Im Sinne des Total Quality Managments (TQM) oder des Cockpit-Controllings bezieht sich eine Review immer auf folgende drei Dimensionen:
- Erzielte Resultate
- Zufriedenheit des Accounts
- Qualität der eingesetzten Instrumente und Maßnahmen

Das Ziel solcher Reviews ist erreicht, wenn:

- Alle relevanten Personen auf dem neuesten Informationsstand sind
- Chancen und Bedrohungen beim Account erkannt sind
- Die richtigen Maßnahmen beim Kunden und beim eigenen Unternehmen rechtzeitig eingeleitet werden

In diesem Sinne ist eine Review auch ein geeignetes Frühwarnsystem und eine optimale Vorbereitung für die Quartals- und Jahresgespräche mit den Top-Accounts.

7.4.2 Ohne Sitzungen geht es nicht

Sitzungen sind wohl das teuerste Führungsinstrument allgemein und auch im Key Account Management. Eine Sitzungsstunde bei zwölf Teilnehmern kostet ca. € 6000 – 8000. Damit ein zielgerichtetes Key Account Management gewährleistet werden kann, ist jedoch eine Anzahl Meetings notwendig, wobei diese straff und ergebnisorientiert geführt werden sollten. Diese Meetings werden am besten im Rahmen eines kurzen Sitzungskonzeptes innerhalb des KAM-Konzeptes definiert.

Das nachstehende Beispiel aus dem Investitionsgüterbereich gibt einen Überblick über ein solches Konzept, welches auf die Bedürfnisse des eigenen Unternehmens abgestimmt werden sollte:

Sitzung	Inhalt		Wie oft?	Leitung	Teilnehmer
KAM-Konzept	Sicherstellung der unternehmensstrategischen Ausrichtungen im Key Account Management	■ Vorgaben Unternehmensstrategie ■ Jahresziele und Budgets ■ Vorgaben für das Key Account Management ■ Konsequenzen im Key Account Management allgemein und bei einzelnen Kunden	2 x p. a.	CEO	CEO, GL-Mitglieder, Leiter KAM
KAM-Team	Sicherstellung der Zielerreichung bei den zugeteilten Key Accounts	■ Soll-Ist-Vergleiche ■ Wichtige Projekte und Aktivitäten beim Key-Account ■ Wichtige Informationen über den Account ■ Organisatorische und personelle Entscheide und Ressourcen zuteilen	1 x Mt	Key Account Manager	Gesamtes KAM Team

Beispiel eines Sitzungskonzeptes für das KAM

Sitzung	Inhalt		Wie oft?	Leitung	Teilnehmer
Review	Hinterfragen der erzielten Resultate und Treffen von Grundsatzentscheidungen	■ Soll-Ist-Vergleiche ■ Wichtige Projekte und Aktivitäten beim Key-Account ■ Wichtige Informationen über den Account ■ Organisatorische und personelle Entscheidungen und Ressourcen zuteilen	4 x p. a.	Leiter KAM	Gesamtes KAM-Team, Leiter KAM, Pate aus GL
Internationales KAM-Meeting	Koordination der Zielerreichung bei international tätigen Accounts	■ Soll-Ist-Vergleiche ■ Terminkontrolle zu den Aktivitäten ■ Treffen wichtiger Grundsatzentscheidungen	2 x p. a.	Internationaler Key Account Manager	Internationales KAM-Team
Projektsitzungen	Sicherstellung von Projektfortschritten beim Key-Account	■ Soll-Ist-Vergleich Termine ■ Soll-Ist-Vergleich Resultate ■ Berichte der Projektmitglieder ■ Anträge und Entscheidungen	1 x Mt.	Key Account Manager	Projektmitglieder

Mit diesem langjährig bewährten Sitzungskonzept kann das Unternehmen seit vielen Jahren ein zielgerichtetes Key Account Management und das Einbinden aller relevanten Mitarbeiter gewährleisten. Key Account Management ist nicht nur eine Methodik, sondern bedingt auch eine Kulturentwicklung in Richtung Top-Kunden im Unternehmen selbst. Nur wenn es gelingt, dass sämtliche Mitarbeiter und Führungskräfte die Bedeutung der Key-Accounts für das Unternehmen erkennen, können mittelfristig die angestrebten unternehmensstrategischen Ziele sichergestellt werden.

Zur Effizienzsteigerung von Sitzungen haben sich folgende pragmatische Grundregeln bewährt, damit die notwendige Fokussierung sichergestellt werden kann:

Regel 1:
Der Sitzungsleiter formuliert für jede Sitzung klare Ziele sowie die Agenda und verteilt diese im Voraus.

Regel 2:
Liegen keine Sitzungsziele und keine Agendapunkte vor, dann ist die Teilnahme an einer Sitzung freiwillig.

Regel 3:
Eine »normale« Sitzung dauert grundsätzlich maximal zwei Stunden. Soll eine Sitzung verlängert werden, müssen alle Teilnehmer damit einverstanden sein.

Regel 4:
Das Sitzungsprotokoll wird innerhalb von zwei Arbeitstagen per Mail an die Teilnehmer übermittelt.

Regel 5:
Im Sitzungsprotokoll werden nur definierte Ziele und Maßnahmen festgehalten.

Diese wenigen Grundsätze können die Sitzungskultur entscheidend verändern. Der Leiter der Meetings und die Teilnehmenden bereiten sich besser vor und es wird zielgerichtet diskutiert.

7.4.3 Reporting

Das Rapportwesen ist im Key Account Management eng mit dem Sitzungskonzept verbunden. Für die optimale Betreuung von international tätigen Key-Accounts kommen sehr oft mehrere Mitarbeiter eines Unternehmens zum Einsatz, welche die zentralen Stellen eines Schlüsselkunden unter anderem mit folgenden Tätigkeiten betreuen:

- Suche und Abschluss von regionalen Projekten
- After-Sales-Service
- Bearbeitung von Reklamationen
- Beschaffung von Informationen

Diese dezentral tätigen Mitarbeiter sind oft an Sitzungen nicht anwesend und es muss mit einem gezielten Reporting sichergestellt werden, dass die Informationen zum verantwortlichen Key Account Manager und von dort zu den entsprechenden Stellen im Management gelangen. Optimale IT-gestützte Verkaufssteuerungssysteme vereinfachen diese Reportingarbeit entscheidend, wenn die Systeme über die notwendige Flexibilität verfügen. Unabhängig von der technischen Lösung sollte jedoch mindestens einmal monatlich ein Informationsfluss an den Key Account Manager und von diesem an den Vorgesetzten erfolgen. Der Key Account Manager selbst informiert mindestens einmal pro Monat alle involvierten Stellen – als Ergänzung zu den Sitzungen – über folgende wichtige Belange im Zusammenhang mit dem ihm zugeteilten Top-Account:

- Soll-Ist-Vergleiche national/international inkl. Interpretation der Resultate
- Gewonnene/verlorene Projekte inkl. Begründung
- Offene Projekte national/international
- Wichtigste geplante Maßnahmen beim Kunden (Kontakte etc.)
- Wichtigste geplanten internen Aktivitäten zur Erfolgssicherung
- Evtl. Änderungen im nationalen/internationalen Account-Team (Zuständigkeiten)

7.5 Entlohnung von Key Account Managern

7.5.1 Gibt es das optimale Lohnsystem für Key Account Manager?

Diese Frage kann aus langjähriger Erfahrung definitiv mit Nein beantwortet werden. Es ist bedeutend schwieriger, ein leistungsorientiertes und leistungsgerechtes Lohnsystem für Key Account Manager zu etablieren, als für den Verkauf.

- Der Erfolg beim Key Account ist von vielfältigen Einflussgrößen abhängig.
- Der Key Account Manager kann nur an der von ihm selbst definierten und von den Vorgesetzten genehmigten Zielsetzung gemessen werden.
- Das Erreichen der Zielsetzung beim Key-Account ist sehr oft Teamarbeit unter Einbezug anderer nationaler und internationaler Stellen.
- Im Rahmen der Polarisierung der Betriebsgrößen gibt es vermehrt Firmenzusammenschlüsse, Kooperationen, Joint Ventures etc., welche nur bei einer sehr guten Kenntnis des Kunden und bei geeigneten Frühwarnsystemen rechtzeitig erkennbar sind.

Das Erschließen von Target-Accounts bedingt einen Intensiveinsatz während 2 bis 3 Jahren, wenn angestrebt wird, dass ein Kleinkunde oder ein Nicht-Kunde zu einem Key-Account wird.

Der Übertrag von üblichen Lohnsystemen im Außendienst auf die Key Account Manager ist sehr oft die falsche Lösung.

Zudem ist festzustellen, dass ein Lohnsystem erst dann eingeführt werden sollte, wenn die wichtigsten Module des KAM-Konzeptes bereits funktionieren. Das heißt ein Entlohnungsmodell kann strategische, produktspezifische, organisatorische und führungsspezifische Mankos nicht wettmachen.

In der Praxis haben sich folgende Entlohnungssysteme im Key Account Management bewährt:

Variante 1   Fixlohnsystem

Variante 2   Fixlohn und feste Prämie beim Erreichen von im Voraus definierten Zielen

Variante 3   Fixlohn und differenzierte Zielerreichungsprämien, welche vom Erreichungsgrad der Gesamtleistung und/oder der individuellen Leistung abhängig sind

Bei den oben dargestellten Varianten 2 und 3 können die Prämien bzw. die Zielsetzungen anhand unterschiedlicher Kriterien festgelegt werden.

In der Praxis finden sich folgende Kriterien innerhalb der individuellen, leistungsabhängigen Entlohnung:

- Erreichen der Umsatzziele bei den zugeteilten Kunden
- Erreichen der Deckungsbeitragsziele bei den zugeteilten Accounts
- Abschluss strategisch wichtiger Projekte
- Dokumentation der zugeteilten Accounts (Accountpläne)
- Kundenzufriedenheit der zugeteilten Accounts

Neben den individuellen Kriterien werden gerade im Key Account Management oft Teamkriterien und Teamziele festgelegt, weil die Leistung nicht vom Key Account Manager allein abhängig ist, sondern vom gesamten KAM-Team beeinflusst wird. Teamabhängige Entlohnungskomponenten können sein:

- Erreichen der Umsatzziele bei international tätigen Accounts
- Erreichen der Gesamtumsatzziele aller Key-Accounts
- Erreichen der Deckungsbeitragsziele aller Accounts
- Zielerreichung bei der Einführung neuer Produkte bei allen Accounts

Ein Entlohnungssystem entfaltet dann seine optimale Wirkung, wenn die leistungsabhängigen Kriterien auf der Basis eines einheitlichen Systems individuell auf die verschiedenen Key-Accounts adaptiert werden können.

Hierfür eignet sich am besten ein Punktesystem (Variante 3), welches pro Monat oder pro Quartal mit kumulierten Werten und entsprechenden Zielerreichungsgraden arbeitet.

Das Punktesystem bietet die Möglichkeit, mehrere Zielsetzungen gleichzeitig in der gewünschten Gewichtung als Bemessungsgrundlage in das Lohnsystem einfließen zu lassen.

Individual- und Teamziele lassen sich entsprechend den konkreten Erfordernissen kombinieren und gewichten.

Die differenzierten Zielsetzungen aus der Unternehmensstrategie und dem KAM-Konzept lassen sich somit vollumfänglich durch dieses Punktsystem ins Lohnsystem integrieren. Der Erfolg des KAM-Konzeptes kann dadurch wesentlich gefördert und abgesichert werden.

Beim Lohnsystem mit differenzierter Prämie (Variante 3) arbeitet man mit einem Punktesystem, das für die Bestimmung der Prämie maßgebend ist:

- Jedem Zielerreichungsgrad/Kriterium wird eine Punktzahl zugeordnet.
- Jeder Punkt entspricht einem festen »Geldbetrag« (z. B. € 100.–).
- Das System ist sowohl pro Monat als auch pro Quartal und Jahr anwendbar. Das gewählte Zeitintervall bestimmt den jeweiligen Wert pro Punkt (Wert pro Punkt bei monatlicher Abrechnung z. B. € 25.–, bei quartalsweiser Abrechnung € 100.– und bei Jahresabrechnung € 300.–).
- Der Punktwert, multipliziert mit der maximal möglichen Punktzahl bei 100% Zielerreichung, entspricht somit dem variablen Lohnbestandteil. Dieser variable Lohnbestandteil ist nach unten wie nach oben flexibel.

 Das folgende Beispiel soll verdeutlichen, wie das Lohnsystem mit dem Punktesystem funktioniert. Das Punktesystem bleibt für jeden Key Account Manager gleich. Individuelle Anpassungen sind bei der Zielbestimmung und bei der Höhe der Punktwerte möglich.

Zielerreichungsgrad in %	Gesamtumsatz bei den zugeteilten Key-Accounts	Deckungsbeitragsziele bei den zugeteilten Key-Accounts	Abschluss strategisch wichtiger Projekte	Erreichen der Umsatzziele bei international tätigen Accounts	Dokumentation der zugeteilten Accounts (Qualität der Accountpläne)	Total Punkte
	Individualziel	Individualziel	Individualziel	Teamziel	Individualziel	
	25 %	25 %	20 %	15 %	15 %	100 %
< 80	5	5	–	–	–	10
80 – 89	10	10	–	–	–	20
90 – 94	15	15	–	5	5	40
95 – 99	20	20	10	10	10	70
100 – 104	25	25	20	15	15	10
105 – 109	30	30	25	20	15	120
110 – 114	35	35	25	20	15	130
115 – 119	40	40	30	25	15	150
120 – 125	45	45	30	25	15	160
> 125	50	50	35	30	15	180

Der Lohn jedes einzelnen Key Account Managers setzt sich wie folgt zusammen:

	Fixum
+	Weiterbildungs-/Alterszulagen
=	Garantiertes Gehalt
+	Prämie (Punkte x Wert in € pro Punkt)
=	Total Lohn

Am Beispiel der fiktiven Key Account Managerin Claudia Meyer könnte der Jahreslohn wie folgt berechnet werden:

Berechnung der erreichten Punktzahl:

–	Zielerreichung Gesamtumsatz bei den zugeteilten Key-Accounts	102 %	25 Punkte
–	Zielerreichung Deckungsbeitragsziele bei den zugeteilten Key-Accounts	98 %	20 Punkte
–	Zielerreichung Abschluss strategisch wichtiger Projekte	123 %	30 Punkte
–	Zielerreichung Erreichen der Umsatzziele bei international tätigen Accounts	114 %	20 Punkte
–	Zielerreichung Dokumentation der zugeteilten Accounts (Qualität der Accountpläne)	100 %	15 Punkte
	Total Punktzahl		110 Punkte

	Fixum	€	120 000.–
+	Weiterbildungs- /Alterszulagen	€	5 000.–
=	Garantiertes Gehalt	€	125 000.–
+	Prämie (110 Punkte x 300.– pro Punkt)	€	33 000.–
=	Jahreslohn (exkl. Spesen)	€	158 000.–

Die verschiedenen Lohnmodelle können die Anforderungen an ein Lohnsystem in unterschiedlichem Maße erfüllen, wie die nachstehende Abbildung zeigt.

Variante 3 erscheint auf den ersten Blick aufwändig und kompliziert. Bei genauerer Betrachtung wird aber deutlich, dass die Anforderungen durch Variante 3 eindeutig am besten erfüllt werden. Zudem hält sich der Aufwand nach der Einführung in Grenzen und Variante 3 wird von den Mitarbeitern sehr geschätzt, weil auf die individuellen Bedürfnisse eingegangen wird.

Erfüllung der Anforderung durch die verschiedenen Lohnsysteme			
Anforderungen \ Fixlohnsystem des Kunden	Fixlohnsystem (Variante 1)	Fixlohn und feste Prämie (Variante 2)	Fixlohn und differenzierte Zielerreichungsprämien (Variante 3)
Strategiekonformität	◐	●	◐
Messbare Ziel- und Wachstumsorientierung	◐	●	◐
Flexibilität bei sich ändernden Zielsetzungen	●	●	◐
Leistungsgerechtigkeit	●	●	◐
Soziale Sicherheit	◐	●	●
Förderung Eigeninitiative	◐	●	◐
Förderung Teamarbeit	◐	●	◐
Qualitätssicherung und Profilierung des Verkaufs	◐	●	◐
Förderung Cross-Selling	◐	●	◐

◐ Anforderungen nicht erfüllbar   ◐ Anforderungen erfüllbar   ● Anforderungen bedingt erfüllbar

Gleichzeitig bietet dieses Lohnsystem auch die besten Möglichkeiten in Bezug auf Strategiekonformität und dient als ausgezeichnetes Führungsinstrument.

Bei der Entwicklung und Einführung von Lohnsystemen im Verkauf resp. im Key Account Management haben sich folgende Schritte bewährt:

Schritt 1: Ausarbeitung der überdachenden Strategien, Konzepte und Instrumente

Schritt 2: Konzeptionelle Ausarbeitung des Lohnsystems und Erstellung von Modellrechnungen

Schritt 3: Grobe Wirtschaftlichkeitsrechnung

Schritt 4: Erstellen von Schattenrechnungen auf der Basis des letzten Jahres (welcher Lohn hätte sich pro Mitarbeiter ergeben, wenn das neue Lohnsystem bereits im letzten Jahr bestanden hätte?) und Vornahme entsprechender Anpassungen

Schritt 5: Definitive Entscheidung des Managements

Schritt 6: Einführung des Lohnsystems evtl. unter Besitzstandswahrung während der Einführungsphase (d. h. die Mitarbeiter erhalten einen zugesicherten Lohn unabhängig von der Zielerreichung). Die Besitzstandswahrung ist v. a. beim Übergang von einem fixen Lohnsystem zu einem Lohnsystem mit variablem Anteil wichtig, damit die Mitarbeiter keine Existenzängste haben

Schritt 7:   Jährliche Anpassung der Kriterien auf der Basis der neuen Zielsetzungen und der Resultate der Analysearbeiten

7.5.2   Key Account Manager verdienen ähnlich wie Vertriebsmanager

Es wurde im Rahmen dieses Werkes mehrere Male festgestellt, dass Key-Accounts und Key Account Manager einen wesentlichen Beitrag zum Unternehmenserfolg leisten. Diese Tatsache wird allgemein anerkannt. Weniger anerkannt wird jedoch der Umstand, dass gute Key Account Manager grundsätzlich ein gleich hohes Salär haben sollten wie ein Verkaufs- oder ein Regionalverkaufsmanager.

Wird dieser Anforderung nicht entsprochen, dann streben Account-Manager oft eine Führungskarriere an, obwohl sich diese nicht unbedingt mit ihren Stärken deckt.

Zusammen mit dem Lohn sollten den Key Account Manager auch die gleichen Statussymbole gewährt werden wie anderen Managern:

- Auto
- Büroeinrichtung
- Ferienregelung
- Integration in eine evtl. vorhandene Versicherung
- Titel
- Spesenregelung

7.6   Qualifikation und Zielvereinbarungen mit Key Account Managern

In vielen Unternehmen sind im Zusammenhang mit dem Führungsmodell MbO (Führung mit Zielsetzungen) entsprechende Qualifikations- und Zielvereinbarungsinstrumente im Einsatz.

Erfahrungen zeigen, dass gute Systeme problemlos in das Key Account Management übernommen werden können. Gleichzeitig kann die entsprechende Arbeit effektiver und effizienter erfolgen, wenn folgende Grundsätze berücksichtigt werden:

- Die Zielsetzungen innerhalb der Accountpläne decken sich mit den Zielsetzungen des Account-Managers.
- Die Resultate der Reviews sind gleichzeitig die Basis für die Qualifikation des Mitarbeiters.
- Der Maßnahmenplan resp. die Meilensteine zur Erreichung der einzelnen Ziele können ebenfalls dem Accountplan entnommen werden.
- Die Vollständigkeit und der Inhalt der Accountpläne stellen ein wichtiges qualitatives Beurteilungskriterum dar.
- Im Jahresendgespräch resp. im Qualifikationsgespräch stehen Punkte wie Selbstständigkeit, Arbeitstechnik, Zusammenarbeit mit anderen Stellen, unternehmerisches Denken im Mittelpunkt.

Unter Berücksichtigung dieser Praxistipps ist die Qualifikation nichts anderes als die Zusammenfassung der durchgeführten Reviews resp. eine Zusammenfassung der in den Accountplänen festgehaltenen Ziele und Maßnahmen. Wenn der Account-Manager für international tätige Key-Accounts zuständig ist, dann kommt zusätzlich dem Kriterium Koordination und Führung dezentraler Stellen eine Bedeutung zu.

7.7 Personalentwicklung für Key Account Manager (Laufbahnplanung)

In neuester Zeit werden in Unternehmen die Karrieren in Führungskarrieren und Fachkarrieren aufgeteilt, welche als gleichwertig betrachtet werden. Die notwendige Kontinuität im Key Account Management kann dann sichergestellt werden, wenn diese Fachkarrieren als gleich wichtig wie die Führungskarrieren im Unternehmen anerkannt werden. So wird das Key Account Management richtig gewichtet und die unternehmerischen Zielsetzungen decken sich mit den persönlichen Zielsetzungen des Key Account Managers.

Für einen Key Account Manager sind folgende »Karriereschritte« denkbar: Der Übergang in eine höhere Ebene stellt immer höhere Anforderungen an die Führungsqualitäten als Manager, Leader und Coach. Die ursprünglichen Anforderungen an einen Key Account Manager behalten jedoch weiterhin ihre Bedeutung.

Ebene 4: Coachingrolle oder Mentorenrolle
für junge Key Account Manager

Ebene 3: Übernahme der Gesamtverantwortung
für einen Global-Account

Ebene 2: Nationaler Key Account Manager und/oder
Leiter eines kleinen Account-Teams

Ebene 1: Junior Key Account Manager resp.
Assistent eines nationalen Key Account Managers

Wenn sich die zugeteilten Accounts nicht oder nur wenig ändern (Fusionen, Verkäufe, Akquisitionen), dann ist das Ziel der Kontinuität im Key Account Management weitgehend erreicht. Allerdings sollte bereits bei der Selektion der Key Account Manager berücksichtigt werden, dass diese Mitarbeiter die eigenen Fähigkeiten im Gleichschritt mit der Entwicklung des Accounts (Wachstum, Internationalisierung) fördern und erweitern. Dadurch kann sichergestellt werden, dass der Account-Manager seine Aufgaben beim Kunden weiterhin wahrnimmt und das Beziehungsmanagement im Sinne der gesamtunternehmerischen Resultate gezielt ausbauen kann.

In der Praxis hat es sich zudem als besonders wichtig erwiesen, dass das Management die Leistungen der Key Account Manager richtig anerkennt. Quantensprünge im Umsatz und in den Deckungsbeiträgen sind im Key Account Management beim Beginn einer systematischen Bearbeitung möglich, aber sehr selten. Erste Erfolge werden bei den erstellten Offerten und bei Pilotprojekten erzielt, welche aber umsatz- und deckungsbeitragsmäßig meist wenig interessant sind. Das Management muss die notwendige Geduld und Beharrlichkeit in der Startphase aufbringen und wie erwähnt bereits in dieser Zeit die Leistungen der Account-Manager angemessen anerkennen. Nur so kann sichergestellt werden, dass die Key Account Manager richtig motiviert sind und sich voll dem Aufbau des Beziehungsmanagements widmen und dem Unternehmen längerfristig erhalten bleiben.

7.8   Controlling und Key Account Management

Zur Sicherstellung eines strategiekonformen Schlüsselkunden-Managements kann das Controlling bzw. der Controllerdienst im Marketing und
Verkauf einen wichtigen Beitrag leisten. Die folgenden Ausführungen sollen
einen Einblick in die vielfältigen Aufgaben des Marketing- und Vertriebscontrollers liefern. Gleichzeitig soll daraus hervorgehen, welche Zusammenhänge und Abhängigkeiten zwischen Key Account Management und
Controlling bestehen, um die unternehmensinterne Zusammenarbeit zu
verbessern und den Schlüsselkunden bessere Problemlösungen anzubieten.

Dabei gilt es zu beachten, dass die folgenden zentralen Rollen des Controllers mit den Aufgaben der Schlüsselkunden-Verantwortlichen in einem
Verhältnis der Synergie stehen müssen:

- Der Controller als Berater und Mitgestalter des Schlüsselkunden-
  Konzeptes (Rolle 1)
- Der Controller als überprüfender Begleiter (Rolle 2)
- Der Controller als Schnittstellenkoordinator (Rolle 3)

Die wichtigsten Aufgaben gehen aus der Abbildung gegenüber hervor. Die
folgenden Ausführungen gehen von der Annahme aus, dass das Key Account
Management dem Marketing- und Verkaufsleiter unterstellt ist (vgl. Abbildung »Tätigkeitsorientierte Organisation des Key Account Managements«).
Ist das Key Account Management direkt dem Geschäfts- oder Divisionsleiter
unterstellt, können die Ausführungen sinngemäß angewendet werden.

Der Controller selbst kann unterschiedlich organisatorisch eingegliedert
sein. Grundsätzlich sind folgende Möglichkeiten denkbar:

- Marketing-Controller als Mitarbeiter des zentralen Controllerdienstes
- Marketing-Controller als Stabsstelle in der Marketingorganisation
- Marketing-Controller als Linienstelle in der Marketingorganisation

Da der Marketing-Controller in jedem Falle eine Querschnittsfunktion
wahrnimmt, nicht direkt für die Umsetzung von Marketingplänen und die
Realisierung von Verkaufszielen zuständig und vor allem beratend tätig ist,
sollte er wenn möglich als Stabsstelle in der Verkaufsorganisation definiert
werden. Von dieser organisatorischen Eingliederungsvariante gehen im
Übrigen die folgenden Ausführungen aus.

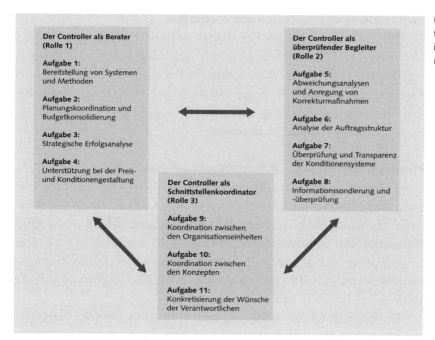

7.8.1 Der Controller als Berater und Mitgestalter der Schlüsselkunden-Konzepte (Rolle 1)

Marketing- und Vertriebscontrolling hat zur Aufgabe, die Teilprozesse des Marketingprozesses mit den entsprechenden marketingrelevanten Informationssystemen zu koppeln und eine Abstimmung der marketingbezogenen Planungs- und Steuerungsprozesse sicherzustellen. Das Marketing- und Vertriebscontrolling ist ein Subsystem des gesamten Controlling-Systems. Deswegen muss eine Abstimmung mit anderen Teilsystemen und -prozessen (z. B. mit Einkauf, Logistik, Produktion) erfolgen.

Der Controller muss in der Rolle als Berater zeigen, welche Konsequenzen die Ziele und Maßnahmen der Marketing- und Verkaufsabteilung und insbesondere des Key Account Managements für andere Unternehmensbereiche haben.

Widersprechen sich die einzelnen Ziele (z. B. Deckungsbeitragsziele bei einem Key Account mit der unternehmerischen Kalkulationsplanung), muss der Controller darauf aufmerksam machen und entsprechende Kompromisslösungen vorschlagen. Als Navigator der Marketing- und Verkaufsführung steuert der Controller somit das Subsystem Marketing und insbesondere das Schlüsselkunden-Management in Richtung Effizienz und Effektivität mit der Priorität Gewinnoptimierung.

Bereitstellung von Systemen und Methoden

Im Rahmen der Aufgabe des Controllers als Berater und Mitgestalter der Marketing- und Verkaufskonzepte bzw. des Schlüsselkunden-Konzeptes (vgl. Kapitel 5) stehen im Vordergrund die Entwicklung, Einrichtung und ständige Anpassung von Systemen und Methoden zur Planung, Steuerung und Kontrolle des Marketing- und Vertriebsbereichs und damit gleichzeitig auch des Key Account Managements.

Planungskoordination und Budgetkonsolidierung

Zur Erfüllung der gestaltenden Aufgabe haben die Koordination von Planungs- und Entscheidungsprozessen sowie die Konsolidierung und Kontrolle des Schlüsselkunden-Budgets durch den Controller eine besondere Bedeutung. Das Bedürfnis des Marketing- und Verkaufsleiters nach einer Koordination der Planungsprozesse ergibt sich aus der Fülle von Planungsmethoden und -inhalten, die vor allem in größeren Unternehmen häufig kaum mehr überblickt werden können.

Bezüglich Budgetkonsolidierung und -überwachung hat der Controller einerseits systeminterne Funktionen innerhalb der Prozesse zur Budgeterstellung, -koordination und -kontrolle. Andererseits kommen ihm auch Aufgaben der formalen, inhaltlichen und organisatorischen Planung, Entwicklung und Abstimmung des Schlüsselkunden-Budgets als Planungs- und Kontrollinstrument für das Marketing- und Verkaufsmanagement insgesamt und für das Schlüsselkunden-Management im Besonderen zu.

Der Controller erfüllt in diesem Zusammenhang die Aufgabe des Schnittstellenkoordinators für den gesamten Marketing- und Verkaufsbereich. Er regelt die Verknüpfungspunkte vor allem gegenüber dem internen Rechnungswesen und dem Gesamt-Budgetsystem des Unternehmens.

Strategische Erfolgsanalyse

Um eine Feinsteuerung der Leistungserbringung zu ermöglichen, reicht die laufende Analyse des kumulierten Erfolges oder Deckungsbeitrages nicht aus. Der Marketing-/Verkaufsbereich benötigt eine möglichst detaillierte Analyse des Erfolges nach Produktgruppen und insbesondere nach Schlüsselkunden. Darüber hinaus sollte die Aufgliederung nach Produktgruppen es erlauben, die Konsequenzen im Hinblick auf die Maßnahmenpläne darzustellen. Der Controller hat somit dem Marketing- und Verkaufsleiter die finanziellen und abrechnungsmäßigen Auswirkungen der unterschiedlichen Ausgestaltung und Zusammensetzung seiner Maßnahmenbündel aufzuzeigen.

Unterstützung bei der Preis- und Konditionengestaltung

Im Rahmen der Preispolitik müssen der Marketing- und Verkaufsabteilung Spielräume und Flexibilität bleiben, um die Leistungen zu marktgerechten Preisen anbieten zu können. Von besonderer oder höchster Bedeutung sind in diesem Zusammenhang die Preisuntergrenzen. Diese Preisuntergrenzen zu ermitteln und eine Preisbildung etwa nach Märkten oder nach Kundengruppen herauszubilden, ist eine der dringlichen Aufgaben des Controllers in seiner Navigatorfunktion für den Marketing-/Verkaufsbereich. Es gibt eine Vielzahl von Beispielen, bei denen eine Aufschlüsselung nach ABC-Produkten und/oder Kundenkategorien durch den Controller völlig neue Dimensionen für die strategische und operative Verkaufsplanung eröffnet hat. Die strategische Bedeutung von Schlüsselkunden gilt es gerade bei der Preisgestaltung zu beachten. Fehlentscheidungen bei wenigen Top-Kunden haben nachhaltig negative Auswirkungen auf das gesamte Geschäftsergebnis und im Extremfall auf das Weiterbestehen des Unternehmens selbst.

7.8.2 Der Controller als überprüfender Begleiter (Rolle 2)

Der Controller unterzieht alle Marketingaktivitäten einer systematischen und regelmäßigen Überprüfung. Ziel ist das frühzeitige Erkennen möglicher Schwachstellen und Fehlentwicklungen. In dieser Hinsicht ist der Controller überprüfender Begleiter bzw. »Frühwarner«.

Schließlich kann der Controller das Management bei den Schlüsselkunden-Reviews (z. B. pro Quartal) unterstützen.

Abweichungsanalysen und Anregung von Korrekturmaßnahmen

Diese Aufgabe betrifft den Punkt, der meist als die Hauptaufgabe jeder Art von Controlling angesehen wird:

- Analyse der Abweichungen vom »Ist« gegenüber den geplanten Zielen
- Ausarbeitung von Alternativen zur Verbesserung
- Anregung von Korrekturmaßnahmen für die Führungskräfte

Der Controller muss hierzu vor allem die quantitativen Abweichungen (beispielsweise des Ist-Deckungsbeitrags vom Soll-Deckungsbeitrag) aufspüren. Es darf allerdings nicht beim reinen Hinweis auf Abweichungen bleiben. Die Grunde für die Abweichungen sind zu ermitteln und von Seiten des Controllers müssen klare Verbesserungsvorschläge gemacht werden.

Des Weiteren erwartet der Marketing- und Verkaufsleiter auch Anregungen, wie Korrekturmaßnahmen am effektivsten eingeleitet und überprüft werden können. Gerade der Brückenschlag zwischen dem »Was ist falsch gelaufen?« und dem »Wie kann man es korrigieren?« ist es, der den Controller zu dem Partner und Berater macht, den der Marketing- und Verkaufsleiter braucht. Im Rahmen von vierteljährlichen Reviews der einzelnen Schlüsselkunden kann der Controller das Management und den Key Account Manager gezielt bei eventuellen Korrekturen für die weiteren Planungen unterstützen.

Analyse der Auftragsstruktur

Eine der zentralen Erfolgszielgrößen im Marketing/Verkauf stellt der Deckungsbeitrag dar. Dabei kann es sich, je nach Bedarf, um Produkt-, Kunden-, Mitarbeiter- oder Regionen-Deckungsbeiträge handeln.

Eine wichtige Aufgabe des Controllers ist es, die Auftragsstruktur (nach Produktgruppen und Kundenkategorien) laufend im Hinblick auf die erzielten Deckungsbeiträge zu analysieren. Dabei bestimmen das Zielsystem der Marketing-/Verkaufsabteilung und insbesondere der Account-Management-Prozess den Detaillierungsgrad dieser Analysen.

Überprüfung und Transparenz der Konditionensysteme

In der Industrie, speziell der Konsumgüterindustrie, sind die meisten Märkte an Sättigungsgrenzen gestoßen und haben bei vorhandenen Überkapazitäten einen Verdrängungswettbewerb ausgelöst. Da beim Handel in den letzten Jahren durch Käufe und Zusammenschlüsse ein starker Konzentrationsprozess stattgefunden hat, entstand zwangsläufig ein stärkerer Druck auf die Konditionen der Zulieferindustrie.

Die im »Verkäufermarkt« entstandenen Systeme wurden daraufhin allmählich den »Käufermarkt«-Bedingungen angepasst, wodurch es zu einer kaum mehr überschaubaren Anzahl von Rabattarten und Spezialkonditionen gekommen ist. Die Fantasien von Großverteilern und Großhändlern bezüglich Zusatzforderungen sind grenzenlos. Zu den Aufgaben des Controllers gehört es somit, die bestehenden Konditionensysteme abrechnungsmäßig transparent zu machen und wenn möglich Vereinfachungen einzuleiten. Die Überwachung der Auswirkungen auf das Unternehmensergebnis bezieht sich dabei selbstverständlich nicht nur auf Rabattsysteme, sondern auch auf Boni und sonstige Arten von Verkaufshilfen und Supportleistungen.

Informationssondierung und -überprüfung

Speziell aus der Sicht des Marketing- und Verkaufsleiters soll hier auf die Funktion hingewiesen werden, die dem Controller als Informationsfilter und Informationskoordinator zukommt.

Bei der heutigen Informationsflut und den gegebenen starken Verflechtungen zwischen den einzelnen Märkten genügt der Rückgriff auf die eingerichteten Informationsströme nicht mehr – alle Informationsquellen müssen beobachtet und hinterfragt werden. Insbesondere gilt es, die marketingrelevanten Informationen über Schlüsselkunden zu sondieren und deren Richtigkeit zu überprüfen, da weniger die Datenbeschaffung als vielmehr die gezielte Auswertung der angebotenen Informationen zum Engpassproblem geworden ist.

Das folgende Beispiel aus einem international tätigen Unternehmen der Elektronikbranche soll nochmals einige typische Aufgaben des Marketing- und Vertriebscontrollers im Rahmen seiner Rolle als überprüfender Begleiter darstellen:

- »Klassische« Soll-Ist-Vergleiche (Umsatz, Deckungsbeiträge, Budgets, Werbebeiträge) zur Aufdeckung von Abweichungen
- Quervergleiche mit vergleichbaren Bereichen und Konkurrenten (Benchmarking)
- Kontrolle und Analyse des Erfolgs nach verschiedenen Kriterien pro Schlüsselkunde (vor allen Dingen nach Produktgruppen)
- Durchführung interner Audits und Reviews beim Schlüsselkunden
- Aufbau eines Kennzahlensystems und laufende Überprüfung und Kommentierung der Ergebnisse anhand dieses Systems. Wesentlich ist, dass im Kennzahlensystem sowohl monetäre als auch nicht monetäre Erfolgszielgrößen Berücksichtigung finden.

7.8.3 Der Controller als Schnittstellenkoordinator (Rolle 3)

Ein Aufgabenbereich, der zunehmend an Bedeutung gewinnt, ist derjenige der Koordination der vielfältigen Schnittstellen des Schlüsselkunden-Managements mit dem Marketing- und Verkaufsbereich im Allgemeinen und den anderen Teilen und Konzepten des Unternehmens im Besonderen.

Der Controller kann aufgrund seiner speziellen Qualifikation und Stellung im Marketing- und Verkaufsbereich einen Teil dieser Koordination gewährleisten und damit dem Marketing- und Verkaufsleiter einen wertvollen Dienst zur schnelleren, reibungsloseren und weniger redundanten Planung und Aufgabenerledigung leisten.

Koordination zwischen den Organisationseinheiten

Der Controller unterstützt den Marketing- und Verkaufsleiter im Umgang mit anderen Bereichen des Unternehmens. Als Hauptkontaktpartner sind die Bereiche Rechnungswesen, Produktion sowie im Fall einer divisionalen Organisation die anderen Divisionen zu nennen. Hierbei stehen Aspekte der Informationsgewinnung und -weitergabe, Aufbereitung und Interpretation der Informationen im Vordergrund.

Die Aufgaben im Bereich der Schnittstellenkoordination sind zahlreich, denn es genügt nicht, Konzepte und Budgets zu koordinieren, wenn der Marketing- und Vertriebscontroller nicht als fundierter Gesprächspartner in allen Bereichen des Unternehmens resp. der Division akzeptiert wird.

Nachstehend einige wichtige Koordinationsaufgaben und Schnittstellen des Marketing- und Vertriebscontrollers mit anderen Bereichen:

Schnittstelle: Marketing/Verkauf – Rechnungswesen

- Aufbereitung und Interpretation der Daten des Rechnungswesens. Aus endlosen Listen sollen griffige und für den Marketing- und Verkaufsleiter sowie für die einzelnen Key Account Manager sowohl verständliche als auch aussagekräftige Informationen entstehen.
- Sammeln und Komprimieren der Daten des Marketing- und Verkaufsbereichs zur Verarbeitung durch das Rechnungswesen
- Halten einer ständigen Verbindung mit dem Rechnungswesen, um Korrekturen und Veränderungen auf beiden Seiten so schnell wie möglich berücksichtigen zu können

Schnittstelle: Marketing/Verkauf – Produktion

- Abfragen der kundenrelevanten Daten des Produktionsbereichs
- Aufbereitung und Interpretation der Daten, sodass Änderungen im Produktionsbereich möglichst umgehend in der Planung gegenüber dem Schlüsselkunden berücksichtigt werden können

Schnittstelle: Marketing/Verkauf – andere Divisionen

- In ständigem Kontakt zu den Marketing- und Vertriebscontrollern der anderen Divisionen stehen
- Die relevanten Ergebnisse der anderen Divisionen einholen und für den Marketingleiter sowie die einzelnen Key Account Manager zusammenstellen und aufbereiten

Koordination zwischen den Konzepten

Das Schlüsselkunden-Konzept bedarf der Abstimmung mit anderen Konzepten, welche aufgrund der Unternehmensstrategie vorgegeben sind (vgl. die Ausführungen zum Zusammenhang zwischen Unternehmens-, Marketing- und Schlüsselkunden-Konzept in Kapitel 2).

Für den Marketing- und Vertriebscontroller ergeben sich daraus Aufgaben der Koordination und Konsistenzüberprüfung des Schlüsselkunden-Konzeptes mit dem Controlling-Konzept und dem Gesamt-Budgetsystem des Unternehmens.

Konkretisierung der Wünsche der Verantwortlichen

Gerade im Marketing und im Schlüsselkunden-Management gilt es, aktiv und ständig auf der Suche nach neuen Ideen, Produkten und Lösungen zu sein. Innovationen basieren auf Überzeugungen, weniger auf belegbaren Daten.

Der Marketing- und Vertriebscontroller muss daher bereit sein, ein Risiko auf dieser nicht exakt kalkulierbaren Basis einzugehen.

Marktstrategisches und innovatives Controlling beinhaltet, Ausgabenblöcke zu verstärken, die für die Zukunftssicherung des Unternehmens unerlässlich sind. Es ist somit eine Aufgabe des Marketing- und Vertriebscontrollers, die Wünsche und Vorstellungen des Marketingbereichs bzw. des Marketing- und Verkaufsleiters genau zu kennen und zu konkretisieren sowie diese mit den Möglichkeiten des Unternehmens auf einen Nenner zu bringen. Dies geschieht nach dem Grundsatz, dass die knappen Ressourcen des Unternehmens dort einzusetzen sind, wo deren Wirkung am größten ist.

Der Marketing- und Vertriebscontroller leistet insofern einen Koordinationsdienst bei der Schnittstelle zur Unternehmensleitung, als dass er die z. T. visionären Zukunftsprojekte in gewisser Hinsicht »übersetzt«, um das geneigte Ohr der Unternehmensleitung zu finden.

Es sei in diesem Zusammenhang noch einmal auf die Stellung des Marketing- und Vertriebscontrollers als Partner des Marketing- und Verkaufsleiters und der Key Account Manager hingewiesen: Im Marketing- und Verkaufsbereich existiert meist eine Fülle von Ideen, Vorstellungen und Kreationen, die allerdings oft (zu) wenig von Kostenüberlegungen begleitet sind. Die Einschätzung vor allem der kostenmäßigen Realisierbarkeit und die oben bereits erwähnte Schnittstellenfunktion des Marketing- und Vertriebscontrollers zu den anderen Unternehmensbereichen lassen diesen bei Marketinginnovationen zu einem wertvollen »Bundesgenossen« werden, der den Marketing- und Verkaufsbereich auch bei auf den ersten Blick utopisch anmutenden Neuprojekten gegenüber der Geschäftsleitung unterstützt. Die gezielte Weiterentwicklung bestehender Top-Kunden und das Angehen von neuen Schlüsselkunden (Target-Accounts) bedingen oft den Einsatz beträchtlicher Ressourcen. Erfahrungen zeigen, dass der Aufbau neuer Schlüsselkunden bis zu drei Jahre dauern kann.

7.8.4 Zusammenarbeit

Die Koordination zwischen den Aufgaben der Key Account Manager, dem Marketing- und Vertriebscontroller und dem Management geht aus der nachstehenden Darstellung hervor. Diese soll verdeutlichen, dass der Account-Manager der strategische Teil der Vertriebsmannschaft ist, welcher bei seinen Kunden wichtige Zukunftsprobleme löst (Rollen: Verkäufer, Berater, Analytiker und Konzepter) und gleichzeitig für einen beträchtlichen Teil des Gesamt-Resultates des eigenen Unternehmens verantwortlich zeichnet. Damit wird der Account-Manager zum »Anwalt des Kunden« im eigenen Unternehmen und sitzt oft zwischen zwei Stühlen (Rolle: interner Koordinator). Doch gerade darin liegt die spezielle Herausforderung. Das Gleiche gilt für den Controller, wobei dieser vermehrt die Rolle des »Unternehmensanwaltes« gegenüber dem Management und den Key Account Managern übernehmen muss.

In jeder Branche, in jedem Bereich und in jeder betriebswirtschaftlichen Disziplin entwickelt sich mit der Zeit eine mehr oder weniger eigenständige Terminologie und eine eigenständige Systematik. Das Problem gerade bei größeren Organisationen besteht somit häufig darin, dass verschiedene Unternehmensbereiche oder gar Abteilungen gewisse Begriffe nicht verstehen oder demselben Begriff unterschiedliche Inhalte zuordnen. Beim Verhältnis des Marketing- und Vertriebscontrollers zur Marketing-/Verkaufsabteilung müssen insofern einheitliche und vor allen Dingen widerspruchsfreie Begriffe verwendet werden.

Das heißt konkret, dass der Marketing- und Vertriebscontroller die Sprache seiner Kunden, nämlich die der Marketing- und Verkaufsabteilung, spricht. Dies bedeutet auch weiterhin, dass bei der zunehmenden Internationalisierung auf beiden Seiten mehrsprachig kommuniziert werden muss.

Das Key Account Management seinerseits ist wie bereits mehrmals erwähnt eine logische Konsequenz veränderter Marktstrukturen und soll mithelfen, die Potenziale bei großen Accounts besser auszuschöpfen und die Kernkompetenz Beziehungsmanagement optimal zum Tragen zu bringen. Auch wenn die besten Voraussetzungen im Unternehmen geschaffen werden, gilt doch die alte Feststellung: Wir haben es mit Menschen zu tun!

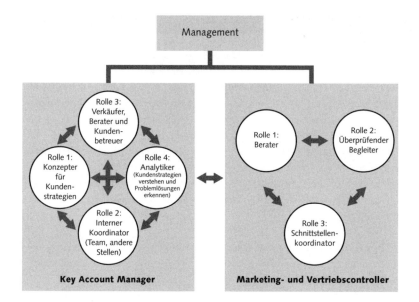

Die Aufgaben und die Zusammenarbeit von Key Account Manager und Marketing- und Vertriebscontroller

Account-Manager müssen gezielt ausgesucht, ausgebildet und gefördert werden, damit sie in der Lage sind, die vier strategischen Aufgaben zu erfüllen und den Account-Management-Prozess nicht nur zu entwickeln, sondern zusammen mit dem Account-Team, dem Management und insbesondere dem Controller konsequent zu implementieren, wobei die Geschäftsleitungsmitglieder punktuell selbst Betreuungsaufgaben übernehmen müssen.

Der Account-Manager verkauft nicht nur Produkte, sondern Problemlösungen an seinen »Partner«, welcher so einen Vorsprung gegenüber seinen Mitbewerbern bei der Umsetzung seiner Strategien und bei der Optimierung der Wertschöpfungskette erzielt. Diese Aufgabe ist oft nur dann erfüllbar, wenn er auf einen kompetenten betriebswirtschaftlichen Profi, nämlich auf den Controller, zurückgreifen kann.

So wird die Bindung zwischen der eigenen Firma und dem Schlüsselkunden mit gesunden »Abhängigkeiten« verstärkt, und die Unternehmensressourcen werden prioritätengerecht ausgeschöpft.

Zusammenfassung:

Für die Suche und Selektion neuer Key Account Manager gibt es verschiedene Erfolgswege (Beizug eines Beraters, Selektion aus dem eigenen Mitarbeiterstamm, Suche mittels Inserat). Die Selektion erfolgt am besten auf der Basis einer geeigneten Assessment-Methode, welche abklärt, ob die betriebswirtschaftlichen, persönlichen und verkäuferischen Anforderungen tatsächlich erfüllt sind.

Trainings von Key Account Managern müssen sich auf der Basis einer Lernbedarfsanalyse an klaren Lernzielen orientieren, damit am Schluss des Trainings das notwendige Know-how sichergestellt ist. An externe Berater und Coaches sind speziell hohe Anforderungen zu stellen; Interviews mit Referenzfirmen helfen bei der Auswahl entscheidend.

Mit internen Reviews und Audits sollte vierteljährlich eine detaillierte Analyse der erzielten Resultate vorgenommen werden, um in der Folge die Schwerpunktmaßnahmen für das nächste Quartal festzulegen.

Für das Gestalten von Sitzungen und für das Optimieren des Reportings kann man sich weitgehend an bewährte Erfolgsgrundsätze im Marketing und Verkauf halten.

Das Gleiche gilt für Entlohnungssysteme, für Qualifikationen und für MbO-Ziele im Key Account Management. Bei den Lohnsystemen gilt es jedoch speziell zu beachten, dass die leistungsorientierten Kriterien an die speziellen Ziele und Aufgaben eines Key Account Managers angepasst werden müssen. Ein Key Account Manager wird in etwa gleich entlohnt wie ein guter Verkaufsleiter.

Eine intensive Zusammenarbeit zwischen dem Controllerdienst und den Schlüsselkunden-Managern sichert eine optimierte Planung, bessere Deckungsbeiträge und ein geeignetes Frühwarnsystem. Zudem kann der Key Account Manager von einem fundierten betriebswirtschaftlichen Know-how und von einer Zweitmeinung des Controllers profitieren.

Diesem Kapitel wurde eine besondere Bedeutung zugeordnet, denn die angestrebten Ziele im Key Account Management können nur mit einer optimalen Führung dieser hochqualifizierten Mitarbeiter und mit einer pragmatischen Organisation (Aufbauorganisation und Prozesse) sichergestellt werden.

8 Der Accountplan

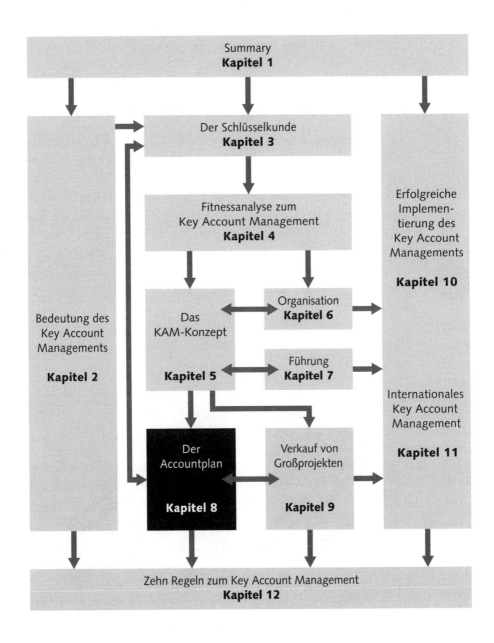

Summary
Kapitel 1

Der Schlüsselkunde
Kapitel 3

Fitnessanalyse zum
Key Account Management
Kapitel 4

Erfolgreiche
Implemen-
tierung des
Key Account
Managements

Kapitel 10

Bedeutung des
Key Account
Managements

Kapitel 2

Das
KAM-Konzept

Kapitel 5

Organisation
Kapitel 6

Führung
Kapitel 7

Internationales
Key Account
Management

Kapitel 11

Der
Accountplan

Kapitel 8

Verkauf von
Großprojekten

Kapitel 9

Zehn Regeln zum Key Account Management
Kapitel 12

In diesem Kapitel finden Sie Antworten auf folgende Fragen:

- *Warum benötigen wir ein maßgeschneidertes Instrument für die Erfolgssicherung pro Schlüsselkunde?*
- *Was müssen wir von einem Schlüsselkunden wissen?*
- *Wie formulieren wir strategische und operative Ziele für jeden Key-Account?*
- *Was sind die wichtigsten, individuellen Maßnahmen pro Schlüsselkunde?*
- *Wie nutzen wir übergreifende Marketingmaßnahmen bei unseren Top-Kunden?*

8.1 Die Bedeutung des Accountplanes

Die große Bedeutung der Schlüsselkunden für den unternehmerischen Erfolg geht aus den vorherigen Kapiteln hervor. Bisher wurde allerdings noch nicht dargestellt, wie eine konzentrierte und v. a. zielgerichtete Bearbeitung der Top-Kunden durch die Key Account Manager sichergestellt werden kann. Der Accountplan ist das Schlüsselinstrument zur Erfolgsvorbereitung und Erfolgssicherung bei jedem Top-Kunden. Das Arbeitsinstrument Accountplan ist der gezielte Fokus auf einen Schlüsselkunden. Dabei wird für jeden Key Account eine Analyse erarbeitet und daraus die Strategie und die Maßnahmenplanung abgeleitet und gleichzeitig die Erfolgskontrolle bestimmt.

Vereinfacht kann der Grundgedanke des Accountplanes wie folgt dargestellt werden:

Grundgedanke
des Accountplanes

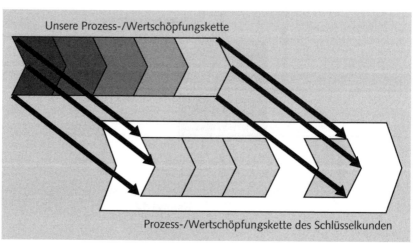

Mit Hilfe des Accountplanes lassen sich Lösungen und Maßnahmen individuell auf den Schlüsselkunden zuschneiden. Den zentralen Orientierungspunkt bildet dabei das bereits früher dargestellte Schlüsselkunden-Marktsystem.

8.2 Aufbau und Inhalt eines Accountplanes (Account-Management-Prozess)

Der Accountplan ist in fünf eigenständige miteinander vernetzte Schritte untergliedert, die in Ableitung zur Unternehmens- und Marketingstrategie sowie zur Verkaufsstrategie entwickelt werden und Quantensprünge bei der Resultatsicherung und im Beziehungsmanagement ermöglichen. Der Accountplan ist sowohl für Major-Accounts, Key-Accounts als auch für Target-Accounts gemäß Verkaufskonzept einsetzbar.

Der in der nachfolgenden Abbildung aufgezeichnete, detaillierte Prozess erhebt keinen Anspruch auf Allgemeingültigkeit und muss branchen- und/oder unternehmensspezifisch angepasst werden. Für Klein- und Mittelunternehmen (KMU), in denen der Verkaufs- oder Geschäftsleiter oft selbst »Key Account Manager« ist, lohnt sich je nach Zielsetzung eine vereinfachte Lösung, wobei die Prozessstufen nicht verändert werden.

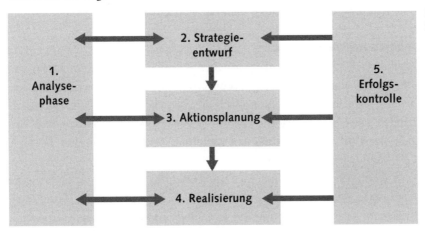

Der Accountplan
im Überblick

8.2.1 Analysephase

Die Analysephase kann in vier Bereiche differenziert werden:

- Analyse des Key-Accounts
- Analyse des Buying-Centers
- Analyse der Strategien der direkten Wettbewerber
- Analyse der eigenen Situation beim Schlüsselkunden

Analyse des Key-Accounts

Für die ausführliche Analyse des Key-Accounts ist eine breite Datenbasis notwendig. Sie muss Auskunft geben können über die Situation des Kunden in seinem Markt- und Wettbewerbsumsfeld und Daten über die interne Struktur des Kunden liefern. Von primärer Bedeutung ist die Kenntnis der vom Kunden verfolgten Strategien. Je nach deren Ausprägung bieten sich unterschiedliche Anknüpfungspunkte für die Leistungen der eigenen Unternehmen und für die Entwicklungsmöglichkeiten mit diesem Kunden.

Um als Anbieter mit unternehmerischen Problemlösungen die Leistungsfähigkeit des Kunden steigern zu können, ist zudem die Kenntnis der Wertschöpfungsstruktur bezüglich der Erfolgs- bzw. Misserfolgsfaktoren notwendig. Als Analyserahmen kann hierzu die Wertschöpfungs- und Prozesskettensystematik von Porter herangezogen werden.

Gleichzeitig liefert die Analyse der Umsatz- und Absatzentwicklung des Schlüsselkunden in seinem Markt wertvolle Informationen über die Position des Top-Kunden und über die zukünftigen Absichten (z. B. deuten stagnierende Kundenumsätze in einer Wachstumsbranche darauf hin, dass der Kunde nicht mit dem Branchenwachstum mithalten kann, weil möglicherweise die Angebote veraltet sind. Es wäre aber auch denkbar, dass der Kunde kein Interesse hat, die Umsätze in der Wachstumsbranche zu steigern, weil eine Konzentration auf andere Bereiche stattfinden soll).

Analyse des Buying-Centers

Nachdem die Gründe für das Verhalten des Kunden in seinem Markt und Wettbewerbsumfeld ermittelt wurden, erfolgt im zweiten Schritt die Analyse des Buying-Centers. Vorerst müssen die Kontaktpersonen beim Schlüsselkunden sowie bei den externen Beeinflussern festgehalten werden, inkl. Angabe der Funktion, Abteilung und weiterer Angaben wie direkte Telefon-, Faxnummer, E-Mail-Adresse etc.

Neben den »gewöhnlichen« Datenbankinformationen gilt es, bei jeder Kontaktperson deren Rolle innerhalb des Buying-Centers zu bestimmen. Erst wenn die Rollen bekannt sind, kann im Rahmen der Analyse festgestellt werden, ob die Beziehungen zu den richtigen und wichtigen Personen innerhalb des Buying-Centers vorhanden sind oder nicht.

In Zusammenhang mit dem Buying-Center werden zusätzlich der üblicherweise zutreffende Entscheidungsprozess sowie die durchschnittliche Entscheidungsdauer beim Key-Account analysiert. Daraus lassen sich wertvolle Informationen zur Bearbeitung und zum konkreten Vorgehen beim Schlüsselkunden ableiten.

Beispiel: Analyse des Buying-Centers und des Entscheidungsprozesses des Key-Accounts eines Unternehmens der Autozulieferbranche

Situation beim Key-Account: Bei den Key-Accounts dieses Unternehmens handelt es sich um internationale Konzerne. Für die Unternehmen der Autozulieferbranche sind die wichtigsten Ansprechpartner der zentrale Einkauf, der technisch orientierte Bereich Forschung & Entwicklung sowie die einzelnen Werke (mit den Abteilungen Einkauf, Entwicklung, Qualitätsmanagement).

Entscheidungsträger und Funktion

Name	Abteilung	Funktion	Funktion
Michael Muster	Zentraler Einkauf	Einkäufer	**Entscheider** beim Abschluss der Rahmenverträge mit den Lieferanten und bei der Bestimmung der drei »Hoflieferanten«. **Fan** von uns, es besteht eine sehr gute Beziehung zum Key Account Manager. Wirtschaftliche Aspekte (Preis-Leistungs-Verhältnis) spielen bei der Entscheidung eine wichtige Rolle.
Jochen Schwarz	Forschung & Entwicklung	Ingenieur	**Interner Beeinflusser** bei der Definition der technischen Anforderungen an Teile/Produkte. Technische Erfüllung der Anforderungen und Zuverlässigkeit der Lieferanten stehen im Vordergrund.
Viktor Braun	Werk 1	Einkäufer	**Entscheider** bei der Wahl des Lieferanten im Rahmen der durch den zentralen Einkauf **vorselektierten Lieferanten.** **Fan** von Konkurrent D.; dessen Produkte werden bevorzugt eingekauft. Lieferbereitschaft, Qualität und Preis stehen im Vordergrund.
Hans Weiss	Werk 1	Qualitätsmanager	**Interner Beeinflusser** (wenn 2x falsch geliefert wird, Meldung an den zentralen Einkauf). War bisher mit den Leistungen unserer Firma stets sehr zufrieden, keine Reklamationen.
etc.			

Analyse des Entscheidungsprozesses:

- Mit dem zentralen Bereich Forschung & Entwicklung des Kunden wird gemeinsam eine neue Lösung definiert (gemeinsames Engineering), und zwar mit dem Ziel einer klaren technischen Spezifikation.
- Der zentrale Einkauf holt diverse Offerten gemäß den technischen Spezifikationen ein.

- Der zentrale Einkauf führt die Gespräche mit den Lieferanten. Die Ingenieure aus dem Bereich Forschung & Entwicklung haben die Möglichkeit, die verschiedenen Lieferanten und die angebotenen Teile/Produkte zu beurteilen.
- Der zentrale Einkauf definiert mit 2 bis 3 Lieferanten einen groben Rahmenvertrag. In der Regel wird ein Lieferant als bevorzugt bezeichnet (z. B. 70% der Teile sollen bei diesem Lieferanten bezogen werden, die restlichen 30% bei den anderen Lieferanten).
- Rahmenvereinbarungen und bevorzugte Lieferanten werden den Einkäufern in den weltweit verstreuten Werken mitgeteilt.
- Die Einkäufer in den einzelnen Werken bestellen direkt beim Lieferanten. Sie haben die Freiheit, zwischen den Lieferanten auszuwählen.

Analyse der Strategien der Mitanbieter

Innerhalb der Analysephase werden die Mitanbieter beim Key-Account näher untersucht. Aus dem Vorgehen der direkten Konkurrenz gegenüber dem Key-Account können wichtige Anhaltspunkte über den Kunden und mögliche Chancen für die eigene Strategie gesammelt werden.

Folgende Informationen sind hier von besonderer Bedeutung:
- Stärken bzw. Schwächen der Konkurrenz beim Schlüsselkunden
- Ziele und Strategien der Konkurrenten beim Schlüsselkunden
- Marketing-Mix (Einsatz der Marketinginstrumente Produkt, Preis, Kommunikation und Distribution) und Infrastruktur-Ressourcen (zur Verfügung stehende finanzielle und personelle Mittel zur Bearbeitung dieses Schlüsselkunden) der Mitanbieter

Da sich der Wettbewerb direkt beim Kunden fokussiert, sind die notwendigen Informationen relativ leicht zugänglich. Gespräche mit dem Kunden selbst oder mit Mitarbeitern des eigenen Unternehmens, welche bereits Kontakte mit dem Kunden und den Mitbewerbern hatten, sowie Informationsmaterialien der Konkurrenz können entscheidende Anhaltspunkte für die Strategien bieten.

Analyse der eigenen Position beim Key-Account

Die Analyse der eigenen Situation beruht vor allem auf den bisherigen Erfahrungen mit dem Schlüsselkunden. Die Analyse sollte folgende Fragen beantworten können:

- Bisherige Erfolge beim Schlüsselkunden: Umsatz-, Absatz- und Deckungs-beitragsstatistiken aufgeteilt nach Produkten und/oder Abteilungen/Divisionen/Filialen des Key-Accounts.

- Bewertung der Geschäftsbeziehung: Wie viele Kontakte fanden jährlich mit dem Schlüsselkunden statt und durch wen? Hat sich die Geschäfts-beziehung bisher positiv oder negativ entwickelt? Gab es Reklamationen? Wer sind die wichtigsten Mitarbeiter in unserem Unternehmen bei diesem Schlüsselkunden?

- Bewertung der bisherigen Aktivitäten: Welche Maßnahmen wurden bisher durchgeführt und mit welchem Erfolg? Wurde der Schlüsselkunde bisher überhaupt angemessen bearbeitet?

8.2.2   Strategieentwurf

Grundgedanke des Key Account Managements ist die Sicherstellung von Problemlösungen, die dem Kunden helfen, seine Wettbewerbsposition gegenüber seiner Konkurrenz zu verbessern.

In der Phase des Strategieentwurfs ist die grundsätzliche Ausrichtung des Key Account Managements gegenüber dem Schlüsselkunden zu formulieren. Im Wesentlichen geht es um die Definition von kurz- und mittelfristigen Zielen. Eine kürzlich durchgeführte Umfrage von Dr. Pius Küng & Partner bei Key Account Managern von international tätigen Unternehmen verschiedener Branchen hat gezeigt, dass die Zielformulierung gegenüber den Schlüsselkunden häufig vernachlässigt wird. Nach der meist ausführlichen Analyse des Schlüsselkunden werden direkt die kurzfristigen Maßnahmen festgelegt (vgl. Punkt 8.2.3). Die fehlende Zielformulierung erschwert eine klare Ausrichtung für die Zukunft und eine einheitliche, zielgerichtete Bearbeitung des Schlüsselkunden.

Die Festlegung der Ziele muss quantitative und qualitative Zukunftsvorstellungen berücksichtigen. Quantitative Ziele beziehen sich auf den Umsatz und die Deckungsbeiträge, welche das Unternehmen beim Schlüsselkunden im Planungszeitraum realisieren will, oder auf die Umsatzposition, welche als Lieferant erreicht werden soll. Die qualitative Zielformulierung kann sich sowohl auf die Definition der Produktprioritäten als auch auf die Benennung erfolgskritischer Mitglieder des Buying-Centers beziehen.

Die Strategie mit dem Key-Account sollte sich auf die Formulierung der zur Erreichung der Ziele notwendigen Wege beschränken. Die aus der Analysephase ermittelten Faktoren und Trends bezüglich Konkurrenzverhalten, der Situation des Kunden und der eigenen Position bilden hier die Grundsteine der Strategie. Grundgedanke des Strategientwurfes muss es sein, masßgeschneiderte Problemlösungen anzubieten, welche die eigene Position gegenüber der Konkurrenz verbessern und den Kunden durch die Optimierung seiner Wertschöpfungs- und Prozessstruktur langfristig an das Unternehmen binden. Die Festlegung der Aktionsschwerpunkte soll zu einer weiteren Konkretisierung der Bearbeitungsschwerpunkte v. a. in den nächsten zwölf Monaten beitragen. Hierzu werden die Kernaktivitäten der Strategie konkretisiert und präzise definiert.

8.2.3   Aktionsplanung

Die Aktionsplanung stellt die logische Umsetzung und praktikable Ausgestaltung der entworfenen Strategie dar. Sie sollte eine volle Planungsperiode (in der Regel zwölf Monate) umfassen.

Zunächst erfolgt die Kontaktplanung. Sie bestimmt den Umfang und die Zeitpunkte der Kontaktaufnahme zu den Schlüsselkunden. Hier bietet es sich an, die Informationsgewohnheiten des Buying-Centers und dessen Mitgliedern zu berücksichtigen und als Grobraster einzusetzen. In der Kontaktplanung werden sämtliche aktiv durch das eigene Unternehmen initiierten Kontakte festgehalten – zwischen allen Personen, die mit dem Schlüsselkunden Kontakt haben. Ausserdem werden die Review- und Jahresgespräche definiert, in denen mit wichtigen Entscheidungsträgern des Kunden Bilanz gezogen wird.

Im zweiten Schritt erfolgt die Planung und Ausgestaltung der einzelnen Maßnahmen gegenüber dem jeweiligen Schlüsselkunden. Zu denken ist insbesondere an Schulungen des Kundenpersonals, besondere Events für den Schlüsselkunden, Ausgestaltung von Rahmenverträgen etc.

Die anschließende Ressourcenplanung beinhaltet neben der Zuweisung von finanziellen Mitteln auch die Zuteilung der personellen Ressourcen. Die Arbeit des Key-Account-Teams wird hinsichtlich der Gestaltung der Geschäftsbeziehungen und der Ansprache der Mitglieder des Buying-Centers festgelegt. In diesen Bereich fallen infrastrukturelle Maßnahmen, die die Arbeit innerhalb des Key-Account-Teams und mit dem Schlüsselkunden unterstützen.

8.2.4   Realisierung

Bei der Realisierung werden vor dem Hintergrund der Aktionsplanung die tatsächlichen Aktivitäten durchgeführt. Hierbei ist eine konsequente und umfassende Umsetzung der Vorgaben und abgeleiteten Aktivitäten anzustreben. Freiräume, welche die strategische Stoßrichtung bietet, sollten kreativ im Sinne der Problemlösung für den Schlüsselkunden genutzt werden.

Da es sich beim Key Account Management um Maßnahmen handelt, die eine langfristige Bindung des Kunden an das eigene Unternehmen bewirken sollen, ist ein möglichst intensiver persönlicher Kontakt zu ihm zu suchen. Etwaige Unzufriedenheiten beim Kunden müssen sofort behoben bzw. von vornherein vermieden werden. Der Aufbau einer Datenbank, die alle schlüsselkundenspezifischen Daten zusammenfasst und ein Dossier für jeden Key-Account beinhaltet, leistet in diesem Zusammenhang wichtige und wertvolle Dienste. Projektfortschritte, Verhandlungsprotokolle, Adressen der Ansprechpartner und ähnliche kundenbezogene Daten sind dadurch rasch und allgemein zugänglich.

Ein entscheidender Baustein der Kundenbetreuung ist der Kundenservice. Informationen über die zukünftigen Leistungen des Unternehmens, neueste Entwicklungen im technologischen Bereich sowie über Veränderungen in Markt und Wettbewerb sollten den Key-Accounts ständig zur Verfügung gestellt werden. Wie die Informationen aufbereitet werden sollen, hängt maßgeblich von der Qualität und dem Entwicklungsstadium der Geschäftsbeziehung ab. Je älter und enger die Beziehungen sind, desto eher kann ein informeller Informationsaustausch gepflegt werden.

Bei Beschwerden oder Problemen der Kunden sollte das Key-Account-Team in der Lage sein, flexibel und unbürokratisch zu reagieren und einen maßgeschneiderten Kundendienst zu bieten. Empirische Studien weisen darauf hin, dass unzufriedene Kunden nicht sofort den Lieferanten wechseln, sondern erst nach mehrmaligen erfolglosen Reklamationen zur Konkurrenz abwandern.

8.2.5 Erfolgskontrolle

Die Erfolgskontrolle ist kein nachgelagerter Schritt innerhalb des Account-Managementprozesses, sondern stellt eine ständige Aufgabe des Key Account Managers dar, um die eigenen Aktivitäten hinsichtlich ihrer Effizienz zu überprüfen. Je nach Stufe des Prozesses können verschiedene Kennziffern dazu beitragen, den Erfolg der Maßnahmen zu belegen bzw. bei der Verfehlung der Vorgaben und Ziele Gegenmaßnahmen einzuleiten.

Ständig zu kontrollierende Erfolgsgrößen sind der Umsatz pro Key-Account oder der beim Schlüsselkunde sichergestellte Deckungsbeitrag. Des Weiteren werden die Vorgaben aus der Aktionsplanung als Sollgrößen für die Durchführungsphase herangezogen. So geben Differenzen zwischen geplanten und realisierten Kontakten wichtigen Aufschluss über die tatsächliche Arbeitsweise der Mitarbeiter des Key-Account-Teams.

8.3 Systematik des Key Account Managements im Überblick

Die nachfolgende Übersicht zeigt den Inhalt der einzelnen Phasen des Accountplanes (Account-Management-Prozess) mit den entsprechenden Inhalten.

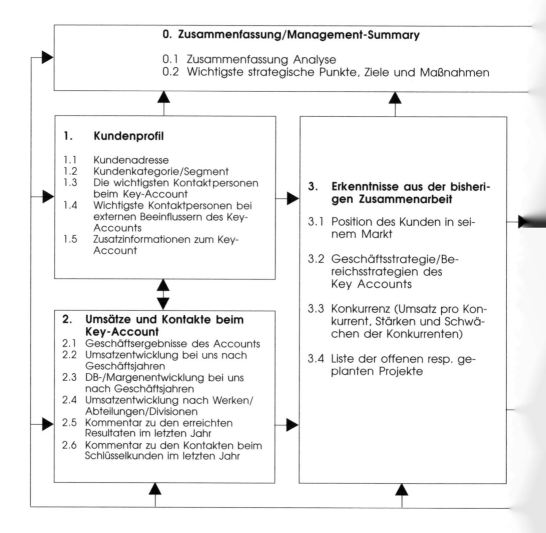

0. Zusammenfassung/Management-Summary

0.1 Zusammenfassung Analyse
0.2 Wichtigste strategische Punkte, Ziele und Maßnahmen

1. Kundenprofil

1.1 Kundenadresse
1.2 Kundenkategorie/Segment
1.3 Die wichtigsten Kontaktpersonen beim Key-Account
1.4 Wichtigste Kontaktpersonen bei externen Beeinflussern des Key-Accounts
1.5 Zusatzinformationen zum Key-Account

2. Umsätze und Kontakte beim Key-Account

2.1 Geschäftsergebnisse des Accounts
2.2 Umsatzentwicklung bei uns nach Geschäftsjahren
2.3 DB-/Margenentwicklung bei uns nach Geschäftsjahren
2.4 Umsatzentwicklung nach Werken/ Abteilungen/Divisionen
2.5 Kommentar zu den erreichten Resultaten im letzten Jahr
2.6 Kommentar zu den Kontakten beim Schlüsselkunden im letzten Jahr

3. Erkenntnisse aus der bisherigen Zusammenarbeit

3.1 Position des Kunden in seinem Markt

3.2 Geschäftsstrategie/Bereichsstrategien des Key Accounts

3.3 Konkurrenz (Umsatz pro Konkurrent, Stärken und Schwächen der Konkurrenten)

3.4 Liste der offenen resp. geplanten Projekte

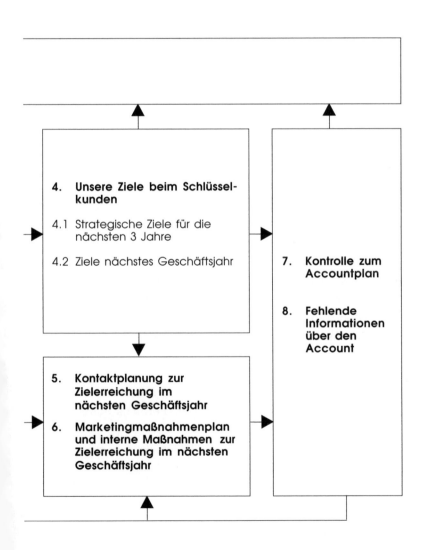

4. **Unsere Ziele beim Schlüssel-**
   kunden

4.1 Strategische Ziele für die
    nächsten 3 Jahre

4.2 Ziele nächstes Geschäftsjahr

5. **Kontaktplanung zur**
   Zielerreichung im
   nächsten Geschäftsjahr

6. **Marketingmaßnahmenplan**
   und interne Maßnahmen zur
   Zielerreichung im nächsten
   Geschäftsjahr

7. **Kontrolle zum**
   Accountplan

8. **Fehlende**
   Informationen
   über den
   Account

8.4   Inhalt und Ausgestaltung eines professionellen Accountplanes

8.4.1   Den Schlüsselkunden professionell dokumentieren

Die dargestellten Inhalte eines Accountplanes werden systematisch gesammelt und aufbereitet. So kann sichergestellt werden, dass alle wichtigen Informationen aufbereitet und strukturiert vervollständigt werden.

Die Autoren haben ein in der Praxis mehrmals getestetes Arbeitsformular entwickelt, welches als Basis für die Ausgestaltung des Accountplanes dient. Einzelne Punkte müssen jeweils firmenspezifisch angepasst werden. Vom Grundsatz her kann das nachfolgende Muster in allen Branchen angewendet werden.

Beim Ausfüllen gilt es, folgende wichtige Merkpunkte zu beachten:

1. Beim Ausfüllen des Accountplanes ist auf das Management-Summary, auf die Kontaktpersonen beim Key-Account, auf die Analyse der bisherigen Resultate, auf die Erkenntnisse aus der bisherigen Zusammenarbeit, auf die Ziele für das nächste Geschäftsjahr sowie auf die Maßnahmenplanung besonderer Wert zu legen.

2. Sollten Informationen fehlen, dann können Arbeitskollegen (Vorgesetzter, Techniker, Rechnungswesen etc.) oder vorhandene Dokumente (Geschäftsberichte, Protokolle etc.) wertvolle Informationslieferanten sein. Sollten Ihnen konkrete Zahlen fehlen, reichen bereits Schätzungen, um erste Schlüsse zu ziehen.

3. Informationen, welche nicht beschafft werden konnten und als sehr wichtig erscheinen, sind separat aufzulisten (Formular Punkt 8).

4. Wenn Deckungsbeiträge oder Margen fehlen, dann begnügt man sich in einer ersten Phase mit der Auflistung der Umsätze (oder Auftragseingänge).

5. Zu den Begriffen:

- *Projekte* sind neue Angebote resp. Offerten, welche dem Kunden unterbreitet wurden.

- *Interne Beeinflusser* sind Personen, welche den Entscheidungsprozess beeinflussen. Entscheider resp. Mitentscheider sind Personen, welche die definitive Kaufentscheidung treffen. Die Rollen der Personen innerhalb des Buying-Centers müssen richtig erkannt werden, um sich in der Bearbeitung auf jene Personen zu konzentrieren, welche neben der formalen Wichtigkeit auch die effektive Macht im Buying-Center ausüben. Details zu den Rollen innerhalb des Buying-Centers sind in Kapitel 9, »Verkauf von Großprojekten«, enthalten.

- *Externe Beeinflusser* sind Personen, welche den Kunden als externe Spezialisten bei seiner Kaufentscheidung »beeinflussen«.

- Der *Kaufentscheidungsprozess* ist der Ablauf von der Anfrage bis zum definitiven Auftrag beim Kunden (Stufen und involvierte Stellen).

- *Ziele* sind das messbare Resultat am Ende einer Periode.

- *Meilensteine* sind die wichtigsten Schritte zum Erreichen eines Zieles. Der letzte Meilenstein deckt sich praktisch immer mit dem Termin des Zieles.

6. Es ist zu beachten, dass sich der Accountplan nur auf einen Kunden bezieht, welcher aber durchaus verschiedene Werke, Divisionen, Abteilungen etc. haben kann. Nötigenfalls werden pro Werk/Division/Abteilung einzelne Punkte separat ausgearbeitet.

7. Auf den ersten Blick scheint der Accountplan mit viel Arbeit verbunden zu sein. Bei genauerer Betrachtung stellt man allerdings fest, dass sich der Aufwand in Grenzen hält, wenn man den Key-Account gut kennt. In diesem Falle sollte eine erste Fassung des Accountplanes in maximal fünf Stunden erarbeitet sein.

8. Wo sinnvoll, sollen auch Vorgesetzte, GL-Mitglieder, Kollegen etc. für eine optimale Betreuung des Kunden eingesetzt werden.

MUSTER AG

Accountplan/Schlüsselkunden-Plan Jahr 1 bis Jahr 3

für den Account/Kunden: ....

Major-Account   Key-Account   Target-Account
(internationaler Top-Kunde)   (Top-Kunde)   (potenzieller Key-Account)

Verfasser/Bearbeiter:... Funktion: ....

Datum:.. Überarbeitet:..

Review (intern):.. Review mit Kunden: ....

Account-Team: Key Account-Manager: .... Techn. Mitarbeiter:.......................

                   GL-Pate: .... Vorgesetzter des KAM:...................

                   Verkaufsaußendienst: .... Verkaufsinnendienst: ....

Wichtig: – Wenn Ihnen Informationen fehlen resp. wenn Sie diese nicht schnell beschaffen können, dann listen Sie diese im Formular-Nr. 8 auf
          – Kontaktieren Sie Kollegen, welche über den Account ebenfalls Bescheid wissen.

Definition »Key-Account« gemäß den Vorgaben des unternehmenseigenen Verkaufs- oder KAM-Konzeptes

Zusammensetzung des KAM-Teams von Unternehmen zu Unternehmen resp. von Kunde zu Kunde individuell

| Kunde/Account: | Division/Abteilung: | Datum: | Bearbeiter: | Seite: 3 |

0. Management-Summary (erst zum Schluss ausfüllen)

0.1 Zusammenfassung Analyse

Analyse/Punkte	Positive Punkte (Stärken/Chancen)	Negative Punkte (Gefahren/Schwächen)
Kunde		
Muster AG		

0.2 Wichtigste strategische Punkte, Ziele und Maßnahmen

Kriterium	Ziele/Fokuspunkte	Begründung
Strategische Ziele der nächsten 3 Jahre		
Umsatzziele nächstes Jahr		
Wichtigste Maßnahmen nächstes Jahr		

0.3 Anträge an das Management

Stichwort	Beschreibung	Begründung

Das Management-Summary soll keine neuen Aspekte und Informationen enthalten, sondern lediglich den Accountplan auf einer Seite zusammenfassen!

TIPP:
Füllen Sie das Management-Summary als letzten Punkt des Accountplanes aus.

Kunde/Account:	Division/Abteilung:	Datum:	Bearbeiter:	Seite: 4

1. Kundenprofil

1.1 Kundenadresse

		KAM-Muster AG	
Firma			
Postfach		VAD	
Straße		VID	
PLZ/Ort		Vorgesetzter KAM	
evtl. Sprache		GL-Pate	

1.2 Kundenkategorie/Segment

Kunden-Kategorie ❑ Major-Account ❑ Key-Account ❑ Target-Account   Kunden-Nummer

Kunde seit: Branche

1.3 Die wichtigsten Kontaktpersonen beim Key-Account

Vorname	Name	Werk/Abteilung	Funktion	Rolle[1]	Telefon	Fax	E-Mail

[1] z. B. Entscheider, Mitentscheider, interner Beeinflusser, Fan von Muster AG/Konkurrent X, wichtigster Mitentscheider (»Fuchs«)

Je nach verwendetem Informationssystem sind die Angaben zum Kundenprofil bereits in der Datenbank vorhanden. In diesem Fall kann diese Seite durch einen entsprechenden Ausdruck ersetzt werden.

Die Bestimmung der Rollen ist ein wichtiger Teil des Accountplanes, um zu erkennen, wer im Rahmen des Entscheidungsprozesses tatsächlich entscheiden kann. Die Bestimmung der Rollen ist auf die für das Key Account Management relevanten Entscheidungen zu beziehen!

Es werden in der Regel folgende Rollen unterschieden:

- **Entscheider:** Person, welche die definitive Kaufentscheidung trifft
- **Mitentscheider:** Person, welche mit dem Entscheider wesentlich an der Entscheidungsfindung beteiligt ist
- **Interner Beeinflusser:** Person, welche im Rahmen des Kaufentscheidungsprozess die Entscheider und/oder Mitentscheider beeinflusst
- **Fan:** Person, welche entweder ein ausgesprochener Befürworter unseres Unternehmens oder der Mitbewerber sind
- **Fuchs:** Beim Fuchs handelt es sich um den wichtigsten Mitentscheider. Es handelt sich um Personen, welche wesentlichen Einfluss auf die Entscheidungen im Unternehmen ausüben.

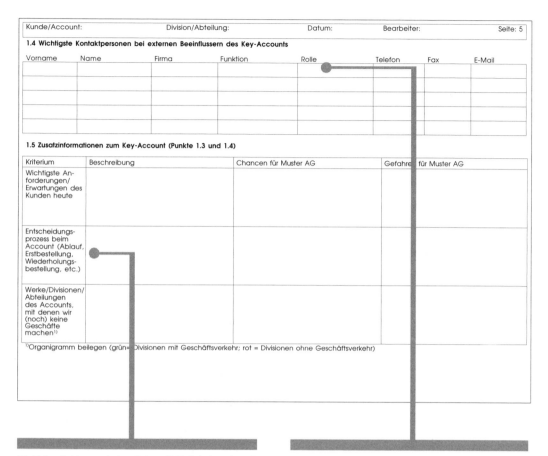

Kunde/Account:		Division/Abteilung:		Datum:		Bearbeiter:		Seite: 5

1.4 Wichtigste Kontaktpersonen bei externen Beeinflussern des Key-Accounts

Vorname	Name	Firma	Funktion	Rolle	Telefon	Fax	E-Mail

1.5 Zusatzinformationen zum Key-Account (Punkte 1.3 und 1.4)

Kriterium	Beschreibung	Chancen für Muster AG	Gefahren für Muster AG
Wichtigste Anforderungen/ Erwartungen des Kunden heute			
Entscheidungsprozess beim Account (Ablauf, Erstbestellung, Wiederholungsbestellung, etc.)			
Werke/Divisionen/ Abteilungen des Accounts, mit denen wir (noch) keine Geschäfte machen[1]			

[1]Organigramm beilegen (grün = Divisionen mit Geschäftsverkehr; rot = Divisionen ohne Geschäftsverkehr)

Die Unterscheidung zwischen Erst- und Wiederholungsbestellung ist in all jenen Fällen relevant, wo z. B. der zentrale Einkauf bestimmt, wer die 2 bis 3 Vorzugslieferanten sind, während die einzelnen Werke oder Tochtergesellschaften anschließend im Tagesgeschäft selber bestimmen können, bei welchem dieser Vorzugslieferanten bestellt werden soll.

Bei diesem Beispiel, das oft in der Investitionsgüterbranche anzutreffen ist, wird deutlich, dass der Key Account Manager anderen Entscheidern gegenübersteht, je nachdem ob es sich um die Listung eines neuen Produktes/Teiles handelt oder ob es um die Wiederholungsbestellung von »Ersatzteilen« geht. Das Projektteam wird im Falle der Listung eines neuen Produktes/ Teiles neben dem Key Account Manager einen technischen Mitarbeiter und ggf. den Vorgesetzten umfassen. Bei den Wiederholungsbestellungen werden dagegen neben dem Key Account Manager spezialisierte Innen- oder Außendienstmitarbeiter das Key-Account-Team bilden.

Die Rolle der externen Beeinflusser ist analog der Rolle der wichtigsten Kontaktpersonen zu bestimmen.

In Branchen, in denen externe Beeinflusser wesentlich an der Planung beteiligt sind, nehmen sie einen bedeutenden Einfluss auf die Wahl der Lieferanten, wie das folgende Beispiel verdeutlichen soll: Aus Sicht eines Heizungsunternehmens sind die Liegenschaftenverwaltungen von institutionellen Anlegern Key-Accounts. Oft verfügen diese Key-Accounts nicht über eigene Architekten und Planer, sondern arbeiten eng mit externen Planern zusammen. Bei Um- und Neubauten darf es das Heizungsunternehmen nicht unterlassen, die externen Planer in die Bearbeitung zu integrieren, weil diese Planer oft bereits eine Vorentscheidung bezüglich Heizsystem treffen (konventionelle Heizung, Wärmepumpe etc.).

Kunde/Account:	Division/Abteilung:	Datum:	Bearbeiter:	Seite: 6

2. Umsätze und Kontakte beim Key-Account

2.1 Geschäftsergebnisse des Accounts (Totalzahlen des Kunden gemäß Geschäftsbericht des Accounts etc.)

	Umsatz (Mio)	Mitarbeiter	Cashflow (in 1'000.– und %)	Gewinn (in 1'000.– und %)	ø Umsatz pro Mitarbeiter
Vor 3 Jahren					
Vor 2 Jahren					
Letztes Jahr					

2.2 Umsatzentwicklung bei Muster AG (in 1000.--) nach Produktgruppen und Geschäftsjahren

	Umsatztotal (in 1'000.--)	% Veränderung Vorjahr	Produktgruppe 1:	Produktgruppe 2:	Produktgruppe 3:	Produktgruppe 4:	Produktgruppe 5:
Vor 2 Jahren							
Letztes Jahr							
Budget laufendes Jahr							
Forecast laufendes Jahr							

2.3 DB-/Margenentwicklung bei Muster AG (in 1000.--) nach Produktegruppen und Geschäftsjahren

	DB-Total (in 1'000.--)	% Veränderung Vorjahr	Produktgruppe 1:	Produktgruppe 2:	Produktgruppe 3:	Produktgruppe 4:	Produktgruppe 5:
Vor 2 Jahren							
Letztes Jahr							
Budget laufendes Jahr							
Forecast laufendes Jahr							

2.4 Umsatzentwicklung bei Muster AG (in 1000.--) nach Abteilungen/Divisionen und Geschäftsjahren

	Zentrale (in 1'000.--)	% Veränderung Vorjahr	Abteilung/Division	Abteilung/Division	Abteilung/Division	Abteilung/Division	Abteilung/Division
Vor 2 Jahren							
Letztes Jahr							
Budget laufendes Jahr							
Forecast laufendes Jahr							

Die Teile 2.2 bis 2.4 des Accountplanes können oft durch Auszüge aus der eigenen Buchhaltung ersetzt werden.

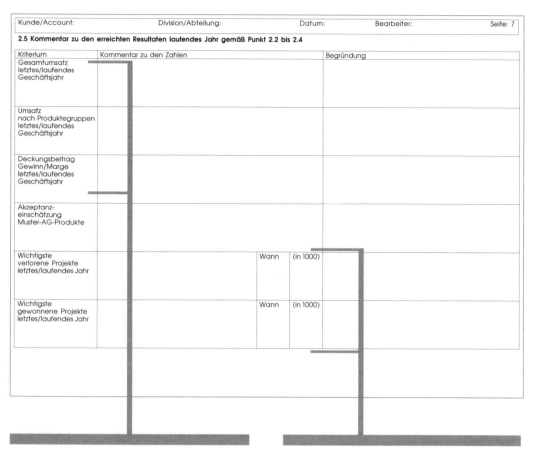

Kunde/Account:		Division/Abteilung:		Datum:	Bearbeiter:	Seite: 7

2.5 Kommentar zu den erreichten Resultaten laufendes Jahr gemäß Punkt 2.2 bis 2.4

Kriterium	Kommentar zu den Zahlen			Begründung
Gesamtumsatz letztes/laufendes Geschäftsjahr				
Umsatz nach Produktegruppen letztes/laufendes Geschäftsjahr				
Deckungsbeitrag Gewinn/Marge letztes/laufendes Geschäftsjahr				
Akzeptanz-einschätzung Muster-AG-Produkte				
Wichtigste verlorene Projekte letztes/laufendes Jahr		Wann	(in 1000)	
Wichtigste gewonnene Projekte letztes/laufendes Jahr		Wann	(in 1000)	

Die Kommentare zu den Zahlen sind wichtiger als die Zahlen selbst, weil Abweichungen erklärt und interpretiert werden können, wie die folgenden Beispiele zeigen:

- Ein Unternehmen bietet Wartungsverträge und kleinere Umbauten an. Während im letzten Jahr ein Umsatz ≥ 2 Mio. € realisiert wurde, fiel der Umsatz dieses Jahr um 50 % auf rund 1 Mio. €. Eine genauere Analyse der Zahlen, aufgeteilt auf die verschiedenen Produktgruppen, zeigt, dass im letzten Jahr ein großer Umbau allein 1,4 Mio. € Umsatz und die Wartungsarbeiten 0,65 Mio. € eingebracht haben. Dieses Jahr standen keine Umbauten an. Mit den Wartungsarbeiten allein wurde aber ein Umsatz von ca. 1 Mio. € realisiert.

- Anders wäre die Situation zu interpretieren, wenn festgestellt wird, dass im laufenden Jahr Umbauprojekte an die Konkurrenz verloren wurden (vgl. weiter unten).

- Die kombinierte Interpretation zwischen 2.1 und 2.2 erlaubt aufgrund des allgemeinen Geschäftsganges des Kunden festzustellen, welches Entwicklungspotenzial mit diesem Kunden in der Zukunft besteht (wachsen oder stagnieren die Gesamtumsätze des Kunden?).

Die Auswertung der wichtigsten verlorenen und gewonnenen Projekte im letzten/laufenden Jahr liefert wichtige Informationen über die Akzeptanz der eigenen Produkte und Lösungen. Zudem können Informationen zu den Lösungen der Konkurrenten und deren Stärken und Schwächen gewonnen werden. Gründe, welche zum Gewinn der Projekte führen können, sind u. a.: Langjährige, gute Beziehungen führen zu Sicherheit/Vertrauen, Liefertreue, Termintreue (-garantie), bessere Serviceleistungen, Lösungen decken die Kundenbedürfnisse besser ab. Der Preis wird lediglich in jenen Fällen als Argument genannt, wo nur die Produkte »geliefert« werden und keine Problemlösungen (vgl. Ausführungen zur gläsernen Decke in Kapitel 2).

Kunde/Account:	Division/Abteilung:	Datum:	Bearbeiter:	Seite: 8

2.6 Kommentar zu den Kontakten beim Schlüsselkunden im laufenden Jahr

Kriterien	Kommentar	Begründung
ca. Anzahl und Resultate Kontakte Geschäftsleitung und Vorgesetzte des Key Account Managers		
ca. Anzahl und Resultate Kontakte Key Account-Manager Muster AG		
ca. Anzahl und Resultate Kontakte technische Mitarbei-ter der Muster AG		
Qualität der Muster-AG-Beziehungen zu den wichtigsten Kontaktpartnern des Key-Accounts		
Wichtigste Personen bei Muster AG (Account-Team) zur Erfolgssicherung beim Account (Namen, Funktion)		

Neben den qualitativen Resultatanalysen ist eine Analyse des Beziehungsmanagements sehr wichtig. Die Praxis zeigt, dass eine hohe Korrelation zwischen Beziehungsmanagement und den erzielten Resultaten bei Key-Accounts besteht.

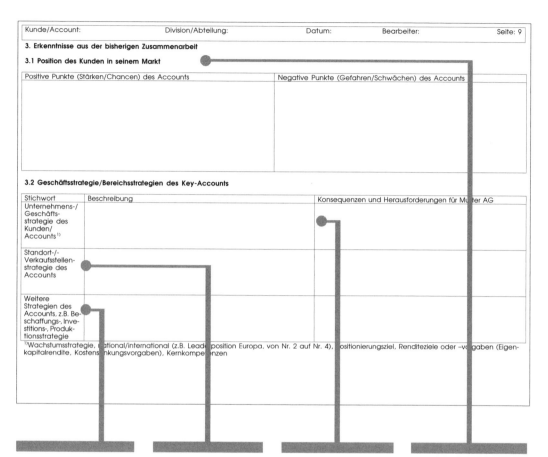

| Kunde/Account: | Division/Abteilung: | Datum: | Bearbeiter: | Seite: 9 |

3. Erkenntnisse aus der bisherigen Zusammenarbeit

3.1 Position des Kunden in seinem Markt

Positive Punkte (Stärken/Chancen) des Accounts	Negative Punkte (Gefahren/Schwächen) des Accounts

3.2 Geschäftsstrategie/Bereichsstrategien des Key-Accounts

Stichwort	Beschreibung	Konsequenzen und Herausforderungen für Muster AG
Unternehmens-/Geschäfts-strategie des Kunden/Accounts [1]		
Standort-/-Verkaufsstellen-strategie des Accounts		
Weitere Strategien des Accounts, z.B. Be-schaffungs-, Inve-stitions-, Produk-tionsstrategie		

[1] Wachstumsstrategie, national/international (z.B. Leaderposition Europa, von Nr. 2 auf Nr. 4), Positionierungsziel, Renditeziele oder –vorgaben (Eigen-kapitalrendite, Kostensenkungsvorgaben), Kernkompetenzen

Es gibt bezüglich der Beschaffungsstrategie viele Key-Accounts, welche offenlegen, dass sie sich nicht auf einen Lieferanten konzentrieren wollen, weil die Abhängigkeit zu groß wäre. Liegt eine solche Situation vor, besteht die Herausforderung darin, zum größten Lieferanten zu wachsen.

Dieser Punkt ist lediglich in jenen Fällen relevant, in denen der Account nach verschiedenen Standorten/Verkaufsstellen organisiert ist. Zu denken ist insbesondere an Großverteiler, Hotel- und Restaurantketten, Filialen von Reisebüros etc.

Beispiel: Der Key-Account plant die Expansion in den osteuropäischen Markt. Es ist erklärtes Ziel des Key-Accounts, bis in 3 Jahren in diesen Märkten die Leaderposition zu übernehmen.
Die Herausforderung für die Muster AG als Lieferant des Key-Accounts wäre z. B., im Gleichschritt mit dem Key-Account in den osteuropäischen Ländern zu wachsen.

TIPP:
Um diesen Punkt auszufüllen, muss die Brille des Kunden aufgesetzt werden: Mit welchen Chancen/Gefahren sieht sich der Schlüsselkunde in seinem Markt konfrontiert und über welche Stärken/Schwächen verfügt der Key-Account gegenüber seinen Mitbewerbern? Was diese Analyse auf die eigene Stellung und Ausrichtung für Auswirkungen hat, wird im Rahmen der Konsequenzen und Herausforderungen unter 3.2 beschrieben.

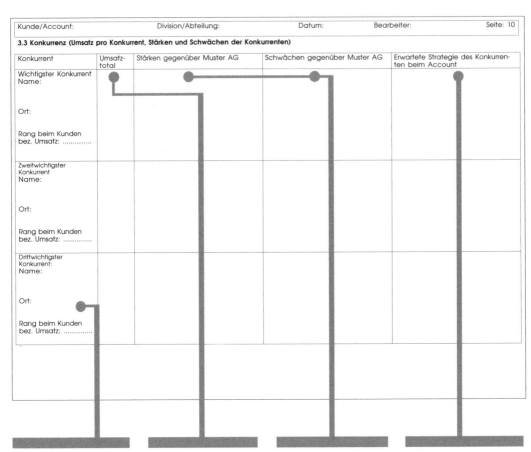

| Kunde/Account: | | Division/Abteilung: | Datum: | Bearbeiter: | Seite: 10 |

3.3 Konkurrenz (Umsatz pro Konkurrent, Stärken und Schwächen der Konkurrenten)

Konkurrent	Umsatz-total	Stärken gegenüber Muster AG	Schwächen gegenüber Muster AG	Erwartete Strategie des Konkurrenten beim Account
Wichtigster Konkurrent Name: Ort: Rang beim Kunden bez. Umsatz:				
Zweitwichtigster Konkurrent Name: Ort: Rang beim Kunden bez. Umsatz:				
Drittwichtigster Konkurrent: Name: Ort: Rang beim Kunden bez. Umsatz:				

Erfahrungen aus der Beratungspraxis zeigen, dass die Konzentration auf die drei wichtigsten Mitbewerber völlig ausreicht. Oft sehen sich Unternehmen im Key Account Management lediglich mit 1 bis 2 Konkurrenten konfrontiert.

Das Umsatztotal des Konkurrenten soll dessen Bedeutung im Markt und/oder beim Account aufzeigen. Diese Zahl kann meist aus den Geschäftsberichten oder aus Gesprächen gewonnen werden.

Stärken und Schwächen beziehen sich auf Produkte, Dienstleistungen, Preise, Konditionen, Beziehungsmanagement, Lieferfristen, Service, Support, geografische Nähe etc.

Wie beim strategisch-politischen Verkaufen (vgl. Kapitel 9) wird hier versucht, das Verhalten des Mitbewerbers zu bestimmen, um anschließend proaktiv agieren zu können.

| Kunde/Account: | Division/Abteilung: | Datum: | Bearbeiter: | Seite: 11 |

3.4 Liste der derzeit offenen resp. geplanten Projekte/Offerten

Abteilung/ Division	Projekt	Offertsumme	Datum Offerte	Abschluss/ Lieferbeginn	Chance in %[1]	Wichtigster Konkurrent	Unsere zentralen Stärken	Kommentar

[1] 0%=allg. Anfrage/Projektinformation, 25%=Richtofferte erledigt, präsentiert, Budget vorhanden 50%= noch 1/max. Mitbewerber im Rennen, 75%= def. Offerte präsentiert, wichtige Mitentscheider haben sich für Muster AG entschieden, 100%= Auftragsbestätigung an Kunde verschickt

Projekte sind zu verstehen als Aufgaben, welche außerhalb des Tagesgeschäftes fallen und etwas Einmaliges beinhalten. In Zusammenhang mit dem Key Account Management ist z. B. an folgende Projekte zu denken:

- Konsumgüterbranche: Erfolgreiche Listung eines neuen Produktes bei einem Großverteiler, ohne bisherige Produkte aus dem Sortiment zu streichen
- Dienstleistungsbranche: Abschluss/Auftrag in einer Abteilung des Key-Accounts, mit der bisher keine Umsätze erzielt wurden und keine Beziehungen vorhanden waren
- Investitionsgüterbranche/Business-to-Business-Bereich: Abschluss eines neuen Rahmenvertrages für die Lieferung sämtlicher Ersatzteile in den nächsten 5 Jahren

Die Angaben zu Offertsumme, Abschluss/Lieferbeginn und Chance in % können als Frühwarnindikatoren eingesetzt werden. Dank der Festlegung der Chancen in % kann ab der Anfrage festgestellt werden, in welchem Umfang sich die Anfrage auswirken wird. Eventuell benötigte zusätzliche Kapazitäten können frühzeitig bereitgestellt werden.

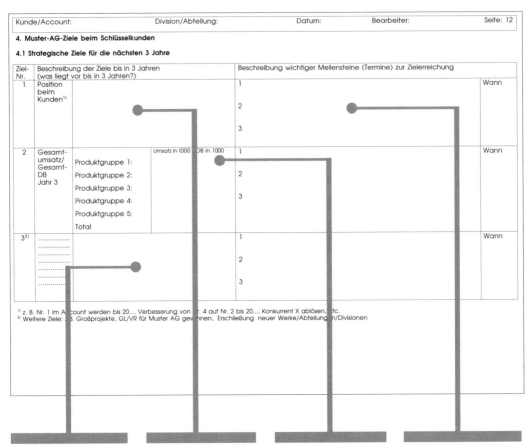

4. Muster-AG-Ziele beim Schlüsselkunden

4.1 Strategische Ziele für die nächsten 3 Jahre

Ziel-Nr.	Beschreibung der Ziele bis in 3 Jahren (was liegt vor bis in 3 Jahren?)	Beschreibung wichtiger Meilensteine (Termine) zur Zielerreichung		Wann
1	Position beim Kunden[1]	1 2 3		Wann
2	Gesamt-umsatz/ Gesamt-DB Jahr 3 — Umsatz in 1000 / DB in 1000 — Produktgruppe 1: Produktgruppe 2: Produktgruppe 3: Produktgruppe 4: Produktgruppe 5: Total	1 2 3		Wann
3[2]	....	1 2 3		Wann

[1] z. B. Nr. 1 im Account werden bis 20..., Verbesserung von Nr. 4 auf Nr. 2 bis 20..., Konkurrent X ablösen, etc.
[2] Weitere Ziele: 3. Großprojekte, GL/VR für Muster AG gewinnen, Erschließung neuer Werke/Abteilungen/Divisionen

Beispiel:
- Übernahme von Wartungsverträgen in weiteren Tochtergesellschaften des Key-Accounts
- Übernahme der gesamten Logistik für sämtliche Ersatzteile

Beispiel:
Innerhalb der nächsten 3 Jahre wollen wir bei diesem Großverteiler zum Hauptlieferanten für die Beleuchtung werden.

Anstelle des Deckungsbeitrages kann die Bruttomarge oder die Wertschöpfung eingesetzt werden.

Meilensteine:
1. Der externe Architekt ist von unserer Kompetenz überzeugt: bis in 1 Jahr
2. Zwei neue Filialen des Großverteilers werden ausgestattet: bis Juni nächsten Jahres
3. Rahmenvertrag als Hauptlieferant ist abgeschlossen: bis in 3 Jahren

| Kunde/Account: | Division/Abteilung: | Datum: | Bearbeiter: | Seite: 13 |

4.2 Ziele nächstes Geschäftsjahr (Umsatz nach Produktgruppen, DB nach Produktgruppen[1], konkrete Projekte, Umsatz Abteilungen etc.)

Ziel-Nr.	Beschreibung des Zieles (Resultate, End-/Zwischentermine)					Begründung/Kommentar
4	**Umsatzziele** nach Produktgruppen für das nächste Geschäftsjahr:					
	Produktgruppen	Umsatz (in 1000)	Wachstum %	DB (in 1000)	Wachstum %	
	Produktgruppe 1:					
	Produktgruppe 2:					
	Produktgruppe 3:					
	Produktgruppe 4:					
	Produktgruppe 5:					
	Total:					
5	**Umsatz- und DB-Ziele** nach Divisionen/Abteilungen beim Key-Account Jahr 1:					
	Divsion/Abteilungen	Umsatz (in 1000)	Wachstum %	DB (in 1000)	Wachstum %	
	Division 1:					
	Division 2:					
	Division 3:					
	Division 4:					
	Division 5:					
	Total:					
6	**Ziele zu wichtigen Projekten im nächsten Jahr (Auftragseingang pro Projekt/Vergleiche Punkt 3.4):**					
	Projekt/Division: ....: WE (in 1000)...................bis......................					
	Projekt/Division: ....: WE (in 1000)...................bis......................					
	Projekt/Division: ....: WE (in 1000)...................bis......................					
	Projekt/Division: ....: WE (in 1000)...................bis......................					

Die relevanten Produktgruppen resp. Teilmärkte sind aus den Unternehmens- oder Marketingstrategien zu übernehmen. Die Aufteilung auf einzelne Produktgruppen macht dann Sinn, wenn der Zustand und die zukünftigen Resultate pro Key-Account messbar sind. Anstelle von Produktgruppen kann in bestimmten Branchen mit Prozessen gearbeitet werden (z. B. grafische Industrie: Kreation, Vorstufe, Druck, Weiterverarbeitung).

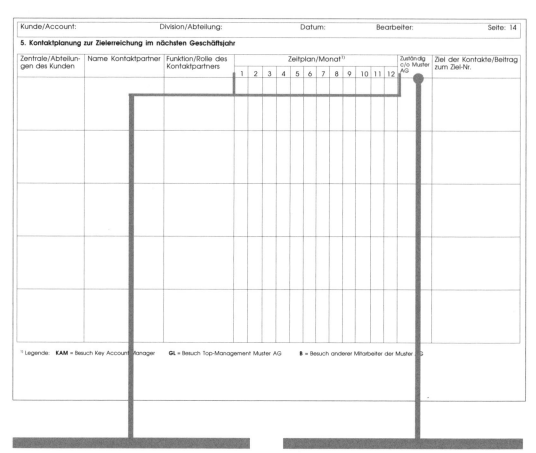

| Kunde/Account: | | Division/Abteilung: | | Datum: | Bearbeiter: | Seite: 14 |

5. Kontaktplanung zur Zielerreichung im nächsten Geschäftsjahr

Zentrale/Abteilungen des Kunden	Name Kontaktpartner	Funktion/Rolle des Kontaktpartners	Zeitplan/Monat[1]												Zuständig c/o Muster AG	Ziel der Kontakte/Beitrag zum Ziel-Nr.
			1	2	3	4	5	6	7	8	9	10	11	12		

[1] Legende: **KAM** = Besuch Key Account Manager **GL** = Besuch Top-Management Muster AG **B** = Besuch anderer Mitarbeiter der Muster AG

Die Planung sämtlicher Kontakte zwischen Mitarbeitern des eigenen Unternehmens und Mitarbeitern des Key-Accounts obliegt dem Key Account Manager. Er koordiniert die Kontakte und sollte von jedem Kontakt ein Feedback über den Ausgang erhalten.

Der Key Account Manager plant neben seinen eigenen Kontakten sämtliche Kontakte aller Mitglieder des KAM-Teams, d. h. auch die Kontakte des Top-Managements. Damit sollte sichergestellt werden, dass Terminkollisionen möglichst vermieden werden.

| Kunde/Account: | | Division/Abteilung: | | Datum: | | Bearbeiter: | | Seite: 15 |

6. Marketingmaßnahmenplan und interne Maßnahmen zur Zielerreichung im nächsten Geschäftsjahr

Zentrale/Abteilungen des Kunden bzw. interne Stellen	Nr. Maß-nahme	Beschreibung Aktivitäten/Maßnahmen [1]	Beitrag zu Ziel-Nr. vgl. Pkt. 4	Zuständig c/o Muster AG	Genauer Endtermin	Begründung	Budget
Änderungen gegenüber Titelseite des Account-Teams Muster AG (Mitglieder)		KAM: VAD: VID: Techn. Mitarbeiter: GL-Pate:					

[1] Events, Mailings, Projekte, Dokumentationen, Essen, Veranstaltungen, Messen, Seminare, Verkauf, Organisation, Zuständigkeiten, Lösungsentwicklung etc.

Neben externen Marketingmaßnahmen, welche speziell für diesen einen Key-Account durchgeführt werden (vgl. Checkliste mögliche Maßnahmen pro Schlüsselkunde), sollen auch interne Maßnahmen geplant werden.

Interne Maßnahmen können sich auf die Zusammensetzung des Account-Teams, interne Schulungen der eigenen Mitarbeiter, Reviewgespräche mit dem gesamten Account-Team etc. beziehen.

Kunde/Account:		Division/Abteilung:		Datum:	Bearbeiter:		Seite: 16

7. Kontrolle zum Accountplan: _____ per _____

Ziele und Aktionspläne inkl. Endtermine	Ziel Nummer/ Maßnahme- Nummer	Resultat/Stand per _____ (Soll-Ist-Vergleich)	Konsequenzen (inkl. Termine)	Bewertung 1 = wertlos 2 = sehr gut

Datum: _____

Vorgesetzter/»Pate GL«: _____

Datum: _____

Visum Key Account-Manager: _____

Visum Teammitglieder: _____

Dieses Formular dient der internen Kontrolle der geplanten Ziele mit dem Key-Account. In der Regel trifft sich der Key Account Manager mit seinem Vorgesetzten ca. 4x pro Jahr, um die bisher erreichten Resultate miteinander zu diskutieren. Bei relevanten Zielabweichungen können gemeinsam Maßnahmen und Konsequenzen definiert werden.

Die Bewertung bezieht sich auf getroffene Maßnahmen und deren Wirksamkeit in Bezug auf die Zielerreichung.

| Kunde/Account: | | Division/Abteilung: | Datum: | Bearbeiter: | | Seite: 17 |

8. Fehlende Informationen über den Account

Stichwort	Beschreibung der fehlenden Informationen	Weiteres Vorgehen	Wichtigkeit der fehlenden Informationen 1 - 10[1]	Zuständig	Termin

[1] 10 = sehr wichtige Information für die Erfolgssicherung
1 = unwichtige Information für die Erfolgssicherung

Wird der Accountplan zum ersten Mal für einen Schlüsselkunden ausgefüllt, stellt der Key Account Manager rasch fest, dass noch nicht alle Informationen vorhanden sind.

Dieses Formular soll als Erinnerungsstütze dienen. Fortlaufend können hier die fehlenden Informationen notiert werden. Beim nächsten Besuch beim Key-Account genügt ein Blick auf diese Seite, um sich zu vergegenwärtigen, welche Informationen durch geschickte Fragen noch beschafft werden müssen. Gleichzeitig kann die Liste mit den fehlenden Informationen den anderen Mitgliedern des Key-Account-Teams weitergegeben werden. Beim nächsten Kontakt mit dem Key-Account können die übrigen Mitglieder des KAM-Teams ebenfalls versuchen, die fehlenden Informationen zu beschaffen.

Mit der Angabe der Prioritäten bezüglich Wichtigkeit der fehlenden Informationen wird der Erfolgsgrundsatz der Konzentration der Kräfte (vgl. Kapitel 2) beachtet. Besonders wichtige Informationen müssen dringender und konsequenter beschafft werden als unwichtige Informationen.

8.4.2 Der Einsatz des Accountplanes in der Praxis

Eine von den Autoren durchgeführte Umfrage bei international tätigen Unternehmen aus verschiedenen Branchen hat gezeigt, dass der Schlüsselkundenplan in der oben beschriebenen Form offenbar bereits weit verbreitet ist. Über 60% der Befragten gaben an, einen Accountplan für die Betreuung der Schlüsselkunden einzusetzen. Wie so oft in der Betriebswirtschaftlehre werden in der Praxis die unterschiedlichsten Begriffe für die Schlüsselkundenpläne verwendet: Businessplan, Geschäftsplan pro Kunde, Accountplan, Promotionsplan, Account-Managementprozess.

Der Begriff Promotionsplan wird v. a. von den Vertretern der Konsumgüterindustrie verwendet und deutet bereits auf den Inhalt. Diese Promotionspläne konzentrieren sich v. a. auf die Planung der Werbe- und Verkaufsförderungsmaßnahmen für das kommende Jahr, während detaillierte Analysen und die strategischen Zielsetzungen weitgehend fehlen. Insgesamt wurde aus der Befragung deutlich, dass sich die Accountpläne hauptsächlich auf die Planung des nächsten Geschäftsjahres konzentrieren, während die strategische Planung für den Schlüsselkunden, d. h. die längerfristigen Zielsetzungen und Absichten, oft fehlt.

Die Ergebnisse der Umfrage decken sich mit den Erfahrungen aus der Praxis der Autoren, wie das folgende Beispiel eines führenden Herstellers aus der Nahrungsmittelbranche verdeutlicht.

Beispiel: Optimierung des Einsatzes des Accountplanes beim Schlüsselkunden

An den Jahrespräsentationen bei den Schlüsselkunden werden sogenannte Businesspläne vorgestellt und mit dem Kunden diskutiert. Der Businessplan wird nach der Erarbeitung weder von den Kunden noch vom Key Account Manager als Arbeitsinstrument genutzt. Wegen der Einmaligkeit der Verwendung des Businessplanes und der geringen Kundenspezifizierung findet während des Jahres kaum eine Identifikation mit dem Businessplan statt.

Der Begriff Businessplan ist zudem nicht besonders glücklich gewählt und könnte vom Namen her auf einen anderen Inhalt schließen lassen.

Effektiv ist der Businessplan in der vorliegenden Form ein reines Analyseinstrument. Angaben zu den angestrebten Zielen und den geplanten Maßnahmen sind nicht schriftlich fixiert.

Für den Kunden stellt die jährliche Präsentation des Businessplans seitens des Key Account Managers eine Entlastung dar, denn ein Teil der Analysearbeiten wird ihm abgenommen und Trends können dargestellt werden. Die gute Zahlenaufbereitung der jetzigen Businesspläne ist eine Stärke.

Daneben fehlt dem Businessplan die Einzigartigkeit. Die Produktanalyse ist z. B. entsprechend der internen Systematik aufgebaut und nimmt auf die Gegebenheiten beim Kunden zu wenig Rücksicht. Eine weitere Schwäche ist beim Bonussystem für die Kunden auszumachen. Durch einen großen Lagerkauf am Jahresende kann z. B. das Bonusziel erreicht werden, dies führt aber zu einem Umsatzeinbruch in den ersten Monaten des folgenden Jahres (Lageraufstockung am Jahresende).

Das Ziel besteht darin, den Businessplanes zu überarbeiten, um:

- kundenrelevante Kennzahlen und -größen zu bestimmen,
- den Businessplan (oder besser Accountplan) als Arbeitsinstrument zu gestalten,
- attraktive Quartal-Reviews zu gestalten.

Der neue Accountplan gliedert sich im Wesentlichen in folgende Bereiche:
0. Management-Summary
1. Kundenprofil
2. Umsatzanalyse und Finanzstruktur des Key-Accounts
3. Firmenorganisation des Accounts
   (inkl. Angaben zu Filialen und evtl. Tochterfirmen)
4. Learnings/Erkenntnisse aus der bisherigen Zusammenarbeit
5. Kritische Erfolgsfaktoren (wichtigste Herausforderungen für den Schlüsselkunden und für die Firma bei diesem Schlüsselkunden)
6. Ziele bei diesem Schlüsselkunden (mittelfristig für die nächsten 3 Jahre und kurzfristig für das nächste Geschäftsjahr)
7. Schwerpunktaktivitäten für das nächste Geschäftsjahr
8. Maßnahmenübersicht
9. Kontaktplanung für das nächste Geschäftsjahr
10. Review zum Accountplan (d. h. Termine für die Quartal-Reviews beim Account)

Mit dem neuen Accountplan konnten folgende Resultate erzielt werden:
- Erfolgreiche Jahrespräsentation, Ziele für das nächste Jahr wurden problemlos akzeptiert, obwohl die Ziele 10% über den Ergebnissen des Vorjahres lagen. Der Key-Account konnte anhand der Präsentation nicht nur die »Fehler« des vergangenen Jahres erkennen; der Key Ac-

count Manager konnte anhand der Schwerpunktaktivitäten und der Maßnahmenübersicht auch darstellen, welche Maßnahmen ergriffen werden, um den Kunden bei der Zielerreichung zu unterstützen.

■ Das Problem der Lageraufstockung am Jahresende wurde behoben, indem nicht mehr Jahres-, sondern kumulierte Quartalsziele mit dem Key-Account vereinbart wurden. Dies ermöglicht dem Schlüsselkunden, frühzeitig während des Jahres zu erkennen, wo er bezüglich der Zielerreichung steht. Bei Differenzen können bereits während des Jahres Korrekturmaßnahmen bestimmt werden.

■ Das Bonussystem konnte dank der Quartalsziele transparenter und einfacher gestaltet werden.

■ Während der Quartal-Reviews wurde der Accountplan herbeigezogen, um festzustellen, ob die geplanten Maßnahmen tatsächlich realisiert wurden und welche Erfolge sie zeitigten.

■ Der Accountplan kann gleichzeitig als Arbeits-, Führungs- und Kontrollinstrument eingesetzt werden.

8.4.3   Der Accountplan in geraffter Version

Der im obigen Beispiel dargestellte Accountplan sammelt und analysiert sämtliche Informationen, welche für eine individuelle, lösungsorientierte Bearbeitung der Schlüsselkunden nötig sind. In diesem Umfang und Detaillierungsgrad eignet sich der Accountplan hauptsächlich bei den 2 bis 3 wichtigsten Kunden pro Schlüsselkunden-Betreuer oder bei Umsätzen ≥ 1 bis 2 Mio. €. Bei kleineren Schlüsselkunden oder bei Target-Accounts kann es sinnvoll sein, sich in einer ersten Phase auf die Erarbeitung eines »Mini-Accountplanes« zu konzentrieren, v. a. wenn noch nicht klar ist, welche Bedeutung der Kunde in Zukunft haben wird. Entscheidend ist, dass dieser »Mini-Accountplan« in einer zweiten Phase ohne großen Aufwand in den ausführlichen Accountplan umgewandelt werden kann.

Das Beispiel auf der folgenden Seite zeigt einen möglichen Aufbau eines solchen »Mini-Accountplanes«. Auf den ersten Blick scheint der »Mini-Accountplan« weniger Aufwand für die Erarbeitung zu verursachen. Allerdings trügt der Eindruck, denn das konzentrierte Raster fordert den Bearbeiter heraus, die Aussagen gleichzeitig konkret und fokussiert auszuarbeiten. Andernfalls verliert der Accountplan seine Aussagekraft und wird zur reinen Alibiübung, deren Sinn von den Bearbeitern nicht erkannt wird.

Kunde/Account:	Bearbeiter:	Datum:	Version:

»Mini«-Account Plan Jahr ... bis Jahr ...

für den Account: ....   **Segment:** ....

Adresse: ....   **PLZ/Ort:** ....

❑ Key Account/Schlüsselkunde   ❑   Target-Account (potenzieller Key Account in 1 – 3 Jahren, heute: Kleinkunde oder Nichtkunde)

1. Management Summary (am Schluss ausfüllen)

3 wichtigste Heraus-forderungen des Kunden in seinem Markt	1.					
	2.					
	3.					
Unsere **3 wichtigsten Er-kenntnisse** aus der bisherigen **Zusammenarbeit** (Resultate etc.)	1.					
	2.					
	3.					

		-1 Jahr:..	Laufendes Jahr:..	+1 Jahr:...	+2 Jahre:...	+3 Jahre:...
3 wichtigsten Ziele beim Key Account	1. Umsatz					
	2. DB					
	3.					

	Beschrieb			Summe in Fr. 1000.-	Datum Auftrags-eingang
≤ 3 Top-Projekte/Aufträge, die wir gewinnen wollen	1.				
	2.				
	3.				

	Beschrieb		Wer	Wann	Budget
Unsere **3 wichtigste Maßnahmen zur Ziel-erreichung** im nächsten Geschäftsjahr beim Kunden und intern	1.				
	2.				
	3.				

		Ja	Nein
Meine **≤ 3 konkreten An-träge** an das Management (zu Zielen, Ressourcen, Maßnahmen, Budget)	1.	❑	❑
	2.	❑	❑
	3.	❑	❑

2. Wichtigste Informationen über den Key Account (Marktposition, Trends, Strategien, Erwartungen)

Marktposition und **Image** des Key Accounts in **seinem Markt** (inkl. Marktanteile des Key Accounts)		❑ Chance für uns ❑ Gefahr für uns
Chancen und Gefahren des Key Accounts in seinem Markt		❑ Chance für uns ❑ Gefahr für uns
Finanzielle Situation des Key Accounts (Umsatz-entwicklung, Cash Flow, Rendite, Bonität, etc.)		❑ Chance für uns ❑ Gefahr für uns
SEPs/Kernkompetenzen und **Herausforderungen** des Key Accounts in seiner Prozesskette[1]		❑ Chance für uns ❑ Gefahr für uns
Angaben zur **Unternehmens- und Marketing-strategie** des Key Accounts (Kernkompetenzen, Wachstum, Internationali-sierung, etc.)		❑ Chance für uns ❑ Gefahr für uns
Angaben zu **Teilstrategien** der Key Accounts (z. B. Produktion, Entwicklung, Vertrieb/ Marketing/Standorte etc.)		❑ Chance für uns ❑ Gefahr für uns
Einkaufsstrategie des Key Accounts (Insourcing, Outsourcing, Spielregeln für Lieferanten)		❑ Chance für uns ❑ Gefahr für uns
Einkaufsvolumen des Key		❑ Chance

---

[1] Gemäß **Beiblatt** zur »Analyse der Kundenprozesse«

| Kunde/Account: | | Bearbeiter: | | Datum: | | Version: |

Accounts pro Jahr (Umsatz aller Lieferanten)			für uns ☐ Gefahr für uns ☐ Chance
Wichtigste **Erwartungen/ Bedürfnisse** des Key Accounts			für uns ☐ Gefahr für uns ☐ Chance
Wie ist der **Entscheidungsprozess** geprägt (Ablauf, Periodizität etc.)?			für uns ☐ Gefahr für uns ☐ Chance

Wichtigste **5 – 10 Kontaktpartner**[2] beim Key Account in der **Vergangenheit** (wer ist Entscheider, Mitentscheider, interner/externer Beeinflusser?)	Name/Vorname/Funktion	Rolle[3]	Geschäftliche und persönliche Interessen[4] pro Schlüsselspieler	Zusatzinformationen

3. Umsatz- und Projektanalyse beim Key Account (letzte 2 Geschäftsjahre und Forecast laufendes Geschäftsjahr)
3.1. Umsatzanalyse nach Teilmärkten (vgl. Strategie)

Produktgruppen	-2 Jahre:..		-1 Jahr:..		Laufendes Jahr:..		Kommentar und Begründungen zur Umsatz- und DB-Entwicklung
	U	DB	U	DB	U	DB	
Produktgruppe 1:							
Produktgruppe 2:							
Produktgruppe 3:							
Produktgruppe 4:							
Produktgruppe 5:							
Gesamttotal							

U = Umsatz in Fr. 1000.-   DB = DB in Fr. 1000.-

3.2. Analyse Projekte/Grossaufträge (Analyse der wichtigsten definitiv gewonnener/verlorener Aufträge/Projekte in den letzten 12 – 18 Monaten)

	Kurzbeschrieb des Projektes	Auftragseingang (Wann)	Umsatz in 1000.-	DB in Fr. 1000.-	Konkrete Begründung für Erfolg/Misserfolg/ Ergänzende Hinweise
Wichtigste **gewonnene Aufträge/Projekte** im letzten/laufenden Geschäftsjahr	1.				
	2.				
	3.				
Wichtigste **verlorene Aufträge/Projekte** im letzten/laufenden Geschäftsjahr	1.				
	2.				
	3.				

4. Bewertung der «derzeit» offenen Projekte/Angebote/Offerten

Beschrieb Projekt/Grossauftrag	Datum Offerte	Offertsumme in 1000.-	Geplanter Abschlusstermin	Unsere Chancen in %[5]	Kommentar zu den Erfolgschancen (Wichtigster Konkurrent/Unsere zentralen Stärken (+)/Schwächen (-), Zusatzhinweise, etc.)

---

[2] Basis: **Beiblatt** «Buying Center zum Account Plan»
[3] Entscheider, Mitentscheider, Beeinflusser
[4] **Geschäftliche Interessen** (Kosten, Ertrag, QM etc.) und **persönliche Interessen** (Jobsicherung, Karriere etc.)
[5] **0%** = allg. Anfrage / Projektinformation; **25%** = Richtofferte erledigt und präsentiert, Budget vorhanden; **50%** = max. 1 Mitbewerber im Rennen; **75%** = definitive Offerte präsentiert, wichtige Mitentscheider haben sich für uns entschieden; **100%** = Auftragsbestätigung an Kunde verschickt

Kunde/Account:	Bearbeiter:	Datum:	Version:

5. Konkurrenzanalyse/Mitbewerberanalyse beim Key Account

Konkurrent	Umsatz beim Key Account im Vorjahr (in Fr. 1000.-)	Stärken gegenüber uns[6]	Schwächen gegenüber uns[6]
Wichtigster Konkurrent Name: .... Ort: .... Spezialität: .... Nr. ... beim Key Account	Produktgruppe 1: Produktgruppe 2: Produktgruppe 3: Produktgruppe 4: Produktgruppe 5: **Total**		
Zweitwichtigster Konkurrent Name: .... Ort: .... Spezialität: .... Nr. ... beim Key Account	Produktgruppe 1: Produktgruppe 2: Produktgruppe 3: Produktgruppe 4: Produktgruppe 5: **Total**		
Drittwichtigster Konkurrent Name: .... Ort: .... Spezialität: .... Nr. ... beim Key Account	Produktgruppe 1: Produktgruppe 2: Produktgruppe 3: Produktgruppe 4: Produktgruppe 5: **Total**		

6. Wichtigste Erkenntnisse für unser Unternehmen aus der bisherigen Zusammenarbeit

Stichworte zur Zusammenarbeit zwischen uns und dem Key Account	Beschrieb des **Ist-Zustandes** und **Bewertung** (+ = Stärke/Chance, - = Schwäche/Gefahr)	**Learnings/Erkenntnisse/Herausforderungen** als Basis für die (weitere) **Zusammenarbeit/Herausforderungen** für uns in der Zukunft
Qualität unserer (bisherigen) **Beziehungen** zum Key Account ☺ ☺ ☹		
Kommentar zu bisherigen **Ergebnissen/Resultaten/Projekterfolgen** beim Key Account (Umsatz, DB etc.) ☺ ☺ ☹		
Wichtigste **Flops** und **Tops** beim Key Account (in den letzten 12 Monaten) ☺ ☺ ☹		
Abteilungen / Filialen des Key Account **mit/ohne unsere Präsenz** ☺ ☺ ☹		
Kundenzufriedenheit (Abdecken der Kundenerwartungen und -bedürfnisse, etc.) ☺ ☺ ☹		
Wichtigste **Personen bei uns** zur **Erfolgssicherung** beim Key Account ☺ ☺ ☹		

(Smilies ankreuzen)

---

[6] Produkte / Lösungen, Preis, Konditionen, Verkauf / KAM, persönliche Beziehungen (Buying Center), Hotline, Service, Support, Verkaufsförderung, Prospekte, Internet, eCommerce, Aktionen, etc.

Kunde/Account:					Bearbeiter:			Datum:		Version:	

7. Unsere Strategie und Ziele beim Key Account in den nächsten 3 Jahren (in Fr. 1000.-)

						Laufendes Jahr:...	+1 Jahr:...	+2 Jahre:...	+3 Jahre:...
Wichtigste **strategische Ziele** von uns in den **nächsten 3 Jahren**[7]	Umsatz								
	Absatz								
	Deckungsbeitrag								
	Rang beim Kunden (als Lieferant)								

Detailziele nächstes Geschäftsjahr im Vergleich zum Forecast des laufenden Jahres (U = Umsatz in Fr. 1000.- DB = DB in Fr. 1000.-)	Produktgruppen	Laufendes Jahr		+1 Jahr:...		Kommentar und Begründungen zu den Umsatz- und DB-Zielen			
		U	DB	U	DB				
	Produktgruppe 1:								
	Produktgruppe 2:								
	Produktgruppe 3:								
	Produktgruppe 4:								
	Produktgruppe 5:								
	Gesamttotal								

Unsere wichtigsten **3 Kontaktpersonen** (Key Player) beim Key Account in der **Zukunft** zur Erfolgssicherung	Name		Funktion		Kommentar/Begründung	
	1.					
	2.					
	3.					

Ziele zu **wichtigen, neuen Projekten/ Angeboten (Offerten)** im laufenden, nächsten Geschäftsjahr (welche Projekte/Aufträge wollen wir unbedingt gewinnen?)	Projekt: .... Betrag: .... Auftragseingang per: ....
	Projekt: .... Betrag: .... Auftragseingang per: ....
	Projekt: .... Betrag: .... Auftragseingang per: ....

8. Wichtigste Maßnahmen in den nächsten 12 – 18 Monaten
(Marketingmaßnahmen und interne Maßnahmen zur Stärkung der Beziehungen und der Resultate)

Stichwort	Konkreter Beschrieb der Maßnahme	Zuständig bei uns	Endtermin	Budget (in 1000.-)
Lösungen/ Sortiment/Kleinserien/ Full-Service/Prozessoptimierung, etc.				
Lieferfristen/ Terminmanagement				
Qualitätsmanagement für den Key Account				
Supportleistungen (Entwicklungssupport, Zusatzleistungen, Serviceleistungen, Spezial-Beratungen, eCommerce etc.)				
Preise/Konditionen/Boni/Rückvergütungen				
Geplante, **persönlichen Kontakte**	Kontaktpartner beim Kunden (Name, Vorname)	Funktion	ca. Anzahl Besuche p.a.	

---

[7] z.B. z. B. »Nr. 1 beim Account werden bis ...«, »Verbesserung Position von Nr. 3 auf Nr. 1 bis ...«, »Konkurrent X ablösen«, »Großprojekte x und y gewinnen«, »GL/VR für unser Unternehmen gewinnen«, »Erschließung neuer Abteilungen/Divisionen A/B/C«, »Gesamtproblemlöser werden« etc.

| Kunde/Account: | | Bearbeiter: | | Datum: | | Version: | |

Stichwort	Konkreter Beschrieb der Maßnahme			Zuständig bei uns	Endtermin	Budget (in 1000.-)
zur Kundenpflege (außerhalb der Projektbe-sprechungen)[8]						
Geplante **Review-gespräche** mit dem Kunden (Quartals- und Jahresgespräche)						
Marketingmaß-nahmen (Events, Mailings, Essen, Schulungen etc.)						
Organisatorische Maßnahmen bei uns (Zuständig-keiten, Prozesse, Personelles etc.)						
Weitere **interne Maßnahmen** (Schulung intern, Reviews zum Key Account etc.)						
Zusammenstellung und Beschaffung **fehlender Infor-mationen** über den Key Account						

		Name	Vorname	Funktion		
Mitglieder des **Accountteams** bei uns	Teammitglied 1:					
	Teammitglied 2:					
	Teammitglied 3:					
	Pate:					

			Ja	Nein
Meine ≤ **3 konkre-ten Anträge** an das (zu Zielen, Ressourcen, Budgets, Maßnahmen)	1.		☐	☐
	2.		☐	☐
	3.		☐	☐

Achtung: Am Schluss nun das Management Summary erstellen!

Buying Center zum Account Plan (Punkt 2 im Accountplan)

Kunde: _____ Verfasser: _____ Version-Nr.: _____ Datum: _____

Beiblatt zur Bestimmung der wichtigsten Personen («Power Base») beim Key Account (zu Beginn bearbeiten!)

Entscheidungs-»Macht« (Hierarchiestufe)	viel »Macht«/wenig Einfluss[1,2]:		wenig »Macht«/wenig Einfluss[1,2]:	
sehr viel »Macht«		Wichtige Beziehungs-partner bei uns		
	Power Base/Füchse (viel Macht/viel Einfluss)[1,2]:		wenig Macht/viel Einfluss[1,2]:	
		Wichtige Beziehungs-partner bei uns		Wichtige Beziehungs-partner bei uns
wenig/keine »Macht«				Wichtige Beziehungs-partner bei uns

kleiner Einfluss   viel/großer Einfluss

Intensität des Einflusses auf die Kaufentscheidung bez. unserer Angebote generell

[1]Legende: + = Fan (Sponsor) unsere Unternehmens   +/– = Neutrale Position
  – = Gegner (Antisponsor) unseres Unternehmens   ? = Keine Information/Position uns gegenüber/unbekannt

[2]Beispiel: + F. Meier (CFO), – C. Bötschi (Marketingleiter)

Kommentar zu einzelnen Personen:

-> Bitte verwenden Sie für zusätzliche Bemerkungen die Rückseite© Dr. Pius Küng & Part

Analyse der Kundenprozesse (Punkt 2 im Account Plan)

Kunde:

Verfasser:

Version-Nr.:

Datum:

Beiblatt zur Analyse der Kundenprozesse (zu Beginn bearbeiten!)

Prozesse						
Kernkompetenzen/SEPs des Kunden						
Herausforderungen des Kunden in seinem Markt						
Unsere Lösungs-/Supportansätze zu den SEPs und Herausforderungen des Kunden						

8.5   Marketingaktivitäten im Rahmen der Schlüsselkunden-Betreuung

Im Rahmen der Maßnahmenschwerpunkte und der Aktionspläne ist zur Sicherstellung der angestrebten Kontaktqualität und -quantität sowie zur Sicherstellung der entsprechenden Ziele eine optimale Zusammenarbeit zwischen den Marketingverantwortlichen und dem Key Account Manager von großer Bedeutung. Für Schlüsselkunden müssen die Marketingaktivitäten so implementiert werden, dass diese maßgeschneidert erfolgen, um die Key Account Manager bestmöglich zu unterstützen. Gleichzeitig sollen Synergien (insbesondere Kosteneinsparungen) mit den Aktivitäten bei A-, B- und C-Kunden gewährleistet werden.

Die Gestaltung der übergreifenden Marketingmaßnahmen obliegt in der Regel den Marketingverantwortlichen. Es ist deren Aufgabe, die Maßnahmen detailliert zu planen und durchzuführen. Die Verantwortung (Planung, Durchführung, Kontrolle) für schlüsselkundenspezifische Maßnahmen liegt beim Key Account Manager, wobei die Spezialisten des Marketings beratend und unterstützend zur Seite stehen.

8.5.1   Übergreifende Marketingmaßnahmen

Das nachfolgende Beispiel zeigt eine Möglichkeit, um die Aktivitäten für alle Kundenkategorien zu definieren. Die Schwerpunkte bei den Schlüsselkunden (Major-Accounts, Key-Accounts, Target-Accounts) gehen aus der Übersicht hervor, wobei die Anzahl der persönlichen Kundenkontakte als Richt- resp. Minimalgröße zu verstehen ist.

Beispiel zur Definition übergreifender Marketingmaßnahmen eines international tätigen Elektronik-Unternehmens

	Major-Accounts Key-Accounts	Target-Accounts	A-Kunden	B-Kunden	C-Kunden[1]
Persönliche Kontakte p. a.	≥ 24	≥ 10	≥ 8	≥4	auf Anweisung VID[2]
Seminare/Vorträge/Events	●●	●●●	●●	●●	●●●
Messen	●●	●●●	●●●	●●●	●
Stufengerechte Mailings	●●	●	●●	●●	●●●
Road Shows	●●●	● (selektiv)	▲	▲	▲
E-Commerce	●●	▲	●●●	●●●	●●●
Techn. Abklärungen	●●●	●	●●●	●●●	●●
Fachtagungen	●●	●	●●	●●	●
Kundenspezifische Events	●●●	●●	▲	▲	▲

●●● sehr wichtig und sehr intensiv, ●● wichtig und intensiv, ● weniger wichtig und punktuell, ▲ vernachlässigen
[1] Betreuung nur durch Verkaufsinnendienst   [2] Verkaufsinnendienst

8.5.2 Individuelle Maßnahmen pro Key-Account

Neben den übergreifenden Maßnahmen sind im Key Account Management v. a. die individuellen Maßnahmen von Bedeutung. Damit kann eine kundenspezifische Bearbeitung sichergestellt werden, welche optimal auf die Bedürfnisse des Schlüsselkunden eingeht. Je nach Branche ist eine Vielzahl von schlüsselkundenspezifischen Maßnahmen denkbar. Die nachfolgende Checkliste erhebt keinen Anspruch auf Vollständigkeit, sondern soll lediglich einige Anregungen und Ideen liefern:

Checkliste möglicher Maßnahmen pro Schlüsselkunde	ja	nein	prüfen
1. Support/Dienstleistungen			
■ Mitarbeit in Projektteams des Kunden	☐	☐	☐
■ Planungshilfe und Planungssupport	☐	☐	☐
■ Elektronische Bestellmöglichkeiten schaffen (E-Business etc.)	☐	☐	☐
■ Nachbestellgarantie	☐	☐	☐
■ Gratis-Checks beim Kunden oder bei dessen Kunden/Händlern	☐	☐	☐
■ Hinzuziehen von firmeninternen Spezialisten für Spezialprobleme	☐	☐	☐
2. Seminare			
■ Vorträge bei internen Seminaren des Schlüsselkunden	☐	☐	☐
■ Seminare für Kunden oder externe Beeinflusser des Schlüsselkunden	☐	☐	☐
3. Konditionen			
■ Abschluss von Rahmenverträgen für mehrere Jahre	☐	☐	☐
■ Bonus-Rückvergütungen ab vereinbartem Zielumsatz	☐	☐	☐
■ Spezialpreise für neue Lösungen	☐	☐	☐
4. Verkauf/Kontaktplanung			
■ Gezielte, persönliche Bearbeitung der wichtigen Entscheider und Beeinflusser	☐	☐	☐
■ Besuche der Geschäftsleitung oder des Managements bei Geschäftsleitungsmitgliedern des Kunden	☐	☐	☐
■ Review-Sitzung alle 6 Monate mit dem Schlüsselkunden (Bilanz, nächste Schritte)	☐	☐	☐
■ Besuche von Musterprojekten mit den Schlüsselkunden im In- und Ausland	☐	☐	☐
5. Events			
■ Spezielle Kundenanlässe am Hauptsitz unserer Firma	☐	☐	☐
■ Adaptierte allgemeine Kundenanlässe für einen Schlüsselkunden/Fachanlässe	☐	☐	☐
■ Durchführung von Social-Events (Leichtathletik-Meeting, Tennisturnier, Konzertbesuch, Grillparty etc.)	☐	☐	☐

Checkliste möglicher Maßnahmen pro Schlüsselkunde	ja	nein	prüfen
6. Werbung			
■ Versand allgemeiner Firmenunterlagen mit individuellem Begleitbrief	☐	☐	☐
■ Competence-Letters der Geschäftsleitung (alle 3-6 Monate) an wichtige Entscheidungsträger des Schlüsselkunden (Trends, News etc.)	☐	☐	☐
■ Versand wichtiger Artikel, welche den Schlüsselkunden bzw. seine Branche betreffen, inkl. Begleitbrief	☐	☐	☐
■ Versand der firmeninternen News inkl. Begleitbrief	☐	☐	☐
7. Sponsoring			
■ Sponsoring für Preise bei Firmenanlässen	☐	☐	☐
■ Sponsoring / Beitrag an das Weihnachtsessen	☐	☐	☐
8. Externe Beeinflusser			
■ Wichtige externe Beeinflusser des Schlüsselkunden genau so wie die Schlüsselkunden bearbeiten	☐	☐	☐

Zusammenfassung:

Der Accountplan ermöglicht eine effiziente und wirkungsvolle Bearbeitung jedes einzelnen Schlüsselkunden. Im Gegensatz zum Key-Account-Management-Konzept, welches für das gesamte Unternehmen Gültigkeit hat, konzentriert sich der Accountplan ausschließlich auf einen Schlüsselkunden. Dies hat zur Folge, dass für jeden einzelnen Top-Account ein Accountplan geschrieben wird.

Der Accountplan setzt sich aus folgenden Teilen zusammen:
- Analyse des Key-Accounts
- Analyse und Erkenntnisse aus der bisherigen Zusammenarbeit
- Operative und strategische Zielsetzungen beim Account
- Kontaktplanung für das nächste Jahr
- Marketingmaßnahmen und unternehmensinterne Maßnahmen
- Reviews zum Accountplan
- Fehlende Informationen zum Accountplan

Der wesentliche Nutzen des Accountplanes besteht aus folgenden Punkten:
- Dokumentation jedes einzelnen Top-Kunden
- Aufbereitung und Strukturierung der vorhandenen Informationen, und zwar bei allen Mitgliedern des Account-Teams
- Aufzeigen der strategischen Entwicklungsmöglichkeiten
- Zusammenfassung der wichtigsten Informationen pro Account für das Management im Summary
- Grundlage für die Quartals- und Jahresendgespräche sowie für die Kundenpräsentationen

Bei der Einführung stößt der Accountplan bei den Mitarbeitern oft auf Ablehnung, weil befürchtet wird, dass damit lediglich Aufwand verbunden ist. Tatsächlich hält sich der zeitliche Aufwand in Grenzen, insbesondere wenn der Key Account Manager den Key-Account gut kennt. Die Erfahrungen der Autoren in der Praxis zeigen, dass bei guten Kenntnissen des Top-Kunden ein Accountplan innerhalb von 2 bis 3 Stunden entworfen ist. Anschließend sollte der Accountplan stets im KAM-Team diskutiert werden, damit die Eindrücke, Ideen und Erfahrungen mit dem Account von allen Mitgliedern des Teams einfließen können.

9 Verkauf von Großprojekten

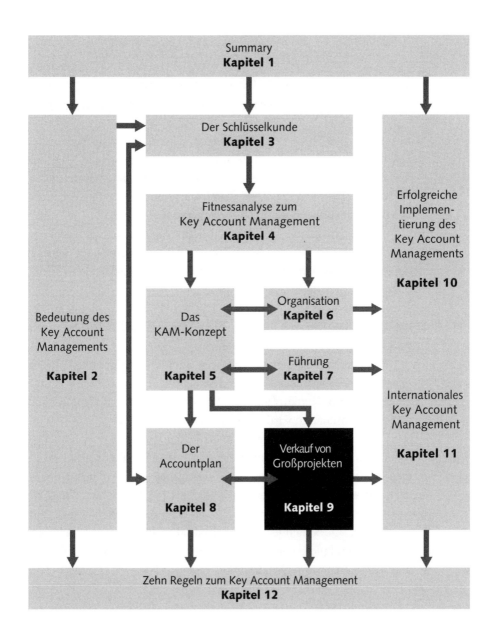

In diesem Kapitel finden Sie Antworten auf folgende Fragen:

- *Wie gewinnen wir Großprojekte und Großaufträge?*
- *Welche Informationen zu Großprojekten sind wichtig?*
- *Wie wird das Buying-Center definiert?*
- *Welche Erfolgsstrategien setzen wir in verschiedenen Ausgangssituationen ein?*

9.1   Große Projekte und Aufträge mit ganzheitlichen Verkaufsmethoden gewinnen

Entwicklungen der letzten Jahre zeigen, dass traditionelle Verkaufstechniken nicht mehr genügen, um große Aufträge zu gewinnen. Traditionelle Verkaufstechniken orientieren sich rein an der Argumentation und an der Verhandlungstechnik. In Zeiten einer härteren Konkurrenzsituation wird den Mitbewerbern zu wenig Rechnung getragen.

Eine ganzheitliche Verkaufsmethodik orientiert sich an der Verbesserung der eigenen Position beim Kunden unter gleichzeitiger Schwächung der Position der Mitanbieter, wobei nicht nur das Ziel verfolgt wird, Produkte und Dienstleistungen zu verkaufen.

Dabei soll ein altes Sprichwort von Sun Tzu (vor ca. 2500 Jahren) beherzigt werden, welcher einmal gesagt hat: »Siegen wird der, der weiß, wann er kämpfen muss und wann nicht.«

Wenn es uns gelingt, bei unseren Kunden zur Lösung betrieblicher oder unternehmerischer Probleme beizutragen, dann stehen wir unter einem geringeren Konkurrenz- und Preisdruck, und die Bedeutung von einzelnen Eigenschaften wird weniger wichtig.

Wie bereits früher erwähnt, bedingt das Lösen von betrieblichen und unternehmerischen Problemen ein sehr hohes Verständnis für die Strategien und Herausforderungen des Kunden und damit ein ausgeprägtes betriebswirtschaftliches und marketingtechnisches Know-how. Dem können traditionelle Verkäufer kaum mehr genügen und sie stoßen deshalb mit dem Kopf an die »gläserne Decke« (vgl. Kapitel 2). Instinktiv erkennen sie, dass sie den neuen Spielregeln nicht mehr genügen, ohne dass sie jedoch geeignete Konsequenzen ziehen können.

Vom Typ her sollte ein Key Account Manager zusätzlich das Know-how eines strategischen Verkäufers haben, wie er nachstehend beschrieben wird, damit neben den typischen Key-Account-Management-Aufgaben zusätzlich strategisch wichtige Projekte realisiert und gewonnen werden können.

	Traditioneller Verkäufer	Key Account Manager/ Strategischer Verkäufer
Verkaufsprozess	Der Verkaufsprozess ist weitgehend standardisiert (Verkaufsstufenplan).	Der Verkaufsprozess ist stets individuell auf die Eigenheiten und Bedürfnisse der Kunden anzupassen.
Verkauf	Angeboten werden Produkte und/ oder Dienstleistungen.	Das Anbieten von reinen Produkten reicht nicht mehr, es werden Problemlösungen verkauft.
Know-how	Das Know-how bezieht sich vornehmlich auf den Verkauf und insbesondere auf die Verkaufs- und Verhandlungstechnik. Daneben werden gute Produktkenntnisse vorausgesetzt.	Verkaufs- und Unternehmensprozesse des Kunden verstehen, Strategie und wesentliche Herausforderungen des Kunden erfassen
Beziehungen	Die Beziehungen sind vorwiegend eindimensional. Der Kontakt wird v. a. zum Einkäufer gesucht und aufgebaut.	Die Beziehungen sind typischerweise mehrdimensional, d. h. es bestehen Beziehungen zum ganzen Buying-Center. Die zentrale Herausforderung besteht im Erkennen von »Machtstrukturen« und persönlichen Interessen der einzelnen Personen im Buying-Center.
Typus	Verkäufer mit guter Abschlussorientierung	Analytiker, Stratege, Koordinator und Verkäufer

Traditioneller Verkäufer vs. strategischer Verkäufer

Das strategisch-politische Verkaufen kommt vor allem bei großen Auftragsvolumen oder bei Kunden mit regelmäßigen größeren Aufträgen zum Tragen, wie die Abbildung auf der folgenden Seite verdeutlicht.

Beispiele strategischer Projekte gibt es eine Vielzahl. Nachfolgend einige Beispiele, welche im Rahmen eines Workshops bei einem Unternehmen der Bauzulieferbranche u. a. genannt wurden:

- Abschluss eines Rahmenvertrages für die nächsten drei Jahre mit einem Großkunden (Lieferumfang pro Jahr 1 Mio.)
- Umbau eines Krankenhauses (Projektsumme 2 500 000)

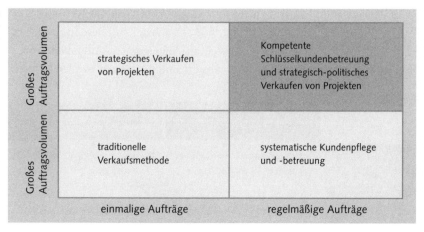

Wann kommt das strategisch-politische Verkaufen zum Tragen?

- Gewinnen eines Projektes für zwei Shop-Konzepte (Umfang 6 Mio.). Dieses Pilotprojekt stellt die Basis für zukünftige regelmäßige Lieferungen dar.
- Lieferung für einen Verkaufsstützpunkt des Kunden. Bei erfolgreichem Verlauf des Projektes können sämtliche Verkaufsstützpunkte als Vorzugslieferant beliefert werden.

9.2 Entscheidend bei Großaufträgen – die richtigen Beziehungen

Im englischen Sprachraum kennt man den Begriff des sogenannten Buying-Centers. Damit will man zum Ausdruck bringen, dass in größeren Unternehmen nicht mehr Einzelpersonen entscheiden. Am Entscheidungsprozess sind oft mehrere Mitarbeiter auf unterschiedlichen Hierarchiestufen und mit einem differenzierten Einfluss bei konkreten Kaufentscheidungen im Einsatz.

Bei großen Aufträgen lohnt sich eine noch differenziertere Betrachtungsweise des Buying-Centers, als dies im Rahmen des Key Account Managements bereits erfolgt ist. Die Hierarchiestufe allein bringt im konkreten Einzelfall noch zu wenig zum Ausdruck, dass die »hierarchische Macht« gemäß Organigramm noch nicht unbedingt den Einfluss auf den Kaufentscheidungsprozess widerspiegelt. Zudem kann sich das Buying-Center beim einzelnen Großprojekt von der »Powerbase« im regelmäßigen Key-Account-Management-Geschäft unterscheiden.

Es gibt Projekte, an denen höher gestellte Manager sehr interessiert sind und bei denen sie aktiv ihre Entscheidungskompetenzen wahrnehmen. An anderen Projekten sind sie weniger interessiert und überlassen die Entscheidung anderen, teilweise untergeordneten Stellen.

Ein häufiger Irrtum in der Praxis besteht z. B. darin, dass die »Macht« des Einkäufers zu hoch eingeschätzt wird. Aus diesem Grunde fokussiert man die Kontakte auf den Einkäufer und erkennt nicht, dass die Entscheidungen an anderen Stellen vorbereitet und getroffen werden.

Bei großen Projekten geht es darum, die »Füchse« und die »Powerbase« zu orten. Damit will man diejenigen Personen ausfindig machen, die viel Macht und/oder Einfluss haben. Bei diesen Personen möchte man zudem wissen, ob sie für oder gegen unser Unternehmen sind. Die Amerikaner sprechen in diesem Zusammenhang von Sponsoren und Antisponsoren.

Die nachstehende Abbildung (»Wer hat Macht und/oder Einfluss beim Kunden?«) zeigt ein Portfolio mit einer möglichen Zuteilung von Mitarbeitern des Kunden mit ihren Prioritäten, Eigenschaften und Erwartungen.

Wenn es gelingt, aus der Vielzahl der Kundenmitarbeiter diejenigen aufzuspüren, welche für die Kaufentscheidung relevant sind, dann ist das Spiel schon zu einem Großteil gewonnen.

In einem nächsten Schritt gilt es, die Erwartungen dieser Personen in Erfahrung zu bringen und eine darauf basierende Lösung für den Kunden sicherzustellen. Schwerpunkt des strategischen Verkaufens sind demnach auch informelle politische Strukturen, damit der Einfluss und die Machtverhältnisse im Unternehmen optimal geortet werden können.

viel		
Hierarchische Macht	**Hierarchische Macht ohne Einfluss** ■ Gute Position im Unternehmen, bewirken aber nichts, was von Bedeutung wäre ■ Oft nur unterstützende Funktion ■ Meist geschätzte Administratoren, aber selten Visionäre ■ Wenig Eigeninitiative	**Viel Einfluss und formale Macht** ■ Lenken Unternehmen/Abteilungen ■ Setzen klare Prioritäten ■ Erzeugen Erwartungen auf offizieller und formeller Ebene ■ Viel Eigeninitiative ■ Offizielle Füchse/Powerbase
	Keine Macht und kein Einfluss ■ Ausführen von Routineaufgaben ■ Reine Assistenzaufgaben ohne Machtposition und ohne Einfluss	**Viel Einfluss ohne formale Macht** ■ Genießen Vertrauen von Führungskräften in hohen Positionen ■ Anerkannte Beratungsfunktion ■ Erhalten wichtige Aufgaben delegiert ■ Inoffizielle Füchse
wenig	wenig	viel
	Einfluss	

Wer hat Macht und/oder Einfluss beim Kunden?

Das nachstehende Beispiel zeigt uns, wie ein Logistik- und Organisationsberater das sogenannte Buying-Center bei einem potenziellen Beratungskunden einschätzt (Projektgröße 110 000.–).

Das Unternehmen ist bei den entscheidenden Personen (hohe Hierarchiestufe und viel Einfluss) in einer guten Position (Quadrat oben rechts). Bei anderen wichtigen Personen (wenig Macht, viel Einfluss) ist die Firma jedoch im Nachteil (Quadrat unten rechts). Es gilt, deren Einfluss bestmöglich zu neutralisieren, indem gute Argumente zur Wirtschaftlichkeit und zur Kundennähe eingebracht werden. Zielpersonen mit viel Einfluss werden der sogenannten »Powerbase« zugeordnet. Entscheidend für den Erfolg ist, dass Gegner neutralisiert und Freunde gezielt als Coaches eingesetzt werden. Im dargestellten Falle sollte das Projekt mit großer Wahrscheinlichkeit gewonnen werden können.

	viel		
Hierarchische Macht		**Hierarchische Macht ohne Einfluss** ▢ M. Kretz (VR-Delegierter) ▣ O. Iten (Leiter F+R)	**Viel Einfluss und formale Macht** ▣ N. Tachetzy (Geschäftsleiter) ◾ C. Bötschi (Stv. Geschäftsleiter) ▣ P. Gründler (Produktionsleiter) ▣ R. Buner (Marketingleiter)
		Keine Macht und kein Einfluss ▣ H. Muster (Einkaufssachbearbeiter) ▣ R. Edelmann (Meister Produktion) ◾ R. Sutter (Stv. Produktionsleiter)	**Viel Einfluss ohne formale Macht** ◾ H. Meier (Leiter PPS) ◾ H. Budliger (QM)
	wenig	wenig **Einfluss** viel	

▣ Sponsor/»Fan« von uns
◾ Antisponsor/»Fan« des Konkurrenten X

Die Bewertung des Buying-Centers aus Sicht eines Logistik- und Organisationsberaters

9.3   Die Erfolgsfaktoren beim strategisch-politischen Verkaufen

Um bei Großprojekten in bedeutenden Unternehmen erfolgreich zu sein, müssen wichtige Informationen bekannt und die richtigen Strategien eingeleitet sein.

Folgende Informationen stehen bei konkreten Projekten im Vordergrund:

- Können wir eine Lösung bieten, welche den zukünftigen Kundenbedürfnissen entspricht?
- Was sind die Kaufmotive sowie die geschäftlichen und persönlichen Erwartungen der am Entscheidungsprozess beteiligten Personen?
- Wer wirkt in welcher Form am Entscheidungsprozess mit?
- Wer hat welchen politischen Einfluss im Buying-Center?
- Wie groß ist unsere Einflussmöglichkeit auf das obere Management?
- Zu wem haben wir gute Beziehungen und zu wem können bzw. müssen solche Beziehungen aufgebaut werden?
- Decken sich wichtige Werte und Einstellungen des Kundenunternehmens mit unserem Unternehmen?
- Wann werden welche Zwischenentscheidungen getroffen und wann fällt die Schlussentscheidung?
- Ist ein entsprechendes Budget vorhanden?
- Wie groß ist das Potenzial für Folgegeschäfte?

All diese Informationsbedürfnisse weisen auf einen großen Arbeitsaufwand hin. Das trifft zu, aber es ist immer lohnend, sich bei Großprojekten etwas intensiver Gedanken zu machen, weil ein solches Projekt oft genauso groß ist wie das Auftragsvolumen von 20 und mehr kleineren Kunden.

Ein wesentliches Merkmal im strategischen und politischen Verkaufen ist ein ausgezeichnetes Know-how über die Vor- und Nachteile und möglichen Strategien der Mitbewerber beim konkreten Auftrag. Auf dieser Basis kann entschieden werden, welche Strategie zu verfolgen ist. Die nachfolgende Abbildung zeigt die benötigten Informationen nochmals im Detail:

Selbstverständlich müssen diese Informationen auch für unser Unternehmen im Vergleich zu den Konkurrenten vorliegen.

9.4 Mögliche Erfolgsstrategien

Wenn wir die Erwartungen der kaufwichtigen Personen geortet und die Stärken und Schwächen der Konkurrenz erarbeitet haben, dann gilt es, eine geeignete Erfolgsstrategie zu wählen und im Detail zu beschreiben. Zur Erfolgssicherung stehen uns die folgenden Strategien zur Verfügung.

9.4.1 Direkte Strategie

Die direkte Strategie setzen wir ein, wenn unsere Lösung gegenüber den Mitbewerbern überlegen ist und wenn wir über ausgezeichnete Beziehungen zum Buying-Center verfügen.

Wir versuchen mit unseren Stärken die Mitanbieter zu »erdrücken«. In größeren Unternehmen wird sehr oft auch mit dem Namen der Firma gearbeitet, so kann ein Manager eigentlich nichts falsch machen, wenn er heute ein IBM-Produkt oder eine SAP-Lösung einkauft.

9.4.2 Indirekte Strategie

Wenn wir keine echten Vorteile haben und so die Konkurrenz nicht »erdrücken« können, dann versuchen wir, die Spielregeln im Entscheidungsprozess oder die Kaufkriterien zu ändern. Dies können wir allerdings nur, wenn es uns gelingt, den Kunden besser zu verstehen. Außerdem haben wir eventuell die Möglichkeit, uns einen Vorteil mit dem Angehen anderer Personen zu erschaffen.

Ansatzpunkte für eine Lösung sind:
- Wichtige Entscheidungskriterien verändern (z. B. vom Preis zum Support, vom Kauf in einen Full-Service-Vertrag etc.)
- Für uns ungünstige Kriterien in den Hintergrund schieben
- Prioritäten des Kunden neu ordnen (z. B. längerfristige Perspektiven vor kurzfristigen Vorteilen)
- Zukünftige Bedürfnisse bereits heute ins Spiel bringen

Das nachfolgende Beispiel aus der Druckbranche soll die Wirkungsweise der indirekten Strategie verdeutlichen.

Ausgangslage:

Ein Verlag publiziert 14-täglich eine Zeitung mit regionalen Informationen und Berichten in einer Auflage von 200 000 Stück.

Ein Konkurrent ist seit über 10 Jahren der »Hofdrucker« des Verlages. Der Konkurrent besitzt eine ausgezeichnete Beziehung zum Buying-Center. Bezüglich Qualität hat der Konkurrent stets den Anforderungen des Verlages entsprochen. Die verschiedenen Konkurrenten entsprechen sich bezüglich Angebot weitgehend.

Um den bestehenden Lieferanten zu verdrängen, besteht mit einer direkten Strategie keine Chance. Die Firma X will trotzdem versuchen, das Projekt für sich zu gewinnen, und nach einer eingehenden Analyse der Situation entscheidet sie sich für folgende Strategie:

Strategieentscheidung:

Die Firma X bietet nicht nur den Zeitungsdruck an, sondern zusätzlich:
1. Integraler Versand/Verteilung der Zeitungen an die Haushalte der Region und die übrigen Abonnenten
2. Übernahme der Defizitgarantie
3. Publikation der Zeitung nicht nur auf Papier, sondern gleichzeitig auch im Internet
4. Akquisition von Inseraten

Mit dieser eingeschlagenen indirekten Strategie ist das Angebot der Firma X nicht mehr mit dem ursprünglichen Angebot vergleichbar.

Erfolg:

Die Firma X hat den Auftrag des Verlages für den Druck der Zeitung und die oben beschriebenen Zusatzleistungen für die nächsten fünf Jahre erhalten.

Gründe für den Erfolg:

Der Firma X ist es gelungen, die Probleme bzw. Herausforderungen des Zeitungsverlages zu erkennen, und hat dem Verlag entsprechende Lösungen angeboten. Dies ist ein typisches Beispiel dafür, wie die gläserne Decke überwunden werden kann.

9.4.3 Teilungsstrategie

Eine Teilungsstrategie setzen wir dann ein, wenn wir weder mit einer direkten Strategie noch mit einer indirekten Strategie gewinnen können. Wir machen uns jedoch Hoffnungen, wenigstens einen Teil des Projektes zu gewinnen, um damit die Konkurrenz zu schwächen und eine bessere Ausgangsposition für ein nächstes Projekt zu haben. Wir konzentrieren uns also bewusst auf jene Teile des aktuellen Projektes, in denen wir besser sind als die Konkurrenz.

Ansatzpunkte für die Teilungsstrategie sind:
- Eindringen bei einem Top-Kunden des Konkurrenten mit einem ergänzenden Angebot
- Starke Teilleistung bei einem Großprojekt hervorheben
- Basis schaffen für größere Geschäfte in einer zweiten Phase

9.4.4 Verzögerungsstrategie

Wenn weder die direkte Strategie, die indirekte Strategie noch die Teilungsstrategie einen Erfolg versprechen und wenn wir zusätzlich unter Zeitdruck stehen, dann versuchen wir, eine Verzögerungsstrategie anzuwenden. Bei dieser Strategie zielen wir darauf ab, Entscheidungen des Kunden herauszuschieben, bis wir in einer besseren Position gegenüber der Konkurrenz sind.

Ansatzpunkte für diese Verzögerungsstrategie sind:
- Verzögerung mit dem Hinweis auf neue Produkte, welche in wenigen Monaten zur Verfügung stehen
- Hinzuziehen von Referenzkunden, um unsere Meinung zu unterstützen

Eine Verzögerungsstrategie kann jedoch gefährlich sein, wenn folgende Punkte missachtet werden:
- Der Kunde muss den Nutzen eines Aufschubes auf Anhieb erkennen.
- Die Verzögerung muss in einem angemessenen Rahmen liegen.
- Die Kundenbedürfnisse müssen nach der Verzögerung tatsächlich besser erfüllt werden können.

Strategisches Verkaufen heißt »Schach spielen«, d. h. wir müssen bei der Wahl der richtigen Strategie gleichzeitig überlegen, welches die möglichen Gegenstrategien der Konkurrenten sind.

Einen Überblick zu den möglichen Strategien und Gegenstrategien der Mitanbieter zeigt die nachstehende Darstellung. In dieser Übersicht sind auch die Ziele und die Überlegungen der potenziellen Konkurrenten integriert.

	Unser Ziel	Strategien, welche von der Konkurrenz verfolgt werden können	Logik des Konkurrenten
Direkt →|←	Unsere Lösung ist im Vergleich zu anderen besser;	Keine Erfolgsbasis: Indirekt	Grundregeln verändern; Ändern der Kriterien
	Verknüpfung von Produkt/Dienstleistung (technisch/wirtschaftlich)	Schlechte Grundlage: Teilung	Geschäft ergänzen; Aufteilen und gewinnen
		Gute Grundlage: Verzögerung	Versuch, die Kaufentscheidung hinauszuzögern
Indirekt ⇄|	Änderung der Grundregeln; Änderung der Kriterien	Direkt	Projekt »härter« angehen und Zeitrahmen sprengen
Teilung →|<	Geschäfte ergänzen; Aufteilen und gewinnen	Direkt	Zeitrahmen sprengen; Teilstrategie abblocken mit harten Argumenten
Verzögerung →|...|→	Umkreisen und stören; die Konkurrenzfähigkeit einschränken	Indirekt	Andere Abteilungen, andere Personen angehen

Verkaufsstrategien und wahrscheinliche Reaktion der Konkurrenz

9.5 Die Schritte zum Erfolg beim strategischen Verkaufen

Jim Holden, der »Vater des strategischen Verkaufens«, hat eine sehr differenzierte Vorgehensmethodik entwickelt, wie einzelne Großprojekte gewonnen werden können. Diese Methodik ist allerdings äußerst anspruchsvoll und zeitaufwändig. Dr. Pius Küng & Partner haben ein eigenes Vorgehensmodell erarbeitet und zusammen mit Mitarbeitern von Großunternehmen viele Jahre erfolgreich erprobt.

Die anschließende Übersicht beschreibt das Vorgehen zur Analyse und Bestimmung der zu wählenden Strategie im Falle des Verkaufes von Großprojekten.

Schritt 1: Beschreibung des Projektes
Zunächst geht es darum, das Projekt bezüglich Inhalt, Größe, Entscheidungszeitpunkt und Ablauf etwas näher zu beschreiben.

Schritt 2: Erfassen des Buying-Centers und der Erwartungen

Nun geht es darum, die zwei bis fünf am Entscheidungsprozess beteiligten Personen zu orten, welche viel Macht und/oder Einfluss auf die Entscheidung haben. Bei diesen Personen erfassen wir die Erwartungen aus ihrer Funktion (z. B. Produktionsleiter: Verringerung des Ausschusses) sowie die persönlichen Erwartungen (z. B. Karrieresprung). Neben kaufwichtigen Personen erfassen wir auch externe Beeinflusser, wenn sie besonders wichtig für die Kaufentscheidung sind. In dieser Phase versuchen wir auch das persönliche Verhältnis zwischen den beteiligten Personen zu ermitteln. Die kluge Förderung eines wichtigen »Spielers« kann uns langfristige Vorteile verschaffen. Wichtig ist es auch zu wissen, welche kaufwichtige Person welchen Mitanbietern besonders nahe steht.

Schritt 3: Stärken und Schwächen gegenüber der Konkurrenz

Nun geht es darum, unsere wichtigsten Stärken und Schwächen gegenüber den verschiedenen Mitanbietern aufzulisten und hier neben dem Produkt, den Konditionen, den Zusatzleistungen auch die Qualität der Beziehung zwischen den kaufentscheidenden Personen und dem jeweiligen Anbieter zu erfassen.

Schritt 4: Strategieentscheidung

Spätestens jetzt können wir entscheiden, ob wir weiter um das Projekt kämpfen oder aussteigen wollen und welches die richtige Strategie zur Sicherstellung des Erfolges ist (direkt, indirekt, teilen, verzögern).

Schritt 5: Meilensteine

Anschließend werden die wichtigsten Meilensteine zu unserer Strategie erarbeitet (Kontakte, geänderte Lösungen etc.).

In der Praxis hat sich das nachfolgende Formular bewährt, um die Informationen zum Großprojekt strukturiert darzustellen und dadurch übersichtlicher und klarer die Strategie zu definieren.

Formular zum strategischen und politischen Verkaufen von Projekten
Firma: .... Verfasser: .... Version: .... Datum: ....

1. Projekt	Was:			Umfang in Fr.:	Entscheidungszeitpunkt des Kunden:
2. Buying-Center/ Powerbase	Wer: .... Funktion/Rolle[1]:		Wer: .... Funktion/Rolle[1]:	Wer: .... Funktion/Rolle[1]:	
Geschäftliche Interessen/ Erwartungen					
Persönliche Interessen/ Erwartungen					
Machtkämpfe/ Machtspiele					
»Fan« von Konkurrent					
3. Stärken/ Schwächen der »Mitspieler«	Wir		Konkurrent 1:		Konkurrent 2: ....
Angebot/ Know-how/Lösung					
Service/ Zusatzleistungen					
Preise/ Konditionen					
Beziehungen					
Image/ Bisherige Erfolge					

[1] Entscheider, Fuchs/Füchse, interner/externer Beeinflusser

Skripten/Verkauf/KAM / Form.strat_pol_Verkaufen / 1.5.20.. / B

Die angebotenen Lösungen werden miteinander verglichen (unsere Lösung im Vergleich zu den wichtigsten Mitbewerbern). Interessante Kriterien sind z. B. wie gut die angebotene Lösung, die Serviceleistungen und die Preise und Konditionen die Erwartungen des Kunden erfüllen.

Daneben interessiert die Qualität der Beziehungen zu den wichtigsten Personen der Powerbase sowie das Image, das bezüglich des Projektes genossen wird.

Die wichtigsten Personen innerhalb des Buying-Centers, die sogenannte Powerbase, müssen genau analysiert werden.

- Die geschäftlichen Interessen/Erwartungen können z. B. sein: Senkung der Produktionskosten um 10 %, Verkürzung der Durchlaufzeit pro Stück um 30 Min., Sicherstellung einer lückenlosen Lieferfähigkeit etc.

- Die persönlichen Interessen/Erwartungen beinhalten z. B.: Angestrebter Karrieresprung, Verbesserung der Akzeptanz innerhalb der Führungsebene, persönliche Profilierung etc.

- Die Machtkämpfe und Machtspiele beziehen sich auf die Beziehung zwischen den Entscheidern; z. B. kann der Entwicklungsleiter (Mitentscheider) seit einem früheren Projekt auf »Kriegsfuß« mit dem Produktionsleiter (Entscheider) sein.

- Zum Schluss wird festgehalten, ob die Personen der Powerbase entweder zu uns oder zur Konkurrenz eine besonders gute Beziehung pflegen (»Fan« von ...).

Formular zum strategischen und politischen Verkaufen von Projekten
Firma: .... Verfasser: .... Version: .... Datum: ....

4. Unsere Ver-kaufsstrategie (inkl. Begrün-dung)	**Direkt**	**Indirekt**	**Divisional/Teilung**	**Verzögerung/Eingrenzung**
	Die Überlegenheit unserer/es	Ändern der Kaufkriterien	Die Überlegenheit unserer/es	Die Argumente
	demonstrieren mit	in	demonstrieren mit	
	unter Berücksichtigung folgender **Kundenbedürfnisse:**	um folgende **Bedürfnisse** der Kunden zu erfüllen:	als Lösung für folgende **Teilbedürfnisse** unseres Kunden:	beim Kunden verankern, als guten Grund für eine verzögerte Kaufentschei-dung bis:

5. Meilensteine/ Aktionen (Was ist zu tun?)	Was			Wer	Wann

Skripten/Verkauf/KAM / Form.strat_pol_Verkaufen / 1.5.20   / B

Neben der Wahl der Strategie gilt es, die wichtigsten Maßnahmen festzulegen, damit die Strategie zum Erfolg führt (z. B. Intensivierung der Kontakte zum Entscheider X, Senden der vollständigen Dokumentation zum Projekt an Mitentscheider Y, gemeinsamer Besuch eines Referenzobjektes etc.).

Sobald die Situation des Projektes analysiert ist, kann entschieden werden, welche Strategie gewählt werden soll (direkt, indirekt, teilen oder verzögern).

9.6 Der Einsatz des strategisch-politischen Verkaufens in der Praxis

Es stellt sich die Frage, worin die Unterschiede zwischen dem strategischen Verkaufen und dem eigentlichen Key Account Management bestehen. In der Tat liegen die beiden Bereiche sehr nahe beieinander, wenn auch einige Unterschiede ausgemacht werden können:

- Während das Key Account Management verstärkt die langfristige Sicherung der Kundenumsätze und der Kundenbindung zum Ziel hat, konzentriert sich das strategische Verkaufen auf den Abschluss einzelner Projekte.

- Der Zeithorizont ist beim Projektverkauf eher kurzfristig und es werden konkrete Lösungen angeboten. Demgegenüber hat das Key Account Management eher eine mittel- bis längerfristige Sicht und sucht überdachende Lösungen.

- Die strategischen Verkäufer sind eher »Hunter«, d. h. sie jagen konkrete Projekte, während Key Account Manager vielmehr als »Farmer« bezeichnet werden können, welche die Kunden pflegen und zum Gedeihen bringen wollen.

Trotz der geschilderten Unterschiede kann festgehalten werden, dass sowohl ein reines Key Account Management als auch ein ausschließliches strategisches Verkaufen selten anzutreffen sind.

In der Nahrungsmittelbranche etwa kommt vorwiegend das Key Account Management zur Anwendung, d. h. es geht v. a. um die Festlegung der Jahresziele und der gemeinsam geplanten Aktivitäten. Demgegenüber werden in der Investitionsgüterbranche (z. B. Maschinenindustrie) vorwiegend Großprojekte verkauft, z. B. steht in einem Jahr die Anschaffung einer neuen Anlage in Millionenhöhe bevor. Die folgenden Jahre ist dagegen kein Ersatzbedarf mehr vorhanden, es fallen lediglich kleinere Reparaturen oder Wartungsarbeiten an.

In der Praxis trifft man am häufigsten die Kombination der beiden Bereiche an. Meistens geht es darum, den Key-Account regelmäßig zu betreuen (traditionelles Key Account Management). Von Zeit zu Zeit gilt es, beim jeweiligen Schlüsselkunden einzelne Großprojekte zu gewinnen (strategisch-politisches Verkaufen).

Die Unterscheidung der beiden Bereiche ist nicht nur »Haarspalterei«. Oft ergeben sich Unterschiede in der Zusammensetzung des Buying-Centers. Das heißt, die Personen, welche im Rahmen der regelmäßigen Betreuung zu den Entscheidern zählen, können im Falle eines Großprojektes z. B. keine Rolle spielen, weil sie weder Einfluss noch Macht haben. Das nachfolgende Beispiel soll diese Zusammenhänge verdeutlichen.

Die international tätige Firma »Alpha« liefert Gummidichtungen für eine Firma der Autozulieferindustrie (z. B. Gummiteile für Bremsen). Jahrelang wurden sämtliche Gummiteile für einen bestimmten Bremsentypus geliefert. Im Rahmen des traditionellen Key Account Managements betreute das Account-Team einerseits den zentralen Einkäufer des Kunden, Herrn Manser, sowie die Einkäufer in den externen Werken. Die Beziehungen zwischen dem Key Account Manager und den verschiedenen Einkäufern waren ausgesprochen gut und kollegial. Das Buying-Center setzte sich demnach aus den verschiedenen Einkäufern zusammen.

Im letzten Jahr wurde beim Key-Account die Entscheidung gefällt, einen neuen Bremsentypus zu entwickeln. Dies hat zur Folge, dass die Verträge mit sämtlichen Zulieferern neu abgeschlossen werden müssen. Gemeinsam mit den verschiedenen Zulieferern (Gummiteile, Metallteile etc.) wer-

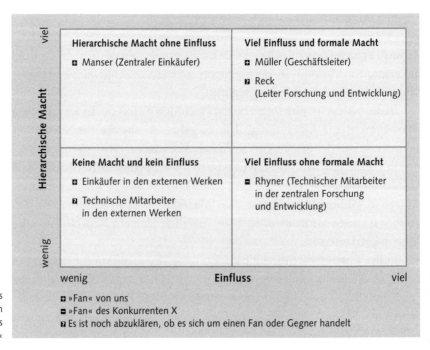

Die Bewertung des Buying-Centers für den neuen Bremstypus aus Sicht der Firma »Alpha«

den neue Lösungen entwickelt, welche den heutigen und zukünftigen Anforderungen an Bremsen besser entsprechen sollen. Für die Firma »Alpha« besteht die Herausforderung darin, für den neuen Bremsentypus ebenfalls als Vorzugslieferant für die Gummidichtungen gewählt zu werden. Um dieses neue Projekt zu gewinnen, muss die Firma »Alpha« das strategisch-politische Verkaufen anwenden und als Erstes das Buying-Center definieren.

Während bisher das Buying-Center aus den verschiedenen Einkäufern der externen Werke und Herrn Manser (zentraler Einkäufer) bestand, setzt sich das Buying-Center für das Projekt »neuer Bremsentypus«, wie aus der obigen Übersicht hervorgeht, anders zusammen.

Aufgrund des Buying-Centers lässt sich nicht abschließend erkennen, ob das Projekt für den neuen Bremsentypus gewonnen werden kann. Die sehr guten Beziehungen zu den verschiedenen Einkäufern kommen nur ungenügend zum Tragen, weil die Einkäufer beim Projekt »neuer Bremsentypus« nur einen kleinen Einfluss haben. Der größte Unsicherheitsfaktor liegt in der wohl wichtigsten Abteilung Forschung & Entwicklung. Der langjährige Mitarbeiter und wichtige Mitentwickler des neuen Bremsentypus, Herr Rhyner, ist der Firma »Alpha« gegenüber negativ eingestellt. Aufgrund seiner früheren Projekte (v. a. Bremsen für Lkws) hat Herr Rhyner eine sehr gute Beziehung zum Konkurrenten X aufgebaut und ist mit dessen Leistungen sehr zufrieden. Herr Rhyner sieht keinen Grund, weshalb er für das neue Projekt nicht wieder mit dem Konkurrenten X arbeiten soll. Herr Reck verhält sich sowohl gegenüber der Firma »Alpha« als auch gegenüber dem Konkurrenten X neutral. Herr Reck will zuerst die dargebotenen Lösungen sehen und erst anschließend entscheiden.

Aufgrund dieser Ausgangslage wird es im Rahmen des strategisch-politischen Verkaufens wichtig sein, die persönlichen und geschäftlichen Interessen von Herrn Reck zu erkennen. Aufgrund seiner Rolle und seiner Stellung im Unternehmen scheint Herr Reck einer der wichtigsten Spieler innerhalb der »Powerbase« zu sein.

Mit der Checkliste auf der folgenden Seite lässt sich überprüfen, ob sämtliche wichtigen Punkte vor der Entscheidung für die eine oder andere Strategie berücksichtigt worden sind.

9.7 Lösungsangebote (Offerten) als Profilierungsinstrument im Key Account Management

9.7.1 Das Lösungsangebot im Verkaufsprozess bei Key Accounts

Untersuchungen der FHS St. Gallen und der Autoren beweisen, dass gute Offerten (Angebote) ein zentrales Profilierungsinstrument darstellen, wenn es gelingt, Offerten geschickt in den Verkaufsprozess resp. in den Verkaufsstufenplan bei Großkunden zu integrieren.

Lösungsofferten weisen eine enge Vernetzung mit dem Accountplan, mit dem strategisch-politischen Verkaufen von Projekten sowie mit Kundenpräsentationen auf.

Kommunikations- und Verkaufsinstrumente haben im Rahmen des Kaufprozesses eine unterschiedliche Bedeutung für den Anbieter. Diesem Punkt gilt es, in der Abstimmung des Kauf- und Verkaufsprozesses gezielt Rechnung zu tragen.

Der unterschiedliche Stellenwert der Kommunikations- und Verkaufsinstrumente für die Entscheidungsfindung des Kunden ist aus der nachfolgenden Darstellung ersichtlich. Die Bewertung ist eine Zusammenfassung aus verschiedenen Kundenprojekten im B2B-Bereich (Dienstleistungen, grafische Branche).

Es gilt, den Kaufprozess des Großkunden und den eigenen Verkaufsprozess optimal aufeinander abzustimmen. Es bringt z.B. wenig, den Kunden zu Beginn seines Kaufprozesses mit einem detaillierten Angebot zu überfallen und einen großen Aufwand zu betreiben, solange wichtige Voraussetzungen beim Kunden noch nicht vorhanden sind (Budget, klarer Bedarf etc.).

Das Angebot ist in vielen Fällen der »siamesische Zwilling« zum persönlichen Verkauf. Es hat sich gezeigt, dass der Verkaufsprozess erfolgreicher verläuft, wenn es gelingt, dem Kunden im Rahmen des Angebotes seine wesentlichen Vorteile und den für ihn resultierenden Nutzen optimal darzustellen.

Ein gutes Angebot resp. eine gute Offerte soll nachweisen, dass wir oberhalb der »gläsernen Decke« agieren und dem Key Account helfen, dessen Prozesse zu optimieren und wirtschaftlicher zu gestalten. Trotz Rahmenverträgen sind Key Account Manager gefordert, konkrete Projekte bei den Schlüsselkunden zu gewinnen, denn viele Key Accounts entscheiden sich bei wichtigen Projekten für die Zusammenarbeit mit 2 bis 4 »Hoflieferanten«.

Stellenwert der Instrumente im Kaufprozess des Kunden				
Prozess Instrument	Anregungsphase/ Informations- beschaffung	Suchphase/ Evaluation	Vorentscheid	definitiver Entscheid
Inserate/Homepage	■	■	□	□
PR	■	■	□	□
Direktmarketing	■	■	□	□
Prospekte	■	■	□	□
Porträts/ Dokumentationen	▦	■	■	▦
Seminare und Info-Anlässe	▦	■	■	▦
Messen	■	■	■	■
Verkauf/Zeigebuch	▦	■	■	■
Angebote/Offerten/ Nachfassaktion	□	▦	■	■

■	■	▦	□
sehr wichtig	wichtig	nicht zu vernachlässigen	unwichtig

Der Stellenwert von Angeboten wird richtig verstanden, wenn die gut präsentierte, transparente Dokumentation der Kundenbedürfnisse, des Kundennutzens (z. B. Wirtschaftlichkeitsnachweis), unserer Leistungen und Preise zentrale Bestandteile sind. »Offerieren« bedeutet das systematische Darstellen von Kundenlösungen, nachdem man die echten Kundenbedürfnisse und Interessen innerhalb des Buying-Centers erkannt hat und sich nach der Einschätzung der Mitbewerber konkrete Erfolgschancen ausrechnen kann.

Für die gezielte Ausarbeitung von Angeboten sind der Accountplan, die Analyse des Buying-Centers sowie die im Accountplan integrierte Konkurrenzanalyse als Hilfsmittel beizuziehen.

9.7.2   Der richtige Zeitpunkt und der Umfang von Angeboten

Angebote sollten erst dann erarbeitet werden, wenn folgende Informationen über den Auftrag vorhanden sind:

- die am Entscheidungsprozess beteiligten Personen (Buying-Center) weitgehend bekannt sind,
- die Bedürfnisse und Erwartungen des Kunden und der Mitglieder des Buying-Centers klar sind,
- die eigenen projektbezogenen Stärken und Schwächen im Vergleich zur Konkurrenz bekannt sind und
- ein Budget vorhanden ist.

Diese an sich selbstverständlichen Hinweise werden oft missachtet. Typische Beispiele hierfür sind größere Unternehmen der Baubranche, welche während Stunden und Tagen Ausschreibungsunterlagen resp. Devis von Architekten und Ingenieuren bearbeiten, obwohl nie oder kaum persönliche Gespräche mit dem Kunden oder den externen Beeinflussern stattgefunden haben. Zudem sind die echten Kundenerwartungen kaum bekannt oder der Entscheid ist seitens des Kunden bereits erfolgt. Viele Unternehmen lassen sich von »Pseudointeressenten« als »Offertlieferanten« für eine Konkurrenz-Kalkulation missbrauchen, weil die firmeninternen Weisungen des anfragenden Unternehmens z. B. vorschreiben, dass bei einem Auftrag, der Fr. 10000.– überschreitet, mindestens 3 Angebote vorliegen müssen. Was liegt dann näher, als einen weiteren Lieferanten für eine »Express-Offerte« anzugehen, obwohl der Auftrag an einen bereits im Voraus bestimmten Partner vergeben ist.

In der Praxis werden im Allgemeinen folgende spezifischen Offerttypen ausgearbeitet:

- Grobe Lösungskonzepte inkl. grobe Preisschätzung (z. B. als Basis für das Budget des Kunden)
- Kurzofferten für Standardprodukte (z. B. Visitenkarte in Druckereien)
- Grobofferten oder Variantenofferten nach Aufnahme der Kundenbedürfnisse (z. B. unterschiedliche Transportmittel und Termine für gleiche Destinationen)
- Detailangebote für größere Aufträge nach bereinigten Kundenwünschen (z. B. größere Beratungsaufträge etc.)

Der guten Ordnung halber sei erwähnt, dass Preislisten ebenfalls eine Art Offerte darstellen, wobei sich diese oft auf Standardprodukte in Standardmengen beziehen (z. B. Kopierpreise in einem Copycenter, m³-Preise bei Transportunternehmen etc.).

Der Detaillierungsgrad einer Offerte ist nicht primär abhängig von den Branchengepflogenheiten, sondern vielmehr von der Größe des Projektes und vom Anspruchsniveau des bestehenden oder potenziellen Key Accounts sowie von den eigenen Zielen. Es gibt über die Branchen hinweg sehr wenige positive Beispiele, bei denen es Unternehmen gelungen ist, sich dank der Angebote gegenüber der Konkurrenz zu differenzieren. Ausnahmen finden sich in der Dienstleistungsbranche, im IT- und Facility-Management-Outsourcing sowie in der Konsumgüterbranche. Es handelt sich um Unternehmen, denen es gelungen ist, sich im Markt mit gezielten, kundenspezifischen Lösungsangeboten optimal gegenüber den Konkurrenten zu profilieren.

Dies bedingt, dass man den Kunden bei seinen Anforderungen und Bedürfnissen bezüglich Wirtschaftlichkeit der Lösung, Einfachheit in der Abwicklung und Sicherheit »abholt«, geeignete Lösungen anbietet und den daraus resultierenden Nutzen verdeutlicht.

9.7.3 Erfolgsreserven bei Angeboten

Erfahrungen in verschiedensten Branchen zeigen, dass Angebote zum größten Teil nach den gleichen Regeln erstellt werden, d. h. man offeriert x Stück zum Preis y und ergänzt diese Angaben noch mit den Zahlungskonditionen und den allgemeinen Geschäftsbedingungen.

Angebote werden kaum als Profilierungsinstrument eingesetzt und zeichnen sich oft durch eine zu geringe Kundennähe (z. B. durch eine viel zu technische Sprache) aus. Weil die Angebote meistens gleich gestaltet sind, ist der Kunde noch mehr versucht, die Preise zu drücken und einzig auf der Basis des Preises zu entscheiden.

Bei Angeboten werden in der Praxis folgende typische Fehler begangen:
- Keine Differenzierung zwischen Grobofferte (Proposal) in einer früheren Phase und Detailofferte in späteren Phasen des Verkaufsprozesses.
- Verzicht auf die Wiederholung der wichtigsten Kundenanliegen sowie der Kundenherausforderungen.
- Zu technische Beschreibung des Angebotes.
- Fehlendes Aufzeigen der Nutzen und Vorteile für den Kunden (z. B. mit Hilfe einer Investitionsrechnung oder eines Wirtschaftlichkeitsvergleichs).
- Verzicht auf das Erwähnen der eigenen strategischen Erfolgspositionen (SEPs).

- Fehlende Hinweise auf den terminlichen Ablauf des Auftrages/Projektes.
- Fehlende Angaben von Zuständigkeiten inkl. Kontaktnummern.
- Unübersichtlichkeit der Offerte.
- Fehlender Begleitbrief zur Offerte.
- Zustellung von größeren Offerten an den Kunden anstelle einer persönlichen Präsentation.

Ein Angebot kann wesentlich mehr sein als nur eine Information über die Preiskalkulation, insbesondere wenn folgende Aspekte berücksichtigt werden:
- Konsequentes Eingehen auf den Kunden durch Wiederholung und Berücksichtigung seiner Wünsche und Bedürfnisse.
- Beweis der Kompetenz und der vorhandenen Erfahrungen.
- Verkauf von Leistungspaketen und von (Gesamt-)Lösungen anstelle von »Produkten«.
- Offerte als attraktive Verkaufshilfe gestalten und als Profilierungsinstrument gegenüber der Konkurrenz einsetzen.
- Beitrag zum Image des Unternehmens leisten.

Bei der Preisberechnung im Rahmen des Angebotes gilt es stets folgende Punkte zu beachten:
- Eigene Strategie und Kalkulation
- Erwartungen des Kunden und der wirtschaftlichen Kundennutzen
- Erwartete Preisstrategie der Konkurrenten
- Wirtschaftliche Situation des Kunden

Erfolgreiche KAM-Organisationen haben bewiesen, dass gute Angebote zum zentralen Erfolgsinstrument gemacht werden können. Das konsequente Angehen erkannter Erfolgsreserven führt bei interessanten Großprojekten resp. Großaufträgen schnell und nachhaltig zu einer deutlichen Steigerung der Verkaufsresultate, wenn es gelingt, dem Kunden den daraus resultierenden wirtschaftlichen Nutzen aufzuzeigen.

9.7.4   Der erfolgreiche Aufbau und Inhalt von Angeboten

Der Detaillierungsgrad eines Angebotes ist situativ in Abhängigkeit der Kundenerwartungen, der Komplexität und der Größe des Auftrages zu definieren. So bringt es z. B. für ein Beleuchtungsunternehmen wenig, eine detaillierte Offerte für die Beleuchtung eines Raumes auszuarbeiten, während das Beleuchtungskonzept eines ganzen Hauses durchaus detailliert und als Lösungsvorschlag beschrieben werden sollte.

In diesem Zusammenhang sind gute Kenntnisse der Konkurrenz sehr wichtig, denn die Offerte kann ein wichtiges Instrument zur Profilierung und Differenzierung sein. Vergleicht man systematisch die Offerten verschiedener Konkurrenten, gibt es neben dem »grauen Mittelmaß« immer solche, die abfallen, und solche, die sich augenfällig hervorheben.

Inhalte einfacher, kleinerer Angebote

In der Praxis haben sich folgende Inhalte bei »einfachen« Offerten bewährt:

- Vollständige Adresse des Kunden resp. Interessenten mit Firma, Abteilung, Name, Vorname und Funktion des Ansprechpartners.
- Datum der Anfrage (resp. des Besuches) und der Offertstellung.
- Zuständiger Ansprechpartner (z. B. Key Account Manager, Sachbearbeiter im Innendienst) inkl. Telefonnummer und E-Mail-Adresse.
- Kurzbeschreibung der Anfrage.
- Beschreibung der Lösung mit Angaben zum Angebot, zu den Zahlungsbedingungen und zu den Zusatzleistungen.
- Wichtigste (wirtschaftliche) Nutzen und Vorteile für den Kunden (evtl. eingebunden in den Schlusssatz).
- Wichtigste Stärken des Anbieters.
- Unterschrift des Ansprechpartners.
- Beilagen (Firmenporträt, Produktprospekt, Referenzliste, Muster, Detailangebote etc.).

Erfahrungen zeigen, dass die Erfolgsquote von Offerten wesentlich gesteigert werden kann, wenn das Angebot zusammen mit einem separaten Begleitbrief verschickt oder persönlich übergeben resp. präsentiert wird. Dies ist insbesondere wichtig, wenn dem Kunden zusätzliche Varianten offeriert werden. Die Ausgangsvariante sollte sich immer exakt an der Anfrage des Kunden orientieren, wenn nicht vorher Rücksprache genommen werden konnte. Im Weiteren gilt es zu beachten, dass wichtige Punkte fett hervorgehoben werden und dass das Schriftbild ansprechend wirkt.

Nachstehend sind zum Vergleich ein gutes und ein schlechtes Beispiel eines Angebotes aufgeführt. Das schlechte Beispiel entspricht ca. 90 % der Offerten, wie sie im deutschsprachigen Raum in gleicher oder ähnlicher Form verschickt werden. Das Unternehmen in folgendem Beispiel hat im Anschluss an einen Beratungsauftrag von Dr. Pius Küng & Partner mit der verbesserten Offertstellung die Abschlussquote um 50 % verbessert.

Beispiel einer schlechten Offerte

Maschinenfabrik Gwerder

Industriestraße 15, D-11111 Musterhausen
Telefon 0049/999 99 99 Fax 0049/999 99 90
E-Mail: sales@gwerder.de/Internet: www.gwerder.de

Firma Muster
Musterstraße 1
D-11111 Musterhausen

3. März 2014

Offerte/Ihre Anfrage vom 16. Februar 2010

1 Frässystem Typ »Alpha« gemäß Detailbeschreibung	€	18 920.–
./. 5% Rabatt	€	946.–
Nettopreis	€	17 974.–
Service 2 Jahre	€	2 200.–

Zahlungskonditionen: 10 Tage netto zuzüglich MwSt.

Wir freuen uns, wenn wir diesen Auftrag erhalten.

Beispiel eines guten, lösungsorientierten Angebotes

Maschinenfabrik Gwerder

Industriestraße 15, D-11111 Musterhausen
Telefon 0049/999 99 99 Fax 0049/999 99 90
E-Mail: sales@gwerder.de/Internet: www.gwerder.de

Firma Muster
Musterstraße 1
D-11111 Musterhausen

3. März 2014

Sachbearbeiter im Aussendienst: Hans Müller (Telefon 0049/999 99 93)
Sachbearbeiter im Innendienst: Felix Meier (Telefon 0049/999 99 95)

Offerte Frässystem »Alpha« / Ihre Lösung im Fullservice-System

1. Ausgangslage
Das alte Frässystem der Firma Muster weist heute Mängel bezüglich Präzision und
Flexibilität auf. Zudem ist die Anlage in den letzten 2 Jahren jährlich 4 bis 5 Mal ausge-
fallen, was Kundenreklamationen und Zusatzkosten zur Folge hatte (Reparaturen,
Drittkosten).
Sie wollen das alte Frässystem mit einer Anlage ersetzen, mit der Sie in den nächsten
Jahren über 40 % mehr Kapazität im Zweischichtbetrieb verfügen und mit klaren Ge-
samtkosten pro Jahr rechnen können. Je nach Geschäftsentwicklung soll im Sinne der
Strategie ein weiterer Kapazitätsausbau möglich sein.

2. Ihre Anliegen und Ziele
Mit unserer Lösung wollen wir Ihren Bedürfnissen vollständig Rechnung tragen und
folgende Ziele sicherstellen:
– Reibungsloser Betriebsablauf
– Garantierte Kostenbasis
– Erhöhung der Kapazität um 40 %
– Optimale Betriebssicherheit

3. Unsere Lösung
1. Frässystem »Alpha« (Detailbeschreibung gemäß Beilage)
2. Lieferung und Montage in Ihrem Unternehmen
3. Instruktion Ihrer Mitarbeitenden
4. Kostenlose Hotline bei Problemen
5. Garantierte Kosten für Wartung und Reparaturen während 5 Jahren
6. Fräsblätter zu Sonderkonditionen

4. Ihre Nutzen
– Höchste, garantierte Präzision mit 10 % weniger Ausschuss (entspricht
   ca. € 40000.– p. a.)

– Garantierte Kapazitätserhöhung um 40 % (weitere Kapazitätserhöhung um 50 % möglich)
– Volle Einsatzbereitschaft während 7 Jahren
– Garantierte Unterhaltskosten für Wartung, Reparaturen und Ersatzteile
– Profilierung gegenüber Ihrem Mitbewerber »Beta« bezüglich Lieferbereitschaft, Flexibilität und Präzision
– Amortisation innert 2 Jahren

5. Unsere Stärken
– Ausbaubare Modulangebote
– Maschine und Unterhalt aus einer Hand
– Maßgeschneiderte Lösungen
– Kompetente Mitarbeitende für Montage, Instruktion und Unterhalt
– Hotline von 07.00 – 21.00 Uhr
– 2 Jahre Vollgarantie
– Garantierte Preise
– Schnelle Lieferung innerhalb 20 Tagen ab Auftragseingang

6. Ihre Investition zur Erfolgssteigerung
– Frässystem »Alpha«	€ 18 920.—
– Montage und Instruktion (im Maschinenpreis enthalten)	€ –.—
– 2 Jahre Fullservice-Wartung (Reparaturen, Revision)	€ 2200.—
– Hotline (im Servicevertrag inbegriffen)	€ –.—
– 5 Fräsblätter nach Wahl (kostenlos)	€ –.—
Ihre Investition in die Erfolgssteigerung der nächsten 2 Jahre	€ 21120.—

7. Weitere Schritte/Termine
Wir schlagen Ihnen folgende Schritte vor:
– Besuch unseres AD-Mitarbeitenden (wie vereinbart)	10. März 2010
– Entscheid der GL	31. März 2010
– Auftragsbestätigung	2. April 2010
– Montage erledigt	20. April 2010
– Instruktion Ihrer Mitarbeitenden erledigt	30. April 2010

8. Schlussfolgerung
Mit dem »Fullservice-Paket« »Alpha« (Maschine, Schulung, Wartung) haben Sie die ideale Lösung zur Sicherstellung Ihrer Kapazitäts-, Kosten- und Qualitätsziele in der Zukunft.

Datum:

Hans Müller
Verkaufsaußendienst

Felix Meier
Verkaufsinnendienst

Beilagen: Prospekt Frässystem »Alpha«/Beschreibung/Entwurf Wartungsvertrag

Beispiel eines guten Begleitschreibens zu einem Angebot

Maschinenfabrik Gwerder

Industriestraße 15, D-11111 Musterhausen
Telefon 0049/999 99 99 Fax 0049/999 99 90
E-Mail: sales@gwerder.de/Internet: www.gwerder.de

Firma Muster
Musterstraße 1
D-11111 Musterhausen

3. März 2014/Hans Müller

Wir lösen Ihre Fräsprobleme im Fullservice-System/Offerte

Sehr geehrter Herr Muster

Wir danken Ihnen für das interessante Gespräch vom 16. Februar 2010.
Nach Rücksprache mit unseren Spezialisten übermitteln wir Ihnen in der Beilage
unsere Offerte für das Frässystem »Alpha«.

Mit diesem Frässystem profitieren Sie von folgenden Vorteilen:
1. Höchste Präzision
2. 10% weniger Ausschuss
3. 3 Jahre zusätzliche Einsatzbereitschaft im Zweischichtbetrieb (gegenüber
   Konkurrenzangeboten)
4. Lieferung, Installation und Schulung innerhalb 20 Tagen ab Auftragserteilung
5. Übernahme der Fullservice-Wartung durch unsere Spezialisten

Mit dieser Lösung sind Ihre Bedürfnisse und diejenigen Ihrer Kunden für die nächsten
Jahre optimal abgedeckt. Bei den geplanten Stückzahlen ist die Anlage in 2 Jahren
amortisiert.

Wir freuen uns auf die Zusammenarbeit und auf die Besprechung vom 10. März 2010

Mit freundlichen Grüßen

Hans Müller   Felix Meier
Verkaufsaußendienst   Verkaufsinnendienst

Beilage:
–   Offerte Frässystem »Alpha«/Ihre Lösung im Fullservice-System

Umfassende Lösungs- und Projektofferten

Für größere Projekte und Aufträge lohnt es sich, weiter ins Detail zu gehen, um konkrete Lösungsangebote auszuarbeiten. Solche Angebote kommen im Bereich B2B, z. B. in der Informatik, im Dienstleistungs- und im Beratungsbereich, zum Einsatz.

Lösungsofferten werden selten verschickt, weil sie meistens vor Entscheidungsgremien präsentiert werden müssen. Wichtigste Inhalte solcher Lösungsofferten werden nachstehend aufgeführt, wobei die Philosophie ähnlich ist wie bei einfacheren Offerten:

- Attraktives Titelblatt
- Inhaltsverzeichnis (bei Offerten > 5 Seiten)
- Summary (Kurzbeschreibung der Lösung, der Vorteile und der Investition, evtl. separates Blatt außerhalb der Offerte)
- Aufgabenstellung oder Beschreibung der Ausgangslage inkl. Kundenbedürfnissen
- Zielsetzung des Projektes (resp. des Auftrages)
- Beschreibung der Lösung resp. der Lösungsvarianten (inkl. Vorgehensschritte, Investitionen und Empfehlung für die beste Variante)
- Wichtigste Nutzen und Vorteile für den Kunden (bezüglich Wirtschaftlichkeitsverbesserung, Sicherheit, Bequemlichkeit etc.)
- SEPs resp. Stärken der eigenen Firma
- Projektorganisation (Zuständigkeiten auf Seiten des Kunden und des Lieferanten)
- Ihre Investition (Kosten)
- Nächste Schritte/Terminplanung
- Schlussfolgerung
- Geeignete Beilagen (detaillierte Leistungsbeschreibungen, Detailberechnungen zur Preisbildung, evtl. Wirtschaftlichkeitsrechnung, Erfolgsbeispiel, Entwürfe für Vertragstexte etc.)

Offerten für Großaufträge und Großprojekte werden – wie bereits erwähnt – oft persönlich präsentiert. Folgende Tipps für die Planung können den Erfolg der Offerte und damit der Präsentation erheblich steigern:

- Schriftliche Unterlagen im Voraus abgeben (evtl. in einem speziellen Ordner).
- Ablauf resp. Agenda der Präsentation (Ziele und Inhalte) kurz vorstellen.
- Wenige, attraktive Slides (inkl. Management Summary) einsetzen.
- Genügend große Schrift auf den Slides verwenden.

Da der Aufwand für Erstbesprechungen, für die Ausarbeitung, die Präsentation und Revision der Offerte sehr hoch ist, gilt es, die Erfolgschancen jedes Mal gut abzuwägen und zu entscheiden, ob überhaupt eine Offerte erstellt werden soll.

Das nachstehende Muster einer Lösungsofferte aus dem Beratungs- und Schulungsbereich zeigt, wie individuell auf die Bedürfnisse des Kunden eingegangen werden kann. Je nach Projektgröße wird das Angebot wesentlich detaillierter ausfallen. Wichtig ist jedoch, dass der Angebotstext nicht zu lang ist und dass Details konsequent in der Beilage aufgeführt werden. Verbunden mit einer guten Präsentation steigt die Erfolgsquote von solchen Offerten oft auf 60 bis 70% und höher.

Maschinenfabrik Gwerder

Industriestraße 15, D-11111 Musterhausen
Telefon 0049/999 99 99 Fax 0049/999 99 90
E-Mail: sales@gwerder.de/Internet: www.gwerder.de

Vorgehenskonzept und Angebot für die Neuausrichtung und Optimierung der Organisation

Verfasser:
Dr. Pius Küng und Rosella Toscano-Ruffilli, lic.oec. HSG
Dr. Pius Küng & Partner
Unternehmens- und Marketingberatung
Kirchlistrasse 1
CH-9010 St.Gallen

Telefon: 071/245 79 11
Telefax: 071/245 79 39
Internet: www.kueng-partner.ch
E-Mail: kueng@kueng-partner.ch

Datum: 29. November 2014

Inhaltsverzeichnis

0. Summary/Das Wichtigste in Kürze

Die vorhandenen Probleme im Betriebsklima und in der Aufbau- und Ablauf-
organisation können im Sinne der definierten Strategie mit einem systematischen
Vorgehen innerhalb 5 Monaten gelöst werden.

Inhalt unseres Lösungsvorschlages sind eine systematische Analyse, maßgeschneiderte
Workshops mit den Mitarbeitenden und eine kompetente Begleitung der Implementierung (Coaching) bis zum Projektabschluss.

Aus der nachstehenden Lösung profitieren Sie von folgenden Vorteilen:
–   Nachfolge von Herrn Müller ist geregelt
–   Organisation ist der Strategie angepasst
–   Mitarbeitende sind neu motiviert und werden konsequent in das Projekt integriert
–   Wichtigste Prozesse sind definiert und erfolgreich implementiert

Für die Problemlösung muss die Muster AG mit Investitionen von ca. € 80000.– bis
ca. € 350000.– rechnen, wobei die Höhe der Investition vom Grad der Mitwirkung
der Mitarbeitenden abhängig ist.

1. Ausgangslage

Die Basis für diese Offerte bildet ein Gespräch mit Hans Muster, Inhaber der Muster-
Gruppe. Die Firma Muster AG ist ein erfolgreiches, international tätiges Handels- und
Dienstleistungsunternehmen in der Elektronikbranche. Zu den Kunden gehören nam-
hafte, größere Industrieunternehmen (Maschinenbau, Apparatebau).

Insgesamt arbeiten in den 4 Firmen 320 Mitarbeitende, welche € 160 Mio. Umsatz
erzielen (ca. 26 Mitarbeitende arbeiten in der Schweiz und erzielen einen Umsatz von
€ 12 Mio.). Der Geschäftsinhaber leitet die Schweizer Firma und ist gleichzeitig Koordinator der 3 Firmen in Alphaland, Betaland und Deltaland.

Das Schweizer Unternehmen in St. Gallen ist in die Abteilungen Verkauf, Einkauf,
Marketingservices, Administration, Finanz- und Rechnungswesen aufgeteilt. Die Auf-
gabenteilung und die Arbeitsabläufe wurden bislang nicht klar definiert.

Der Leiter Einkauf/PM/Administration wird in 3 Jahren pensioniert. Hans Müller ist
wegen seines breiten Aufgabenspektrums völlig überlastet. Derzeit ist er als Kader-
mitarbeitender für folgende Bereiche verantwortlich:
–   Produktmanagement/Einkauf
–   EDV
–   Spedition
–   Technischer Verkaufssupport
–   Verkaufsinnendienst
–   Personal
–   Administration

Andere Mitarbeitende sind mit den Dienstleistungen dieser Stellen unzufrieden. In
den vergangenen Monaten haben sich im Unternehmen Konflikte aufgestaut. Hans
Müller steht immer mehr im »Schussfeld« der Kritik. Verschiedene Mitarbeitende drohen mit der Kündigung.

Der Markt wird immer anspruchsvoller und es ist notwendig, die Organisation den Marktgegebenheiten und den mittelfristigen Strategien entsprechend anzupassen.

2. Zielsetzungen

Ziel unserer Beratungstätigkeit wird es sein,

– Erfolgsreserven in der Organisation zu analysieren,
– zusammen mit den Kadermitarbeitenden die Aufbauorganisation und die Geschäftsprozesse zu optimieren,
– eine optimale Nachfolgeregelung für Hans Müller sicherzustellen und
– die Implementierung der wichtigsten Prozesse als kompetente Coaches zu begleiten.

3. Vorgehensschritte

Für das Erreichen der Zielsetzung schlagen wir folgende Vorgehensschritte vor:

3.1 Schritt 1: Analysearbeiten

– Persönliche Interviews mit den Kadermitarbeitenden
– Telefonisches Interview mit dem externen Trainer Andreas Grest (pma Neuenkirch) inkl. Auswertung vorhandener Informationen des Trainers
– Ergänzende Interviews mit den Herren Lutz, Sutter, Buner, Haller (Verkaufsaußendienst)
– Studium vorhandener Informationen (Protokolle, Organigramme, Stellenbeschreibungen, etc.)
– Ausarbeitung eines kurzen Analyseberichtes
→ Ergebnis: Wichtigste Probleme und Erfolgsreserven sind geortet und grundsätzliche Empfehlungen liegen vor.

3.2 Schritt 2: Workshop(s) mit den Kadermitarbeitenden

– Vorbereitungsarbeiten z. Hd. der Mitarbeitenden für den Workshop
– Moderation der Workshops (2 Tage) zur Erarbeitung einer neuen Aufbauorganisation
– Erarbeitung der Nachfolgeregelung für Hans Müller (kurz- und mittelfristige Lösung)
– Zusammenfassung der Workshop-Ergebnisse
→ Ergebnis: Neue Aufbauorganisation inkl. Aufgabenverteilung liegt vor.

3.3 Schritt 3: Organisationsinstrumente

– Erarbeitung der Organisationsinstrumente durch die Muster-Mitarbeitenden mit anschließender Stellungnahme durch uns
– Workshop zur Optimierung der Organisationsinstrumente
– Information der Mitarbeitenden über die Neuorganisation (evtl. Revision von einzelnen Elementen)
→ Ergebnis: Organisationsinstrumente (Organigramm, Stellenbeschreibungen, etc.) sind entwickelt und den Mitarbeitenden vorgestellt.

3.4 Schritt 4: Prozessoptimierung
- Erarbeitung der wichtigsten Geschäftsprozesse durch die Mitarbeitenden mit anschließender Stellungnahme durch uns
- »Kurz-Workshop« zur Optimierung der Instrumente
- Präsentation der Geschäftsprozesse
- → Ergebnis: Geschäftsprozesse sind erarbeitet an die Mitarbeitenden kommuniziert

3.5 Schritt 5: Implementierung/Coaching
- Laufendes Coaching im Rahmen von monatlichen Kaderbesprechungen
- Ortung von Verbesserungspotenzialen im Rahmen der Führungsinstrumente und/oder der Konzepte
- → Ergebnis: Die definierten Maßnahmenpläne werden konsequent implementiert und bei Bedarf revidiert.

4. Ihre Nutzen
Mit der Projektrealisierung profitieren Sie von folgenden Vorteilen:
- Nachfolge von Hans Müller ist geregelt
- Die Aufbauorganisation ist der Unternehmensstrategie angepasst
- Wichtigste Prozesse sind definiert und implementiert
- Mitarbeitende sind neu motiviert
- Kadermitarbeitende werden konsequent in das Projekt involviert

5. Unsere Stärken
Die Firma Dr. Pius Küng & Partner St. Gallen hat sich im Markt mit folgenden Punkten profiliert:
- Massgeschneiderte und pragmatische Lösungen im Vertrieb und im Key Account Management
- Schnelle Abwicklung der Projekte
- Integrale Strategie-, Marketing-, Verkaufs- und Organisationskompetenz
- Nachgewiesene Erfolgsprojekte in der Elektronikbranche im In- und Ausland

6. Projektorganisation
Die Projektleitung liegt in den Händen von Herrn Hans Muster (Inhaber). Als Mitglieder des Projektteams sind alle 4 Kadermitarbeitenden vorgesehen. Die externe Projektbegleitung übernehmen Rosella Toscano-Ruffilli, lic.oec. HSG (Leitung), Dr. Pius Küng und Dr. Daniela Willi-Piezzi (Stellvertreterin).

7. Ihre Investitionen in die Erfolgssicherung

Wir verrechnen unsere Arbeiten nach effektivem Aufwand zu Stundenhonoraren von € 200.– (Projektmitarbeit) bis € 250.– (Projektleitung). In diesen Beträgen sind MwSt., Sekretariatsarbeiten und Spesen nicht enthalten. Die Rechnungsstellung erfolgt monatlich.

Für das vorliegende Projekt können Sie mit folgenden Investitionen rechnen (Kostenschätzung):

– Schritt 1: Analysearbeiten (inkl. Vorbereitung)	ca. € 15000.– bis € 20000.–
– Schritt 2: Kaderworkshops (inkl. Vorbereitung) je	ca. € 15000.– bis € 20000.–
– Schritt 3: Organisationsinstrumente (inkl. Vorbereitung)	ca. € 14000.– bis € 10000.–
– Schritt 4: Prozessoptimierung (gemäß separater Offerte)	nach Aufwand
– Schritt 5: Implementierung/Coaching (5 Halbtage, inkl. Vorbereitung, gemäß separater Offerte)	ca. € 10000.– bis € 20000.–
– DTP/Sekretariatsarbeiten und Spesen (für die Schritte 1–3)	ca. € 5000.– bis € 10000.–

Für das vorliegende Projekt sind die Kosten schwierig abzuschätzen, da das Leistungspaket im Voraus noch nicht genau umschrieben werden kann. Die Kosten können dadurch reduziert werden, dass die Mitarbeitenden möglichst viele Aufgaben selbst übernehmen. Sollte dies nicht möglich sein, dann erhöhen sich die Kosten entsprechend.

Der Auftrag beschränkt sich vorerst auf den ersten Arbeitsschritt. Der Auftraggeber hat jederzeit die Möglichkeit, das Projekt zu sistieren, und bezahlt nur diejenigen Kosten, die bis zu diesem Zeitpunkt angefallen sind.
Nach der klaren Festlegung der Arbeitsschritte und des Beratungsprojektes kann im Bedarfsfalle ein Kostendach pro Projektschritt fixiert werden.

8. Terminplanung

Für das Projekt sehen wir folgende Terminplanung vor:

Schritt 1: Analysearbeiten	Dezember 2014
Schritt 2: Kaderworkshops	Januar 2015
Schritt 3: Organisationsinstrumente	Februar 2015
Schritt 4: Prozesse	März 2015
Schritt 5: Implementierung/Coaching	Juni – September 2015

9. Offene Fragen

Für eine optimale Vorbereitung des Projektes wäre es sinnvoll, wenn zusätzlich folgende Fragen im Voraus beantwortet werden können:

- Welche Marktanalysen, Kundenanalysen, Marketing- und Verkaufskonzepte liegen vor? Können uns diese im Voraus zur Verfügung gestellt werden?
- Sind die wichtigsten Geschäftsprozesse bereits beschrieben und können uns diese zugestellt werden?
- Soll die Organisation in der Schweiz so gestaltet werden, dass mittelfristig eine Übertragung auf die ausländischen Gesellschaften erfolgen kann?
- Sind die definierten Interviewpartner ausreichend oder sollen diese durch weitere Personen ergänzt werden?
- Ist geplant, dass mittelfristig Mitglieder der Firma Muster in die Organisation integriert werden?
- Wann sollen die Interviews durchgeführt werden?

10. Weiteres Vorgehen

Für das weitere Vorgehen schlagen wir Ihnen folgende Entscheide vor:
- Grundsatzentscheid zum Vorgehenskonzept
- Freigabe des Schrittes 1
- Realisierung des Projektes gemäß Punkt 3 dieser Lösungsofferte. Die Schritte 2 ff werden nach der Genehmigung des Analyseberichtes (Schritt 1) angegangen.

11. Schlussfolgerungen

Mit diesen pragmatischen Vorgehensschritten ist gewährleistet, dass die angestrebten Ziele schnell realisiert werden können. Von zentraler Bedeutung wird sein, dass Herr Müller bereit ist, die Reorganisation optimal mitzutragen und daran mitzuwirken. Insbesondere wird es wichtig sein, dass Herr Müller stufenweise die Nachfolger in die von ihm betreuten Aufgabenkreise einführt.

12. Beilagen
- Porträt
- Referenzliste
- Detaillierter Terminplan

Begleitbrief zum Angebot des Druckzentrums Alpha

Herr Muster
Verlagsleiter
Beta Anzeiger
9998 Musterhausen

15. März 2014

Wir wollen Ihnen helfen, die Wirtschaftlichkeit und die Kundennähe zu
optimieren / Konzept / Kostenberechnung

Sehr geehrter Herr Muster

Wir kommen zurück auf das kurze Gespräch vom 12. März 2010 und danken Ihnen
für die übermittelten Informationen.
Wir haben uns intern intensiv über das Projekt Gedanken gemacht und sind überzeugt, dass wir Ihnen eine profilierte, wirtschaftliche Lösung sicherstellen können.
Anbei erhalten Sie ein Konzept für eine volle 4-Farben-Lösung im Offsetdruck
(Variante 2) und im Zeitungsdruck (Variante 3). Die Variante 2 kostet nur unwesent-
lich mehr, die Variante 3 kostet wesentlich weniger als die heutige Lösung. Dem gegenüber stehen jedoch wesentliche wirtschaftliche Vorteile bezüglich Ertragsoptimie-
rung und Optimierung der Prozesse.

Bei einer Zusammenarbeit mit unserem Unternehmen profitieren Sie von folgenden
Nutzen:
–   Sie können sich voll auf Ihre Kernkompetenzen konzentrieren.
–   Die Wirtschaftlichkeit kann um ca. € 180 000.– p. a. verbessert werden.
–   Sie profilieren sich optimal bei Kunden und Inserenten mit einem perfekten
    Auftritt.
–   Sie arbeiten mit klar budgetierbaren Kosten, ohne versteckte Positionen.
–   Die Aktualität wird mit einer wesentlich verkürzten Produktionszeit sowohl
    für Leser wie für Inserenten wesentlich verbessert.

Wir freuen uns auf die Zusammenarbeit und auf unser nächstes Gespräch.
Gerne erläutern wir jederzeit unsere Vorschläge.

Mit freundlichen Grüßen

Markus Müller   Pirmin Maier
Projektleitung / Verkauf Innendienst   Key Account Manager

Beilage:
–   Konzept und Offerte für die Optimierung der Prozesse und der
    Wirtschaftlichkeit des Beta Anzeigers

Ideenkonzept und Angebot
für die Optimierung der Prozesse und der Wirtschaftlichkeit des Beta Anzeigers

DruckZentrum Alpha
Musterhofstraße 27
9999 Musterbach
Telefon 09/123 45 67
E-Mail: info@alpha.ch
Homepage: www.alpha.ch

15. März 2014

Summary

Das DruckZentrum Alpha will dem Beta Anzeiger helfen, die Produktionszeit zu verkürzen, Kosten zu sparen und die Erträge zu erhöhen.

Das DruckZentrum Alpha stellt Ihnen zwei attraktive Varianten im vollen 4-Farben-Offset- und im 4-Farben-Zeitungsdruckverfahren vor, welche den Anzeiger im Leser- und Inseratemarkt profilieren und gleichzeitig die Prozesse und die Wirtschaftlichkeit mit über € 180 000.– p. a. gegenüber dem Ist-Zustand markant verbessern. Eine einzigartige Lösung für Sie.

1. Ausgangslage

Der Verlag »Beta Anzeiger« gibt seit 1990 monatlich den gleichnamigen Gratis-Anzeiger heraus, dessen Verteilung durch die Post jeweils am 1. Freitag im Monat erfolgt (Druck 4/1-farbig). Die Auflage beträgt 16 000 Exemplare.
Eine Grobanalyse des Verlages zeigt, dass die Kostenstruktur suboptimal ist und dass überprüft werden sollte, welche Prozesse tatsächlich im eigenen Haus sichergestellt werden müssen. Besonders negativ für den Verlag ist es, dass der Inserate- und Redaktionsschluss jeweils am Donnerstagabend bei einer Postverteilung am Freitag in der Folgewoche erfolgen muss (Produktionszeit 6 Arbeitstage/Verlust an Aktualität).
Der Beta Anzeiger, welcher über keine eigene Druckinfrastruktur verfügt, hat verschiedene führende Schweizer Unternehmen eingeladen, eine Offerte für den Druck des Anzeigers zu unterbreiten.
Unsere Berechnungen zeigen, dass für den Verlag bis heute interne oder externe Kosten für den Druck, die Bilderrechte und das Korrektorat in der Höhe von ca. € 9000.– bis € 10 000.– pro Ausgabe anfallen.
Das DruckZentrum Alpha ist der Meinung, dass zuerst einige Grundsatzüberlegungen angestellt werden sollten, mit denen das Unternehmen alle seine Prozesse hinterfragt, um in der Folge eine detaillierte Lösung zur Optimierung der Wirtschaftlichkeit auszuarbeiten.

2. Zielsetzungen

Das Ziel dieser Offerte ist erreicht, wenn
- ein Lösungskonzept vorliegt, mit dem der Verlag seine Wirtschaftlichkeit massiv verbessern kann,
  die Profilierung bei der Leserschaft und bei den Inserenten sichergestellt ist und
- die Prozesse gezielt beschleunigt, vereinfacht und optimiert werden.

3. Lösungsideen – Unsere Überlegungen

Das DruckZentrum Alpha ist der Meinung, dass neben einer Optimierung der Produktionsprozesse überlegt werden sollte, welches Druckverfahren die optimale Lösung darstellt:

Variante 1: Beibehaltung der heutigen Lösung im A5-Format: 4/1-farbig Offsetdruck
(50 % farbig, 50 % s/w)
Variante 2: Beibehaltung des A5-Formates und voller 4-Farben-Offsetdruck
Variante 3: Voller 4-Farben-Druck und Änderung des Formates
(Tabloidformat im Zeitungsrollenoffset)

Die für Sie geeignetste Lösung wird unseres Erachtens von folgenden Kriterien abhängig sein:
– Optimale Profilierung bei den Lesern (Aktualität, Layout, Fotos)
– Optimale Profilierung bei den Inserenten (Gestaltungsfreiheit, Wirkung)
– Positionierung gegenüber anderen Gratisanzeigern
– Wirtschaftlichkeit der Lösung unter Berücksichtigung sämtlicher Prozesse
(inkl. Druckprozess)

In der nachstehenden Zusammenstellung werden nur die Varianten 2 und 3 näher beschrieben, weil damit Ihre Bedürfnisse optimal abgedeckt werden können.

Die Variante 1 (Ist-Zustand, 4/1-farbiger Offsetdruck) bringt gegenüber der Variante 2 (4/4-farbiger Offsetdruck) nur € 300.– Kostenreduktion pro Ausgabe (€ 3 600.– p. a.).

4. Lösungsvarianten für den Beta Verlag im Überblick

	Variante 2: Bogenoffset (voll 4-farbig)	**Variante 3:** Zeitungsdruck (voll 4-farbig)
Produkt	A5 größer 17 x 24 cm	Tabloidformat 23,5 x 32 cm
Auflage	50 000	50 000
Umfang	32 Seiten	24 Seiten
Format	17 x 24 cm	23,5 x 32 cm
Leistungen	– Übernahme der Rohtexte – Bildbearbeitung – Bearbeitung der Inserate – Seitenumbruch – Druck – Ausrüsten – Postaufgabe	– Übernahme der Rohtexte – Bildbearbeitung – Bearbeitung der Inserate – Seitenumbruch – Druck – Ausrüsten – Postaufgabe

Kostenlose Zu-satzleistungen	– Korrektoratsleistungen am gelieferten Text (Wert € 600.– pro Ausgabe) – Bildbeschaffung online ab unserem Archiv (Wert € 4000.– pro Ausgabe)	– Korrektoratsleistungen am gelieferten Text (Wert € 600.– pro Ausgabe) – Bildbeschaffung online ab unserem Archiv (Wert € 4 000.– pro Ausgabe)
Papier	Weiß holzfrei gestrichen 90 gm²	Weiß aufgebesserter Zeitungsdruck (Edelweiß), 60 gm²
Ausrüstung	Broschüre in Drahtheftung	Rotationsgefalztes Exemplar
Zusätzliche Optionen	– Mitheften von Beilagen möglich – Einlegen von Beilagen möglich	– Einlegen von Beilagen möglich
Kosten pro Ausgabe	Korrektorat (gratis) Bildarchivnutzung (gratis) Vorstufe € 3616.– Druck 4/4-farbig € 5500.– Versandvorbereitung € 310.– Total € 9426.–	Korrektorat (gratis) Bildarchivnutzung (gratis) Vorstufe € 3624.– Druck 4/4-farbig € 4765.– Versandvorbereitung € 310.– Total € 8699.–
Totalkosten p. a.	€ 113 112.–	€ 104 388.–
Gewicht per Ex.	60 Gramm	55 Gramm
Gesamtfläche	13 056 cm²	18 048 cm²
Produktionszeit ab Redaktions-schluss bis Post-verteilung	– 3 Arbeitstage – Inserate- und Redaktions-schluss Montag Abend – Postverteilung Freitag Vormittag	– 2 Arbeitstage – Inserate- und Redaktions-schluss Dienstag Abend – Postverteilung Freitag Vormittag
Vorteile	– Höchste Druck- und Papier-qualität im Offsetdruck (voll 4-farbig) – Kostenlose Nutzung des Online-Bildarchivs (> 200 000 Fotos) – Lösung aus einer Hand ab Rohtextproduktion – Zeitgewinn: 2 Arbeitstage gegenüber Ist-Zustand – Kostenloses Korrektorat	– 38 % mehr Fläche für Inserate-Verkauf und/oder Redaktion – Späterer Redaktions- und Inserateschluss (Zeitgewinn 1 Tag gegenüber Variante 2 und 3 Tage gegenüber Ist-Zustand) – Aktuellerer Inhalt – Kostenvorteile gegenüber Variante 2 € 8 724.– p. a. und € 5 124.– gegenüber Ist-Lösung (4/1-farbig)

		– Kostenlose Nutzung des Online-Bildarchivs (> 200 000 Fotos) – Lösung aus einer Hand ab Rohtextproduktion – Voll 4-farbig – Kostenloses Korrektorat
Nachteile	– Kostennachteile € 8724.– p. a. gegenüber Variante 3 und € 3600.– gegenüber Ist-Zustand – Produktionszeit 1 Tag langsamer als Variante 3 und damit früherer Redaktions- und Inserateschluss nötig	– Druckqualität etwas schlechter – Papier vergilbt etwas schneller (nach ca. 5 Wochen)

Aufgrund der uns bekannten Anforderungen und der Einschätzung des Leser- und Inserentenmarktes in der Zukunft empfehlen wir die Variante 3 (Details zu den Varianten finden Sie in den beiliegenden Detailofferten).

5. Die Alpha-Lösung ist für Sie hochrentabel

Gegenüber dem Ist-Zustand ergeben sich im Minimum folgende Zusatznutzen (Ertragssteigerung und Kostensenkung) für die Variante 3 des DruckZentrums Alpha im 4-Farben-Zeitungsdruck:

– Druckkostenreduktion gegenüber heute (€ 9126.– ./. 8699.– x 12)	ca. € 5 124.– p.a.
– Mehreinnahmen im Inserateverkauf (38 % mehr Fläche, späterer Abschluss etc.) bei einer pessimistischen Einschätzung (25 % Nutzung des Potenzials)	ca. € 90 000.– p.a
– Kostenlose Nutzung des Bildarchivs (12 Ausgaben mit 20 Bildern à € 200.–)	ca. € 48 000.– p.a
– Attraktive Mehrfarbenlösung für die Profilierung gegenüber Inserenten und Kunden	ca. € 30 000.– p.a
– Korrektorat	ca. € 7 200.– p.a
Total Zusatznutzen pro Jahr	ca. € 180 324.– p.a

In diesen Beträgen sind evtl. Provisionen zu Ihren Gunsten für den Beilagendruck nicht enthalten.

Aus dieser Zusammenstellung ist erkennbar, dass bei einer verbesserten Inserateakquisition, einem aktuelleren Inhalt und einem späteren Inserateannahmeschluss dank der Alpha-Lösung die Druckkosten praktisch ausschließlich mit dem Mehrnutzen ausgeglichen werden können. Konkret heißt dies, dass für Sie der Druck praktisch gratis wird.

6. Das DruckZentrum Alpha bietet Ihnen weitere Optionen

Im Bedarfsfalle sind wir gerne bereit, folgende Arbeiten zusammen mit unseren Spezialisten zu übernehmen:
– Optimierung des Layouts
– Druckvorstufenarbeit vor Ort im Verlag
– Mithilfe bei der Inserateakquisition
– Druck von Beilagen für Ihre Kunden (mit Provision für Sie)
– Sicherstellung der Weiterbildung Ihrer Redakteure und Inserateverkäufer durch unsere erfahrenen Spezialisten aus dem Verlagsservice
– Erarbeitung eines Konzeptes für eine 14-tägige Anfrage zur Erhöhung der Aktualität (Phase 2)

7. Ihre Nutzen sind entscheidend

Bei einer Zusammenarbeit mit dem DruckZentrum Alpha können Sie unabhängig von der gewählten Lösung von folgenden Vorteilen profitieren:

- Der Beta Verlag kann sich dank vereinfachten, schnellen Prozessen voll auf seine Kernkompetenzen konzentrieren
- Starke Verbesserung der Wirtschaftlichkeit von € 180 000.– p. a. (Ertragssteigerung und Kostenreduktion)
- Optimale Gestaltungsmöglichkeiten für die Redaktion und die Inserate
- Klare Preise für die definierten Leistungen ohne versteckte Positionen (Fullservice-Paket mit kostenlosen Zusatzleistungen)
- Optimale Profilierung bei den Lesern und Inserenten (voll 4-farbig, attraktives Bildarchiv)
- Höhere Aktualität des Anzeigers und Zeitgewinn

8. Die Stärken des DruckZentrums Alpha

Das DruckZentrum Alpha profiliert sich im Markt mit folgenden Stärken gegenüber seinen Mitbewerbern:
- Große Erfahrung im Periodika-Bereich als Fullservice-Anbieter von der Druckvorstufe bis zur Auslieferung an die Leser
- Qualifizierte, motivierte und erfahrene Mitarbeitende
- Bewährte Abläufe in allen Geschäftsprozessen
- Kompetente Fullservice-Beratung für alle Prozesse
- Kürzeste Produktionszeiten in der ganzen Schweiz

9. Projektorganisation

Folgende bewährte und dynamische »Schlüsselspieler« unserer Fullservice-Druckerei werden bei einer Zusammenarbeit eingesetzt:

Projektleitung/Verkauf Innendienst

Markus Müller
DruckZentrum Alpha
Telefon: 09 123 45 66 (Direktwahl)
Fax: 09 123 45 69
E-Mail: mmueller@alpha.ch

Key Account Manager

Pirmin Maier
DruckZentrum Alpha
Telefon: 09 123 45 67 (Direktwahl)
Fax: 09 123 45 69
E-Mail: pmaier@alpha.ch

Produktionsleitung

Reto Zellweger
DruckZentrum Alpha
Telefon: 09 123 45 68 (Direktwahl)
Fax: 09 123 45 69
E-Mail: rzellweger@alpha.ch

Layout/Datenmanagement/Druckvorstufe

Christa Stoller
DruckZentrum Alpha
Telefon: 09 123 45 61 (Direktwahl)
Fax: 09 123 45 69
E-Mail: cstoller@alpha.ch

10. Offene Fragen

Wir schlagen Ihnen vor, dass wir bei unserem nächsten Treffen folgende Fragen besprechen:

– Teilen Sie die Einschätzung unserer Vor- und Nachteile für die beiden Varianten?
– Wäre es möglich, bei einer aktiveren Inserateakquisition eine 14-tägliche Auflage sicherzustellen, um die Aktualität des Anzeigers zu verbessern?
– Stimmt unsere Annahme, dass Sie ca. 20 Bilder pro Ausgabe aus unserem Bildarchiv benötigen würden?
– Soll die Postverteilung ebenfalls in die Offerte eingerechnet und durch das DruckZentrum Alpha organisiert werden?
– Würden Sie es begrüßen, wenn einer unserer Spezialisten in der Druckvorstufe direkt vor Ort arbeiten würde?
– Wie wichtig sind Beilagen für Ihren Gratis-Anzeiger?

11. Nächste Schritte

Für das weitere Vorgehen schlagen wir Ihnen folgende Schritte vor:

– Studium des vorliegenden Lösungsvorschlages
– Präsentation durch unseren Key Account Manager vor der Geschäftsleitung und/oder dem Verwaltungsrat
– Auswahl der favorisierten Lösungsvariante (Variante 2 oder Variante 3)
– Besuch unserer Unternehmung
– Evtl. Überarbeitung der Offerte und detaillierte Erstellung eines Terminplans mit dem Ziel, dass per Januar 2011 das neue Konzept zum Tragen kommt

12. Fazit

Ihr Verlag kann von den Vorteilen unseres Leistungsangebots im Bogen- oder Zeitungsoffset voll profitieren und dabei auf das Know-how und das Engagement einer eingespielten Mannschaft bauen. Das Resultat ist ein attraktiver, kostengünstiger und sehr wirtschaftlicher Anzeiger, der von Leserschaft und Inseraten positiv aufgenommen wird.

9.7.5 Richtiges Nachfassen von Angeboten – das Erfolgsgeheimnis des Key Account Managers

Trotz systematischer Verkaufsstufenpläne fragen sich viele Key Account Manger, wie und wann bei Offerten optimal »nachgefasst« wird. Der Kunde soll nicht zu stark unter Druck gesetzt werden und auf der anderen Seite soll er wissen, dass wir sehr gerne für ihn tätig wären. Gleichzeitig soll der Kunde nicht das Gefühl erhalten, wir seien auf den Auftrag »angewiesen«.

Folgende Ansätze haben sich bewährt:
- Kurzfristiges »Nachfassen« innerhalb 2 Tagen, insbesondere dann, wenn noch offene Fragen vorhanden sind.
- Nachfassen nach 7 bis 10 Tagen nach dem Versand der Offerte.
- Nachfassen gemäß Regeln, welche im Begleitschreiben fixiert sind (»Wir werden uns erlauben, Sie im Laufe der nächsten 10 Tage zu kontaktieren, um…«).

Mit Vorteil werden Offerten telefonisch (oder persönlich) nachgefasst, und zwar aus folgenden Gründen:
- Falls sich der Kunde noch nicht entschieden hat, erhalten wir einen Eindruck über unsere Chancen, wenn wir seine Fragen, seine Argumente und seine Einwände entsprechend interpretieren.
- Wir haben die Möglichkeit, die eigenen Stärken und die wichtigsten Nutzen nochmals darzulegen, um uns von den Mitanbietern abzuheben.
- Wenn beim Kunden Unklarheiten oder Missverständnisse vorhanden sind, haben wir die Möglichkeit, direkt und gezielt auf unsere Argumente einzugehen und bei Bedarf ein weiteres Gespräch zu vereinbaren.
- Wir haben die Gelegenheit, bereits die ersten Erfolgsgrundsätze der Abschlusstechnik anzuwenden (»Wer wäre in Ihrem Haus der zuständige Projektleiter, falls wir den Auftrag bekommen?«).
- Wir können mögliche Einwände und Gegenargumente sofort entkräften.

Beim Nachfassen gilt es, die richtigen »W-Fragen« einzusetzen:
- Wann haben Sie die Offerte erhalten?
- Wie gut haben wir Ihre Anliegen verstanden?
- Wie gut sind Ihre Bedürfnisse abgedeckt?
- Wie können wir Sie bei nächsten Schritten unterstützen?
- Wie gut hat Sie unsere Offerte überzeugt?

- Welche Detaillierungs- und Ergänzungswünsche zur Offerte haben Sie?
- Wann könnte eine Detailbesprechung und/oder Präsentation der Offerte stattfinden?
- Wann erfolgt der definitive Entscheid?
- Wann kann ein nächstes Gespräch stattfinden?
- Wie gut stimmt unsere Wirtschaftlichkeitsrechnung, die wir aus Ihrer Sicht erstellt haben? etc.

Das Nachfassen lohnt sich auch in denjenigen Fällen, bei denen eine Absage eingegangen ist. Erfragen Sie beim Kunden telefonisch oder persönlich die Gründe für die Absage. So können Sie für nächste Projekte beim gleichen Kunden oder bei anderen Key Accounts »lernen«. Mögliche Fragen in diesem Zusammenhang sind:

- Was können wir aus der Absage für die Zukunft lernen?
- Welche Gründe haben Sie bewogen, uns eine Absage zu erteilen?
- An wen wurde der Auftrag vergeben und warum?
- Wann besteht die Möglichkeit, sich für ein nächstes Projekt zu bewerben? Um welches Projekt handelt es sich?
- Wie gut schätzen Sie grundsätzlich die Erfolgschancen unseres Unternehmens bei einem nächsten Projekt ein?
- Was müssen wir tun, um die Erfolgschancen bei einem nächsten Projekt zu verbessern?

9.7.6 Wann gewinnen oder verlieren wir Projekte und Angebote?

Die Autoren sind bei verschiedenen Beratungs- und Schulungsprojekten im Vertrieb und im Key Account Management der Frage nachgegangen, warum Angebote gewonnen oder verloren werden. Befragt wurden Key Account Manager und Mitglieder von Buying-Centern bei Großkunden.

In Branchen, bei denen Spontanentscheide unüblich sind (z. B. Investitionsgüter, Beratung und viele Dienstleistungen), verfolgt der Kunde einen systematischen Entscheidungsprozess, der sich in folgende Phasen unterteilt:

- Informations- und Vorabklärungsphase, Informationsbeschaffung, erste Erwägung: Man will etwas verändern und strebt nach einer Lösung.
- Suchphase und Evaluation: Inwiefern werden die Aspekte bezüglich technischen bzw. fachlichen Anforderungen, Wirtschaftlichkeit und Sicherheit abgedeckt?
- Vorentscheid: Wer kommt überhaupt als Partner in Frage resp. welcher unserer »Hoflieferanten« ist geeignet?

■ Definitiver Entscheid: Mit dieser Firma wollen wir eine Partnerschaft eingehen!

Es wird klar, dass die Bedeutung des Angebotes im Laufe des Kaufentscheidungsprozesses laufend steigt. Der Kunde will sich in dem ihm unterbreiteten Angebot wiederfinden. Der persönliche Verkaufskontakt wird geschwächt, wenn der Kunde eine »0815-Offerte« erhält oder wenn die Offerte nicht rechtzeitig eintrifft. Konkret kann dies bedeuten, dass ein Angebot bereits ausscheidet, wenn dieses nicht zum vereinbarten Termin beim Empfänger eintrifft.

Die Erfahrungen zeigen, dass 70 % der Aufträge wegen menschlichem Fehlverhalten und nicht wegen objektiven Gründen verloren gehen. Nachstehend sind einige ausgewählte Praxisbeispiele von Aufträgen aufgeführt, welche verloren wurden:

Ausscheidungsgrund	Ursache	Konsequenz
Angebot wurde 5 Tage zu spät eingereicht.	Aufwand wurde unterschätzt und bei der Ausarbeitung der Offerte mussten noch Zusatzinformationen eingeholt werden.	Rechtzeitige Planung der Arbeiten und konsequentes Einhalten von Terminen.
Angebotene Lösung entspricht nicht den Anforderungen des Kunden.	Bedarfsabklärung war zu oberflächlich. Der Inhalt und die Erwartungen des Kunden waren zu wenig bekannt oder die Lösung war zu schwach.	Nur anbieten, wenn eine gute bis hervorragende Lösung sichergestellt werden kann und wenn die Bedürfnisse des Kunden bekannt sind.
Offerte ist 20 % zu teuer und beinhaltet unerwünschte Komponenten.	Bedürfnisse wurden zu wenig klar aufgenommen. Der Nutzen der Lösung und Zusatzleistungen konnte nicht sinnvoll dargestellt werden und das Budget wurde nicht nachgefragt.	Budget zu Beginn des Offertprozesses erfragen und Varianten mit geeigneten Argumenten (z. B. Wirtschaftlichkeitsrechnung) darstellen.
Richtlinien schreiben ein bestimmtes Produkt vor resp. die Anforderungen sind so formuliert, dass sie nur auf einen oder zwei Anbieter zutreffen	Der Kunde resp. der Interessent wurde falsch eingeschätzt, weil er nur eine »Alibiofferte« verlangt hat.	Offerten, welche einen großen Aufwand mit sich bringen, nur dann ausarbeiten, wenn die Beschaffungsgrundsätze klar sind und wenn ein vernünftiges Beziehungsnetz aufgebaut ist.

Die persönliche Präsentation wirkte weniger kompetent als diejenige von Mitanbietern.	Die Präsentation wirkt wenig kompetent und der Anbieter wurde von der Frage überrascht: »Warum sollen wir gerade Ihnen den Zuschlag geben?«	Gute Vorbereitung der Präsentation, Bereitstellung einer attraktiveren Präsentation, Vorbereitung der maßgeschneiderten Nutzenargumentation und der zentralen Kundenfrage: »Warum sollen wir gerade Ihnen das Vertrauen schenken?«

Im gleichen Sinne können auch Beispiele aufgelistet werden, bei denen Unternehmen und Verkäufer/Key Account wichtige Projekte gewonnen haben:

Grund für die Zusage	Ursache	Tipps
Der Kunde wurde bereits im Vorfeld des Auftrages regelmäßig bearbeitet.	Das Unternehmen hat mit einer guten Kontaktplanung innerhalb des Accountplanes regelmäßige Besuche und Telefonate sichergestellt.	Angebote für Projekte sollten nicht isoliert betrachtet, sondern als Teil einer Gesamtbearbeitung des Kunden verstanden werden und in Gesamtlösungen eingebettet sein.
Das Buying-Center und der Entscheidungsprozess sind klar analysiert.	Das Unternehmen arbeitet mit laufend aktualisierten Accountplänen und setzt die Methoden des Projektverkaufs resp. des strategisch-politischen Verkaufens gut ein.	Die zentralen Zukunfts-Projekte sollten im Accountplan analysiert und priorisiert werden, um dann die Methode des strategisch/politischen Verkaufens gezielt einzusetzen und Lösungen über der »gläsernen Decke« sicherzustellen.
Den wirtschaftlichen und technischen Anforderungen wurde perfekt entsprochen.	Dem Key Account Manager ist es beim Projektstart gelungen, die Erwartungen der Beteiligten früh zu erfassen und sein Angebot maßgeschneidert auf die Anforderungen auszurichten.	Erwartungen und Anforderungen konsequent erfassen und die richtige Strategie zum Gewinnen des Auftrages wählen.
Der Key Account Manager hat nicht in Produkten, sondern in Leistungspaketen/Lösungen gedacht.	Dem Key Account Manager ist es gelungen, mit einer Gesamtlösung dem Kunden die notwendige Sicherheit zu garantieren.	Überlegen, wie man dem Kunden nicht nur ein Produkt verkauft, sondern eine geeignete Lösung zur Bewältigung seiner unternehmerischen Herausforderungen.
Das konsequente Nachfassen und das termingerechte Bearbeiten aller Arbeitsschritte haben den Kunden überzeugt.	Der Key Account Manager hat alle Arbeitsschritte genau terminiert und sämtliche Versprechen eingehalten.	Richtige Arbeitstechnik und konsequentes Zeitmanagement.

Bei negativen Entscheiden des Kunden gilt es, sich einige wichtige Fragen zu stellen und zu beantworten:

- Sind die Vorteile der offerierten Lösung richtig dokumentiert und verständlich unterbreitet worden?
- Konnte den Einwänden und Gegenargumenten (z. B. »Sie sind zu teuer«) richtig begegnet werden?
- Wurden die Anforderungen und Wünsche des Kunden verstanden und richtig in die Offerte übertragen?
- Welche Versprechungen wurden allenfalls nicht eingehalten?
- Wurde beim Nachfassen zu viel oder zu wenig Druck ausgeübt?
- Wie gut war das Erscheinungsbild der Offerte und inwiefern hat uns das Angebot gegenüber den Mitbewerbern profiliert?
- Beinhaltet das Angebot eine Wirtschaftlichkeitsrechnung und/oder Investitionsrechnung aus Sicht des Key Accounts?

Wenn auf diese Fragen keine Antworten vorliegen, lohnt es sich, den Kunden zu kontaktieren und ihm folgende Frage zu stellen: »Was können wir aus Ihrer Absage lernen?«

Untersuchungen von McKinsey zeigen, dass die üblichen in Rapporten festgehaltenen Absagegründe (Preis, falsches Produkt, Gegengeschäft) falsch sind. Zu ca. 60 bis 70 % ist die Absage durch eine suboptimale Arbeit des Key Account Managers zu begründen.

9.7.7 Die Angebotskontrolle als Instrument zur Zukunftssicherung

Die Kontrolle in Form von regelmäßigen Soll-Ist-Vergleichen zum Umsatz und zum Auftragseingang zeigt uns, wie gut wir unsere Verkaufsaufgaben in der Vergangenheit erledigt haben.

Viele Unternehmen verfolgen Wachstumsstrategien. Neben dem Management der Liquidität gilt es, ein Frühwarnsystem aufzubauen, welches zeigt, ob wichtige Expansionsschritte (neue Mitarbeitende, teure Marketingmaßnahmen etc.) tatsächlich realisiert werden können. Eines der besten Frühwarnsysteme ist gemäß den Erfahrungen der Autoren eine gute Offertbewertung, mit der sich das Unternehmen jederzeit ein Bild machen kann, welche Aufträge mit welcher Wahrscheinlichkeit zu erwarten sind.

Es gibt Unternehmen, die einen Betrag für »offene Angebote« fixieren, welcher jederzeit eingehalten werden muss, um die Zukunft sorglos angehen zu können. So haben mehrere Kunden aus der Beratungspraxis von Dr. Pius Küng & Partner die Erfahrung gemacht, dass der Gesamtbetrag der offenen Offerten einem Jahresumsatz entsprechen sollte. Übersteigt der Offertbetrag den Jahresumsatz, dann sind diese Unternehmen bei der Akquisition zurückhaltender und bei der Preisfestlegung »stur«. Ist der Angebotsbetrag tiefer als ein Jahresumsatz, dann wird aktiver akquiriert, konsequenter nachgefasst und bei Bedarf aggressiver kalkuliert.

Wird im Rahmen der Offertbewertung die Erfolgswahrscheinlichkeit mit Prozentzahlen ausgedrückt, besteht die Möglichkeit, den »Erwartungswert« einer Offerte zu berechnen. Beispiel: Eine Offerte von € 50 000.–, welche in 4 Monaten entschieden wird, repräsentiert bei einer 50 %igen Wahrscheinlichkeit (Erfahrungswert) einen potenziellen Auftragseingang von € 25 000.– in 4 Monaten.

Eine andere Methode besteht darin, dass alle Angebote den verschiedenen Stufen des Verkaufsprozesses zugeordnet werden, um festzustellen, was auf jeder Stufe tatsächlich im »Portefeuille« vorhanden ist und was nicht.

Verkaufsstufe	Beschreibung	Soll-Angebots-Portefeuille KAM Müller Heinz
Stufe 1	Machbarkeitskonzept Grobkonzept erarbeitet	€ 6 Mio.
Stufe 2	Grobes Angebot präsentiert und angepasst Abschluss in < 6 Monaten	€ 4 Mio.
Stufe 3	Detailangebot präsentiert Abschluss in < 4 Monaten	€ 2 Mio.
Stufe 4	Detailangebot bereinigt Abschluss in < 2 Monaten	€ 1 Mio.

Diese Methode wird in den USA als »Sales-Funnel« bezeichnet und hat eine ähnliche Zielsetzung wie die Bewertung der Angebote.

Nachstehend soll ein Beispiel einer Offertbewertung die Wirkungsweise und den Nutzen dieses Frühwarnsystems verdeutlichen, das sowohl von Key Account Managern wie auch vom regionalen Außendienst eingesetzt werden kann.

Beispiel einer Offertbewertung
(Regeln für die Bewertung der Erfolgsschancen)

Firma (Idee): Muster AG
Name: Alfred Muster, KAM
Datum: 3. 3. 2014

Regeln für die Bewertung der Erfolgschancen von Anfragen und Offerten
Erfolgswahrscheinlichkeit in %

10%	Bedarfsaufnahme ist abgeschlossen/Richtofferte ist ausgearbeitet/Angebot befolgt die Anforderungen/Budget beim Kunden vorhanden/keine reine Konkurrenzofferte
20%	Richtofferte/Grundofferte dem Kunden präsentiert/Kunde zeigt großes Interesse
30%	Kunde hat erste Evaluation durchgeführt, er ist immer noch interessiert an unserem Angebot/max. 3 Konkurrenten im Rennen
40%	Gute Gründe zu glauben, dass wir in die engste Wahl kommen, d. h. max. 2 weitere Konkurrenten im Rennen
50%	Kunde favorisiert unser Angebot/Definitive Offerte beim Kunden präsentiert/max. 1 weiterer Konkurrent im Rennen
60%	Gute Gründe zu glauben, dass wir in der besten Position, resp. dass der Konkurrent bei den Entscheidungsträgern (stark) im Nachteil ist/keine wesentlichen Punkte in der definitiven Offerte offen/keine Mitanbieter »mehr im Rennen«
70%	Interne Beeinflusser haben sich für uns entschieden/Entscheid einer anderen Stelle resp. der Entscheidungsträger (z. B. GL) ist noch offen/Offerte ist bereinigt/Entscheidungsträger sind positiv eingestellt
80%	Entscheidungsträger haben sich mündlich für uns entschieden (z. B. an einer Sitzung etc.)
90%	»Letter of intent« oder »Telephone of intent« ist eingetroffen Auftragsbestätigung folgt resp. kann geschickt werden
100%	Auftragsbestätigung verschickt und ohne Kritik akzeptiert

Beispiel einer Projektbewertung

Beispiel einer Projektbewertung resp. eines Angebotsportefeuilles

Firma (Idee): Muster AG
Name: Hans Muster
Datum: 3. 3. 20..

Kunde Abteilung	Kategorie	Teilmarkt/ Teilmärkte	Datum Offerte	Auftragsgröße gem. Offerte (1)	Abschlusschance in % (2)	Wahrscheinlicher Abschlusstermin (Monat/Jahr)	Bewertung der Projekte: Auftragsgröße (1) x (2)	Wahrscheinlicher Ausführungstermin (Monat/Jahr)	Absage vom...	Absagegrund* (Code und Details)	Bemerkungen
Firma A in A	KA	Produkte xy	20.2.	50 000	50	Juni/20..	25 000	August/20..			
Firma A in A	KA	Produkte xz	21.12.	20 000	30	Mai/20..	6 000	Mai/20..			
Firma A in A	KA	Produkte xz	1.1.	100 000	80	März/20..	80 000	Mai/20..			
Firma B in B	KA	Produkt A	21.12.	80 000					15.2.	E	Kundenbedürfnisse falsch verstanden, Auftrag an Konkurrent A
Firma B in B	KA	Produkt A	12.1.	90 000	70	April/20..	63 000	Juni/20..			
Firma C in C	KA	Produkt C	12.1.	100 000	80	März/20..	80 000	Mai/20..			
Total in 1000				440 000			254 000				

Unser prognostizierter **Auftragseingang** (Abschlüsse) in den nächsten 4 Monaten bis Ende Juni Jahr 20..

Monat: März 20..   Betrag in 1000: 160 000.–   (100 000 x 80% + 100 000 x 80%)
Monat: April 20..   Betrag in 1000: 63 000.–   (90 000 x 70%)
Monat: Mai 20..   Betrag in 1000: 6 000.–   (30 000 x 20%)
Monat: Juni 20..   Betrag in 1000: 25 000.–   (50 000 x 50%)
Total der zu erwartenden Aufträge
(unter Berücksichtigung Erfolgswahrscheinlichkeit)   Betrag in 1000: 254 000.–

*) Absagegründe:

A = Kunde macht Gegengeschäft mit Konkurrenten...

B = Politische Gründe/ Beziehungen zu wenig tief

C = Preis gegenüber dem Konkurrenten ... um ... % zu hoch

D = Terminvorgaben nicht eingehalten/ einhaltbar

E = Falsche Lösung und Auftrag an Konkurrenten...

9.7.8   Professionelles Management von Angeboten

Für die Erfolgssteigerung von Offerten gibt es in der Praxis folgendes Vorgehen, welches sich bei vielen KAM-Organisationen bewährt hat:

Schritt 1: Verkaufsstufenplan
Auf der Basis der Verkaufsanalysen und des Verkaufskonzeptes wird ein Verkaufsstufenplan definiert, der detailliert festlegt, wie Kunden schrittweise bearbeitet werden.

Schritt 2: Arten von Offerten
Nun werden Aufbau und Inhalt von Grobofferten und Detailofferten firmenspezifisch und entsprechend dem CD/CI festgelegt. Gleichzeitig wird definiert, welche Voraussetzungen gegeben sein müssen, damit eine aufwändige Offerte erarbeitet wird.

Schritt 3: Struktur und Inhalt der Angebote/Offerten
Anschließend wird die Struktur und der Inhalt der verschiedenen Offertarten erarbeitet. Mit Vorteil wird eine Musterofferte erstellt, von der gewisse Textbausteine voll oder leicht abgeändert in die jeweiligen Offerten übernommen werden können.

Schritt 4: Erfolgswahrscheinlichkeit von Angeboten/Offerten
Auf der Basis des Verkaufsstufenplans und der bisherigen Erfahrungen werden nun die Grundregeln zur Offertbewertung erarbeitet.

Schritt 5: Angebots-/Offertbewertung
Die ausgearbeiteten Offerten werden laufend ins Offertbewertungstool (Projektbewertung) übertragen, wobei jeweils per Ende Monat eine Neubewertung der Offerten erfolgt und gleichzeitig der wahrscheinliche Termin des Auftragseinganges prognostiziert wird. Gleichzeitig wird der Grund von verlorenen Aufträgen analysiert und festgehalten.

Schritt 6: Revision
Einmal jährlich werden die Regeln zu den Erfolgswahrscheinlichkeiten aufgrund der Erfahrungen überprüft. Gleichzeitig werden die Absagegründe analysiert. Aufbauend auf diesen Erkenntnissen werden Schlussfolgerungen für die Analysen, die Marketing- und Verkaufskonzepte, für den Verkaufsstufenplan und für die Marketingmaßnahmen gezogen.

9.7.9   Präsentation von Lösungsangeboten

Viele Lösungsangebote müssen heute vor Gremien präsentiert werden, wobei der Key Account Manager nicht damit rechnen kann, dass die Mitglieder dieser Gremien perfekt auf die Besprechung vorbereitet sind, selbst wenn das Angebot im Voraus hätte studiert werden können.

Eine solche Angebotspräsentation ergänzt die schriftlichen Lösungsangebote. Heute wird sehr oft der Fehler begangen, dass Lösungsangebote nur als PowerPoint-Präsentationen erarbeitet werden. Auf das schriftliche Angebot wird oft verzichtet. Die eingesetzten Slides wirken sehr oft überladen, die Präsentationen ziehen sich in die Länge und ein Nicht-Teilnehmender kann verschiedene Aussagen nicht optimal nachvollziehen. Erfolgreiche Key Account Manager arbeiten mit folgenden Arbeitsmethoden:

1. Versand des schriftlichen Angebotes an ausgewählte Mitglieder des Buying-Centers und Besprechung des Lösungsangebotes mit ausgewählten Personen.
2. Bestimmung der Teilnehmenden an der Angebotspräsentation.
3. Versand der Einladungen mit folgendem Inhalt: Ziel der Präsentation, Durchführungsort, Zeit, Agenda.
4. Abgabe eines Management Summarys und der Präsentationsslides an die Teilnehmenden zu Beginn der Präsentation.
5. Professionelle Präsentation, welche sich an der Struktur des Lösungsangebotes ausrichtet. Der Key Account Manager »führt« das Meeting optimal, wenn er sich an die verschiedenen Erwartungen der Buying-Center-Mitglieder erinnert und die Kundenutzen bezüglich Wirtschaftlichkeit, Prozessoptimierung, Fehlerreduktion etc. speziell in den Vordergrund stellt.
6. Eine kluge Angebotspräsentation beinhaltet am Schluss klare Empfehlungen z. Hd. des Kundenunternehmens, welche mit Ja/Nein beantwortet werden können.
7. Die Resultate des Meetings werden schriftlich bestätigt.

Das folgende Beispiel zeigt eine Einladung sowie die Zielsetzung und die mögliche Struktur einer Angebotspräsentation:

Alpha Facility Management
11111 Köln

Meeting Outsourcing Facility-Management-Leistung der Firma Muster AG/Einladung

1. Teilnehmende
Schröder Hans, CEO Muster AG
Günter Philip, CFO Muster AG
Stengle Kurt, Leiter Immobilien Muster AG
Schmitz Max, Leiter Administration Muster AG
Fischer Felix, Leiter HR Muster AG
Meier Claudia, Key Account Managerin Alpha
Wille Manuela, CEO Alpha

2. Ort/Dauer
Raum 333 der Muster AG in 1111 Musterhausen
Montag, 2. Februar 2010, 10.00–12.30 Uhr

3. Zielsetzungen
Das Ziel dieses Meetings ist erreicht, wenn

- die Vorteile eines Outsourcings der Facility-Management-Leistungen erkannt sind,
- das Lösungsangebot der Firma Alpha die wesentlichen Erwartungen der Firma Muster AG abdeckt und
- das weitere Vorgehen festgelegt ist.

4. Agenda
- Anliegen und Erwartungen der Muster AG zur Immobilienbewirtschaftung
- Stärken und Schwächen der heutigen Lösung
- Lösungsvarianten im Facility- und Immobilienmanagement inkl. Nutzen und Wirtschaftlichkeitsrechnung aus Kundensicht
- Empfehlung für die beste Variante aus Sicht der Muster AG inkl. Terminplanung zur Implementierung
- Diskussion der Variante und/oder der Empfehlung
- Nächste Schritte und Zuständigkeiten
- Gemeinsames Mittagessen und vertiefte Diskussionen

Checkliste/Kontrollfragen zum strategisch-politischen Verkaufen	ja	nein	prüfen
■ Kennen wir die kaufrelevanten Personen (Entscheider, Mitentscheider, interne Beeinflusser, externe Beeinflusser) sowie deren Einfluss auf die Kaufentscheidung?	☐	☐	☐
■ Haben wir die geschäftlichen und persönlichen Erwartungen der am Kaufprozess beteiligten Personen konsequent erfasst?	☐	☐	☐
■ Kennen wir die Konkurrenzangebote resp. das Konkurrenzprojekt?	☐	☐	☐
■ Kennen wir beim konkreten Projekt die Stärken und Schwächen bezüglich Produkt und Zusatzleistungen (Lösung)?	☐	☐	☐
■ Haben wir im Rahmen unserer Kontakte herausgefunden, wo wir preislich stehen?	☐	☐	☐
■ Ist unser Beziehungsnetz zu den wichtigsten Personen besser als das der Konkurrenz?	☐	☐	☐
■ Haben wir überhaupt Erfolgschancen?	☐	☐	☐
■ Sind die gewählten Schritte zum Erfolg definiert und sind sie terminiert?	☐	☐	☐
■ Haben wir die richtige Strategie gewählt, um unsere Chancen zu nutzen (direkt, indirekt, teilen, verzögern)?	☐	☐	☐
■ Wirkt unser Lösungsangebot überzeugend und erfüllt es die wichtigsten Kundenbedürfnisse und Kundenerwartungen, indem die Kundennutzen klar hervorgehoben werden?	☐	☐	☐
■ Wirken die Slides für die Angebotspräsentation attraktiv und wird ein Schwerpunkt auf den Kundennutzen gelegt?	☐	☐	☐

Zusammenfassung:

Während sich das Key Account Management v. a. für wiederkehrende Geschäfte mit den Schlüsselkunden eignet, kommt das strategisch-politische Verkaufen bei großen, einmaligen Auftragsvolumen oder bei Kunden mit regelmäßigen größeren Aufträgen zum Tragen.

Noch wichtiger als im Key Account Management ist im strategisch-politischen Verkaufen die Kenntnis des Buying-Centers, d. h. jener Personen, welche am Entscheidungsprozess beteiligt sind. Es lohnt sich bei umfassenden Projekten das Buying-Center differenziert zu betrachten. Dabei bringt die Eingliederung ins Unternehmen wohl die hierarchische Macht zum Ausdruck, daneben muss aber auch festgehalten werden, welchen Einfluss die jeweilige Person auf den Entscheidungsprozess ausüben kann. In der Praxis wird der Einfluss von Einkäufern oft überschätzt. Fokussiert man z. B. die Kontakte auf die Einkäufer und erkennt nicht, dass die Entscheidungen an anderen Stellen getroffen werden, steht man im Projekt mit schlechten Karten da.

Neben den guten Kenntnissen über die Beteiligten am Entscheidungsprozess gilt es im strategisch-politischen Verkaufen auch, die Vor- und Nachteile und die möglichen Strategien der Mitbewerber zu erfassen. Erst auf dieser Basis kann entschieden werden, welche Strategie zu verfolgen ist.

In der Praxis stehen folgende Strategien zur Erfolgssicherung zur Verfügung:

- Direkte Strategie
- Indirekte Strategie
- Teilungsstrategie
- Verzögerungsstrategie

Folgendes Vorgehen hat sich für die Analyse von Großprojekten und die Bestimmung der zu wählenden Strategie bewährt:

1. Beschreibung des Projektes
2. Erfassen des Buying-Centers und der Erwartungen
3. Bestimmen der Stärken und Schwächen gegenüber der Konkurrenz
4. Entscheidung bezüglich der Strategie
5. Festlegen der Meilensteine für die Umsetzung

Es lohnt sich, die Erkenntnisse aus dem strategisch-politischen Verkaufen in professionelle Lösungsangebote oder Angebotspräsentationen zu integrieren und dort speziell den wirtschaftlichen Kundennutzen herauszustreichen.

10 Erfolgreiche Implementierung des Key Account Managements

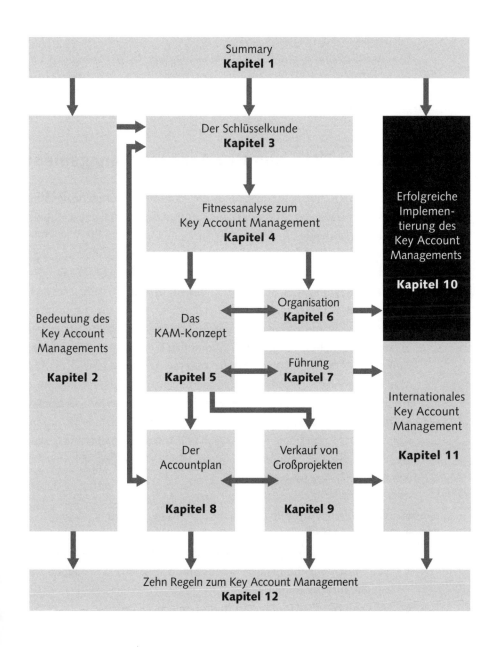

Summary
Kapitel 1

Der Schlüsselkunde
Kapitel 3

Fitnessanalyse zum
Key Account Management
Kapitel 4

Erfolgreiche
Implemen-
tierung des
Key Account
Managements

Kapitel 10

Bedeutung des
Key Account
Managements

Kapitel 2

Das
KAM-Konzept

Kapitel 5

Organisation
Kapitel 6

Führung
Kapitel 7

Internationales
Key Account
Management

Kapitel 11

Der
Accountplan

Kapitel 8

Verkauf von
Großprojekten

Kapitel 9

Zehn Regeln zum Key Account Management
Kapitel 12

> ### In diesem Kapitel finden Sie Antworten auf folgende Fragen:
>
> - *Wie erfolgt der Aufbau eines Key Account Managements?*
> - *Wie wird eine bestehende KAM-Organisation optimiert?*
> - *Wie wird die professionelle Bearbeitung von international tätigen Kunden sichergestellt?*
> - *Welche Besonderheiten muss ein KMU beim Aufbau des Key Account Managements beachten?*
> - *Welcher Zeitbedarf ist für die Neueinführung und die Optimierung notwendig?*
> - *Welche Risiken müssen beachtet werden?*

10.1 Der Weg zum Key Account Management

Immer mehr Unternehmen planen die Einführung eines professionellen Key Account Managements oder die Optimierung einer heute unbefriedigenden Performance. In diesem Zusammenhang stehen die Unternehmen vor der Frage, welches das richtige Vorgehen zur Einführung des Key Account Managements ist.

In der Regel werden Schlüsselkunden in den Unternehmen schon heute intensiver als andere Kunden betreut, allerdings erfolgt dies nicht unter dem Namen Key Account Management, sondern wird als traditioneller Verkauf bezeichnet. Die Betreuung der Größtkunden konzentriert sich auf den Verkauf und die Beratung, während die anderen Aufgaben eines Key Account Managers – wie den Kunden zu analysieren, entsprechende Konzepte zu erarbeiten und sich verantwortlich zu zeigen für die interne Koordination – kaum ausgeprägt sind. Mit der Einführung des Key Account Managements wollen sich Unternehmen professionell und kompetent der Schlüsselkunden annehmen. Bis die Einführung abgeschlossen ist, stellen sich den Unternehmen vielfältige Fragen:

- Was wollen wir mit dem Key Account Management erreichen?
- Wer sind unsere Key-Accounts?
- Welche Anforderungen stellen wir an die Betreuer der Schlüsselkunden?
- Wo finden wir die idealen Schlüsselkunden-Betreuer? Haben wir geeignete interne Kandidaten?
- Wie soll das KAM integriert und organisiert werden?
- Welche Instrumente sind im Rahmen des KAM sinnvoll und nützlich?

Zu diesen und vielen weiteren Fragen geben die vorausgehenden Kapitel eingehend Auskunft. Allerdings ist noch nicht geklärt, in welchen Schritten sich der Aufbau des Key Account Managements im Unternehmen vollzieht.

Als eine wichtige Erfolgsvoraussetzung für die Einführung oder Optimierung des Key Account Managements hat sich die Bildung eines Projektteams bewährt. Im Rahmen eines Projektplanes gilt es, folgende Schlüsselpunkte zu bestimmen:

- Ziele des KAM-Projektes
- Projektorganisation (idealerweise setzt sich der Projektausschuss aus Mitgliedern des Top-Managements zusammen und die Projektleitung übernimmt der oberste Marketing- und Verkaufsverantwortliche)
- Detaillierte Planung der Arbeitsschritte inkl. Terminen und Kosten
- Definition von Meilensteinen und Terminen für Freigabeentscheidungen zu den verschiedenen Projektphasen

Praxiserfahrungen zeigen, dass für die Entwicklung und Implementierung eines professionellen Schlüsselkunden-Managements ca. zwei Jahre benötigt werden, wovon für die Weiterbildung, die Dokumentation der Key-Accounts (Accountpläne) und die Sicherstellung von Anfangserfolgen ca. ein Jahr einkalkuliert werden muss.

In der Praxis hat sich die nachstehende Abfolge zur Einführung eines erfolgreichen Key Account Managements bewährt. Die einzelnen Schritte wollen wir nachfolgend noch etwas detaillierter erläutern.

Schritt 1: Verkaufsstrategie und allgemeine Analyse (KAMERA)

Als erster Schritt sollten die übergeordneten Strategien (Unternehmens- und Marketingstrategie) feststehen. Daraus abgeleitet kann im Rahmen der Verkaufsstrategie die Bedeutung des Key Account Managements definiert werden. Gleichzeitig sollen mittels der KAMERA (Key-Account-Management-Erfolgsreserven-Analyse, vgl. Kapitel 4) der Fitnessstand des Key Account Managements im eigenen Unternehmen festgestellt und die wichtigsten Erfolgsreserven erkannt werden.

Schritt 2: Anforderungen an einen Key-Account formulieren

Nachdem die Grundsätze zum Key Account Management aus den übergeordneten Strategien abgeleitet wurden, gilt es die konkreten Anforderungen an einen Key Account Manager zu bestimmen.

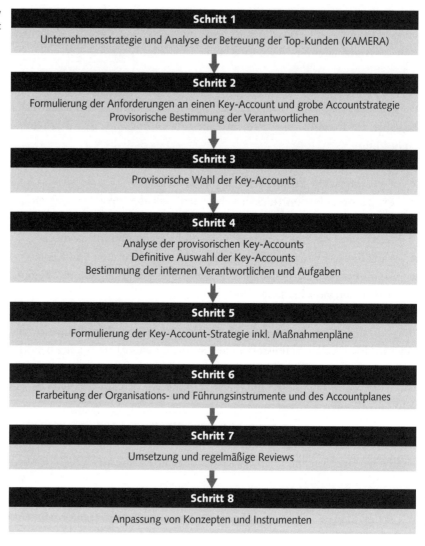

Neben rein quantitativen Kriterien – wie Umsatz- oder DB-Größen – können qualitative Kriterien – wie wichtiger Imageträger, Referenzkunde etc. – einbezogen werden. Häufig werden 3 bis 4 Kriterien definiert, wobei es zur Definition als Schlüsselkunde ausreicht, wenn z. B. zwei dieser 3 bis 4 Kriterien erfüllt sind.

Neben der Bestimmung der Anforderungskriterien an einen Schlüsselkunden, wird intern abgeklärt, wer überhaupt als Key-Account-Verantwortlicher in Frage kommt. Gleichzeitig werden die Anforderungen an einen Key Account Manager unternehmensspezifisch definiert.

Schritt 3: Provisorische Wahl der Key-Accounts

Aufgrund der definierten Kriterien kann eine provisorische Wahl der Key-Accounts vorgenommen werden. Die bestehende Kundendatei wird bezüglich der definierten Kriterien untersucht und die Kunden, welche den Anforderungen entsprechen, werden provisorisch als Schlüsselkunden definiert.

Schritt 4: Analyse und definitive Auswahl der provisorischen Key-Accounts und Bestimmung der internen Verantwortlichen und Aufgaben

Jeder einzelne der provisorischen Key-Accounts wird detailliert analysiert. Es soll mit dieser Detailanalyse festgestellt werden, ob die definierten Kunden richtig als Key-Accounts eingestuft sind. Es ist denkbar, dass ein Kunde z. B. in die Kategorie der Schlüsselkunden provisorisch aufgenommen wurde (zwei der 3 bis 4 Kriterien sind erfüllt), wobei jetzt schon klar ist, dass der Kunde diese Kriterien in Zukunft nicht mehr erfüllen wird.

In diesem vierten Schritt muss eine Bereinigung stattfinden. Es sollen am Schluss jene Kunden vorliegen, welche bereits die Kriterien als Schlüsselkunden erfüllen und diese auch in absehbarer Zeit erfüllen werden. Gleichzeitig sollen Target-Accounts (potenzielle Schlüsselkunden) identifiziert werden, welche in 2 bis 3 Jahren die Kriterien als Top-Kunde erfüllen.

Bei den Target-Accounts handelt es sich entweder um aktuelle A- oder B-Kunden, welche das Potenzial zum Schlüsselkunden haben, oder um neue Kunden mit dem Potenzial zum Key-Account.

Schritt 5: Key-Account-Strategie inkl. Maßnahmenpläne

Auf der Basis der Analyseresultate wird nun die KAM-Strategie erarbeitet, welche folgende Themenschwerpunkte enthält (vgl. Kapitel 5):

1. Vorgaben aus übergeordneten Strategien und wichtigste Learnings aus der Analyse
2. Definitive Kriterien für die Selektion als Major-Account, Key-Account und Target-Account in der Zukunft
3. Definitive Wahl der Key-Accounts
4. Zielsetzungen (quantitative und qualitative Ziele)
5. Wichtigste Marketingaktivitäten für Schlüsselkunden (Konditionensysteme, Events, Servicepakete etc.)
6. Konsequenzen für die Organisations- und Personalplanung ableiten
7. Bestimmung und Definition der wichtigsten Führungsinstrumente (Reporting, Lohnsystem, Reviews etc.)
8. Wirtschaftlichkeitsrechnung
9. Meilensteine

Schritt 6: Erarbeitung der Organisations- und Führungsinstrumente

Getreu dem Prinzip »structure follows process follows strategy« werden nun die Organisation und die Führungsinstrumente im Key Account Management erarbeitet, welche im Key-Account-Management-Konzept als prioritär bezeichnet wurden. Die Organisation und die Führungsinstrumente sollen nicht Selbstzweck sein, sondern die konsequente Umsetzung der Strategie sicherstellen. Bezüglich organisatorischen Eingliederungsmöglichkeiten und Führungsinstrumentarium beinhaltet Kapitel 6 verschiedene Varianten und Beispiele. In diesem Arbeitsschritt gilt es, die definitiven Zuständigkeiten innerhalb der Account-Teams festzulegen. Als weiterer Erfolgsfaktor hat sich eine intensive Information wichtiger Mitarbeiter aus anderen Unternehmensbereichen bewährt.

Schritt 7: Umsetzung und regelmäßige Reviews

Erfolgsentscheidend ist nun eine beharrliche und konsequente Umsetzung. Hier gilt es, Anfangswiderstände gegen organisatorische Änderungen zu überwinden. Dies gelingt nur, wenn eine laufende Information der Mitarbeiter erfolgt und wenn Konflikte rasch erkannt und fair gelöst werden.

Aufgabe des Managements ist es, unmissverständlich den Willen zu dokumentieren, dass das Projekt Key Account Management für die Zukunft des Unternehmens von entscheidender Bedeutung ist. Die Umsetzung muss sich an den definierten Prioritäten bezüglich Zielen und Terminen orientieren. Außerdem gilt es, neue Erkenntnisse laufend einzubringen und mindestens vierteljährlich eine systematische Review durchzuführen sowie die Fortschritte und Erfolge an alle relevanten Stellen zu kommunizieren.

Langjährige Erfahrungen aus der Beratungspraxis zeigen, dass ein professionelles Key Account Management lediglich dann erfolgreich ist, wenn sich neben den Strategien und den strukturellen Veränderungen auch eine Schlüsselkunden-Kultur in allen Unternehmensbereichen entwickelt. Im Idealfall kennt jeder Mitarbeiter die zehn wichtigsten Top-Kunden eines Unternehmens und stellt deren Anliegen bei Ziel- und/oder Terminkonflikten in den Vordergrund. Die Führungskräfte unterstützen und fördern durch ihr Verhalten eine entsprechende Schlüsselkunden-Kultur.

Schritt 8: Anpassung von Konzepten und Instrumenten

Es wäre vermessen zu glauben, dass die Entwicklung von Konzepten und Instrumenten nach einer ersten Erarbeitung eine langjährige Gültigkeitsdauer hat. Unternehmensstrategische Entscheidungen, Fusionen sowie Erfolge und Misserfolge unserer Schlüsselkunden und wichtige Marktveränderungen bedingen eine jährliche Überprüfung und Anpassung der erarbeiteten Grundlagen zur Bearbeitung der Schlüsselkunden.

10.2 Key Account Management in KMU

Die Organisation und Kultur von KMU ist zu einem großen Teil inhaber-geprägt. Zudem kann festgestellt werden, dass in KMU ($\leq$ 300 Mitarbeiter) relativ wenige Mitarbeiter im Verkauf tätig sind. Für KMU können die in den vorhergehenden Kapiteln definierten Grundsätze und Instrumente sinn-gemäß eingesetzt werden, wobei sich aus organisatorischer Sicht folgende Varianten bewährt haben:

- Der Inhaber/Geschäftsführer übernimmt selbst die Betreuung der 5–10 wichtigsten Kunden und wird hierbei von einem Assistenten und/oder spezialisierten Innendienstmitarbeiter unterstützt.
- Der Verkaufsverantwortliche übernimmt zusammen mit anderen Mit-gliedern des Managements die Betreuung der Schlüsselkunden.
- In größeren KMU übernehmen regionale Verkaufsleiter oder Leiter von kleinen Tochtergesellschaften die Aufgaben des Schlüsselkunden-Managers.
- Die Key-Account-Betreuung wird dem besten Verkäufer – nach einer geeigneten Weiterbildung – zugeteilt. So können bestehende Kunden-beziehungen erhalten bleiben.

Zusammenfassung:

Lange Zeit war ein professionelles Key Account Management vor allem bei führenden Unternehmen in den Bereichen Food, Non-Food und IT und teilweise im Banken- und Versicherungsbereich erkennbar. Seit einiger Zeit steht die Optimierung oder die Einführung des Key Account Managements weit oben auf der »Agenda« vieler Unternehmen. Wie mehrere Umfragen gezeigt haben, gehört die Einführung des Key Account Managements zu den drei Top-Aufgaben.

Als Erfolgsvoraussetzung für ein solches Verfahren eignet sich am besten ein Projekt, welches mit einer klaren Abfolge von Schritten das Erreichen der Ziele sicherstellt. Angefangen bei den strategischen Vorgaben und einer Analyse des Key Account Managements werden zuerst die Anforderungen an einen Key-Account definiert, um anschließend eine grobe Analyse möglicher Kunden vorzunehmen. In der Folge werden das KAM-Konzept, die Inhalte des Accountplanes sowie die Führungsinstrumente und die Organisation entwickelt. Nach der erfolgten Umsetzung werden Reviews und weitere Optimierungsmaßnahmen geplant.

Bei den KMU übernehmen oft Firmeninhaber oder Manager die Betreuung von Top-Kunden. Die Arbeitsmethodik verändert sich jedoch nicht.

11 Internationales Key Account Management

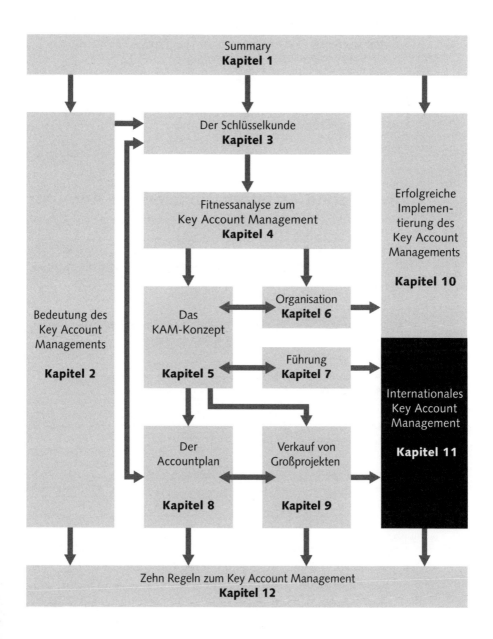

11.1 Definition internationaler Key-Accounts

Die folgenden Begriffe kommen im internationalen Key Account Management (IKAM) zum Einsatz. In der Praxis gibt es noch eine Vielzahl weiterer
Begriffe.

Global Key Accounts	Top-Kunden, die weltweit vertreten und zu betreuen sind, ganz oder teilweise durch die Zentrale.
European Accounts/ Continental Accounts	Top-Kunden, die in vielen Ländern eines Kontinents tätig sind.
Major Accounts/Inter-national Key Accounts	Großkunden, die in mehreren Ländern eines Kontinents tätig sind und oft an der Zentrale und regional zu betreuen sind.
International Target Accounts	Potenzielle internationale/globale Key-Accounts, die bisher Umsätze in ein oder zwei Ländern generieren, jedoch bei einer fokussierten Bearbeitung ein weit größeres Potenzial haben.

Diese internationalen Key-Accounts weisen folgende Besonderheiten auf:
- Das Buying-Center ist geprägt durch Entscheider und Beeinflusser an
  der Zentrale des Accounts sowie in den regionalen Outlets, wobei bei
  den verschiedenen Kunden unterschiedliche Lösungen in der Aufteilung der Entscheidungskompetenz zwischen Zentrale und regionaler
  Außenstelle erkennbar sind.

- Das Gleiche gilt für den Entscheidungsprozess, der oft dadurch geprägt ist, dass Grundsatzentscheide (z. B. Service Level Agreements) durch die Zentrale vereinbart werden, während konkrete Projekte in den Regionen auf der Basis der Vorgaben des Headquarters entschieden werden.
- Die vielfältigen Ausprägungen von internationalen Key-Accounts bringen einen wesentlich höheren Komplexitätsgrad mit sich als bei nationalen Kunden.
- Ein Blick in die Umsatz- und DB-Statistiken von Unternehmen zeigt jedoch, dass gerade diese internationalen Key-Accounts einen existenziellen Erfolgshebel bei den Resultaten gewährleisten.
- Immer häufiger erwarten die internationalen Key-Accounts von ihren Lieferanten einen koordinierten, einheitlichen Service für alle Regionen und Filialen.

Nachstehend ein paar Beispiele zu Anbietern und deren internationale Key-Accounts:

Anbieter	Internationaler Key Account	Bedürfnisse des Kunden	Buying-Center/ Entscheidungsprozess
Facility-Management-Unternehmen	International/ weltweit tätige Großbank	Kostenabbau und weltweite Lösung aus einer Hand	Entscheidungen werden ausschließlich vom obersten Management geprägt, unter Einschluss von Gegengeschäften.
IT-Outsourcing-Unternehmen	Weltweit tätige Großbank	Weltweite Full-service-Lösung für HW/SW aus einer Hand/ Kostenabbau	Entscheidungen werden durch das Headquarter (GL/IT-Leitung) getroffen, wobei die wichtigsten Tochtergesellschaften in den Entscheidungsprozess miteinbezogen werden.
Inhouse-Cabling-Anbieter	Internationaler Versicherungskonzern	Sichere Datenübertragung und Vermeidung von IT-Netzausfällen	Die Entscheidung für die Plattform für konkrete Projekte wird dezentral getroffen. Die Zentrale gibt Empfehlungen ab.
Maschinenhersteller	Internationales Glasrecycling-Unternehmen	Wachstum und Produktivitätssteigerung	Die strategischen Vorgaben werden durch die Zentrale des Kunden definiert (2ndSource-Prinzip), während regionale Projekte mit Hilfe von Beratern entschieden werden.
Leuchtenhersteller	Internationales Kettengeschäft Europa	Weltweit gleiches Erscheinungsbild und kompetente Logistik, welche die terminkonforme Eröffnung neuer Outlets ermöglicht	Zuerst werden Pilotaufträge erteilt. Erst nach einer guten Performance in einem oder zwei Ländern erfolgt ein stufenweiser Ausbau der Zusammenarbeit bis hin zu einem weltweit gültigen Sourcing-Vertrag. Die Entscheidung für das Corporate Design wird in diesem Fall von der Geschäftsleitung in Kooperation mit internen Spezialisten getroffen.

11.2 Herausforderungen des internationalen Key Account Managements

Das internationale Key Account Management bringt spezifische Herausforderungen mit sich, denen entsprochen werden muss:

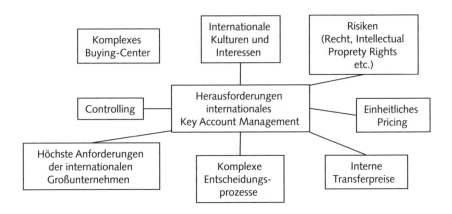

Das Buying-Center stellt schon bei nationalen Kunden eine große Herausforderung dar. Im internationalen Key Account Management erhöhen sich die Anforderungen dramatisch, denn es gilt, die vielfältigen geschäftlichen und privaten Interessen der Entscheider und Beeinflusser zu erfassen, um auf dieser Basis geeignete Lösungen zu entwickeln. In einem weltweit tätigen Halbleiterbereich wurde z. B. festgestellt, dass Entscheidungen über viele Jahre hinweg in den USA und in Europa fielen, obwohl in China produziert wurde. Im Laufe der Zeit wurde das geändert, indem die Entscheidungsgewalt der Produktionsstätte in China übertragen wurde. Das hatte zur Folge, dass langjährige persönliche Beziehungen obsolet wurden.

Nur mit einer umfassenden Dokumentation ist es möglich, neben dem Buying-Center auch die Entscheidungsprozesse des Kunden für Rahmenverträge (Servicelevel und Agreements) sowie für große Einzelprojekte zu erkennen und bei Lösungsangeboten bzw. im Rahmen des strategisch-politischen Verkaufens entsprechend zu berücksichtigen.

Die unterschiedlichen Kulturen auf der Kundenseite wie auf der Anbieterseite gilt es zu beachten, wenn integrierte Lösungen über der gläsernen Decke (vgl. Kapitel 2.4) sichergestellt werden sollen. Der Geschäftsleiter einer chinesischen Tochterfirma eines Kunden stellt andere Überlegungen an als sein Kollege in Südamerika, und diese beiden haben wiederum andere Interessen als die verantwortlichen Personen am Headquarter des Kunden. Risiken sind nicht zu vernachlässigen, denn es gilt auch, rechtliche Konsequenzen zu analysieren und die Schutzrechte zu gewährleisten (IPR, Intellectual Property Rights).

Viele international tätige Kunden verlangen immer mehr weltweit gültige Preise, unabhängig vom Standort, wobei lediglich Konzessionen bezüglich Mehrwertsteuer und Transportkosten eingegangen werden. Wird dieses Prinzip verletzt, dann sind die Kundenbeziehungen ernsthaft gefährdet. Diese Herausforderung ist ganz speziell dann vorhanden, wenn der Anbieter international mit verschiedenen Kanälen (Agenten, Distributoren, Großhändlern etc.) agiert, die schließlich die lokalen Outlets des Kunden bedienen.

Ein in vielen Unternehmen ungeregeltes Problem sind die Transferpreise an die Tochtergesellschaften, die sehr oft von Steuerüberlegungen geprägt sind. Diese Unternehmen glauben, ihre Tochtergesellschaften nach wie vor mit dem steuerlich optimierten finanziellen Rechnungswesen steuern zu können. Wegen der Steuern werden zu hohe Transferpreise eingesetzt, um die Rendite in gewissen Ländern niedrig zu halten. Deshalb sind diese oft an internationalen Key-Accounts in ihrem Zuständigkeitsbereich zu wenig interessiert, da die Marge bzw. die Rendite des Kunden zu klein ist. Nur bei einer klaren Trennung zwischen dem finanziellen Rechnungswesen und der Performancemessung ist eine gute Steuerung möglich.

Die Anforderungen der internationalen Kunden an einen Partner werden immer größer. Sie kennen mittlerweile ihre Einkaufsmacht, und die verschiedenen Organisationseinheiten sind sehr gut miteinander vernetzt. Oft werden maximale Dienstleistungen bei stark gedrückten Preisen erwartet, wenn es dem Anbieter nicht gelingt, die Nutzen seines Vorschlags bzw. die Prozessverbesserungen für den Kunden klar aufzuzeigen.

Das Controlling bzw. die Steuerung der Bearbeitung der internationalen Key-Accounts stellt eine weitere Herausforderung dar. Es gilt, die Aktivitäten zu koordinieren und zu planen sowie den Erfolgsbeitrag der weltweiten Stellen zu erfassen, zu interpretieren und daraus konkrete Maßnahmen abzuleiten.

11.3 Radar für internationale Kunden

Wenn erste Erfolge im nationalen Key Account Management erzielt sind, dann zeigt die Praxis, dass in einem nächsten Schritt mögliche internationale Kunden in einem Radar abgebildet werden sollten, um in der Folge umfassende Accountpläne zu entwickeln.

Die Radare haben das Ziel, die vergangenen Erfolge/Flops und Maßnahmen kurz aufzuzeigen und künftige Optionen darzustellen. Schließlich werden vier bis sechs wichtige Kunden ausgewählt, die in einer ersten Phase mit einer international gültigen und vom Management gestützten Strategie anzugehen sind. Am besten wird eine Aufteilung zwischen bestehenden internationalen Key-Accounts und potenziellen internationalen Key-Accounts gemacht. Bei bestehenden internationalen Key-Accounts werden Großkunden grob analysiert, mit denen bereits eine Zusammenarbeit in mehreren Ländern besteht. Bei den Target-Accounts werden Kunden betrachtet, mit denen nur in einem oder in wenigen Ländern zusammengearbeitet wird, bei denen noch keine großen Erfolge verzeichnet wurden und wo es offensichtlich ist, dass ein großes Wachstumspotenzial vorhanden ist.

Beispiele solcher Radare, die auch im nationalen Key Account Management sinnvoll eingesetzt werden können, gehen aus der nachstehenden Zusammenstellung hervor (Seite 295/296).

Die Bearbeitung dieser Radare erfolgt am besten bei gemeinsamen Workshops. Als Alternative können die Radare zu ausgewählten internationalen Kunden durch den Verantwortlichen für die Kundenzentrale und zusätzlich durch die einzelnen Länderverantwortlichen individuell bearbeitet werden, um die Erkenntnisse später in einem internationalen Accountplan zusammenzuführen und detailliert auszuarbeiten.

Potential radar existing international Key Accounts (with big turnover)

Key Account Manager/Author: Country: Date/Version:

Client (Name, Country/ Countries)	Segment	Turnover development (in € 1'000.--)			Comments about turnover development and about client strategy/Presence (+)/ Non-presence (–) in the divisions/countries	Buying Center analysis: (Quality of relationship[1][2] Name/Function)	Targets (in € 1'000.--)			comments (e.g. key projects)/consequences in the future
		Countries	20..	20..	20.. (Forecast)			Countries	20..	20..	
		Country 1						Country 1			
		Country 2						Country 2			
		Country 3						Country 3			
		Country 4						Country 4			
		Total	0.00	0.00	0.00			**Total**	0.00	0.00	
		Country 1						Country 1			
		Country 2						Country 2			
		Country 3						Country 3			
		Country 4						Country 4			
		Total	0.00	0.00	0.00			**Total**	0.00	0.00	
		Country 1						Country 1			
		Country 2						Country 2			
		Country 3						Country 3			
		Country 4						Country 4			
		Total	0.00	0.00	0.00			**Total**	0.00	0.00	
		Country 1						Country 1			
		Country 2						Country 2			
		Country 3						Country 3			
		Country 4						Country 4			
		Total	0.00	0.00	0.00			**Total**	0.00	0.00	
		Country 1						Country 1			
		Country 2						Country 2			
		Country 3						Country 3			
		Country 4						Country 4			
		Total	0.00	0.00	0.00			**Total**	0.00	0.00	
		Country 1	0.00	0.00	0.00			Country 1	0.00	0.00	
		Country 2	0.00	0.00	0.00			Country 2	0.00	0.00	
		Country 3	0.00	0.00	0.00			Country 3	0.00	0.00	
		Country 4	0.00	0.00	0.00			Country 4	0.00	0.00	
		Total	0.00	0.00	0.00			**Total**	0.00	0.00	

[1] + = good relationship/Fan   – = bad relationship/opponent   +/– = neutral   ? = Attitude towards us unknown/no relationship
[2] e.g.: + H. James (international Marketing manager)

Potential radar new international Key Accounts (to date with few turnover in one or two countries)

Key Account Manager/Author: Country: Date/Version:

Client (Name, Country/Countries)	Market-segment	Turnover development (in € 1'000.--)			Comments about turnover, current solution/key projects in the past	Buying Center analysis: (Quality of relationship[1/2] Name/Function)	Targets (in € 1'000.--)			Main competitors/challenges	Consequences/Comments (e.g. on projects, competitors)
		Countries	20..	20.. (Forecast)			Countries	20..	20..		
		Country 1					Country 1				
		Country 2					Country 2				
		Country 3					Country 3				
		Country 4					Country 4				
		Total	**0.00**	**0.00**			**Total**	**0.00**	**0.00**		
		Country 1					Country 1				
		Country 2					Country 2				
		Country 3					Country 3				
		Country 4					Country 4				
		Total	**0.00**	**0.00**			**Total**	**0.00**	**0.00**		
		Country 1					Country 1				
		Country 2					Country 2				
		Country 3					Country 3				
		Country 4					Country 4				
		Total	**0.00**	**0.00**			**Total**	**0.00**	**0.00**		
		Country 1					Country 1				
		Country 2					Country 2				
		Country 3					Country 3				
		Country 4					Country 4				
		Total	**0.00**	**0.00**			**Total**	**0.00**	**0.00**		
		Country 1					Country 1				
		Country 2					Country 2				
		Country 3					Country 3				
		Country 4					Country 4				
		Total	**0.00**	**0.00**			**Total**	**0.00**	**0.00**		

... good relationship/Fan   – = bad relationship/opponent   +/– = neutral   ? = Attitude towards us unknown/no relationship

11.4 Internationales KAM-Konzept

Die im vorangegangenen Kapitel aufgelisteten Kundenradare sind die ideale Basis für die Erarbeitung eines internationalen KAM-Konzepts, welches die gleiche Systematik verfolgt wie das KAM-Konzept, das in Kapitel 5 behandelt worden ist. Allerdings sind für ein internationales KAM-Konzept wesentlich komplexere Sachverhalte zu analysieren und auch in konzeptioneller Hinsicht sind die internationalen Belange der Großkunden sowie der eigenen Unternehmen zu beachten. Nachstehend ist eine interne Präsentation eines Praxisbeispiels in der Bauzulieferbranche aufgeführt, die zu Beginn der Internationalisierung im Key Account Management angegangen worden ist. Dieses Konzept wurde in der Zwischenzeit weltweit erfolgreich umgesetzt.

Ausgangslage für dieses Unternehmen war, dass wohl erste Erfolge im nationalen Key Account Management erzielt worden sind, dass es aber enorme Interessensunterschiede zwischen den verschiedenen Tochtergesellschaften in allen Kontinenten gab. Es gab beim Start der Initiative unendlich viele interne Diskussionen bezüglich der Transferpreise, der Umsatzanteile an Großkunden und bei Großprojekten, der Zuständigkeiten, Kompetenzen etc.

Das Unternehmen hat sich dann entschieden, auf den nationalen bzw. regionalen Erfolgen aufzubauen und schrittweise die Internationalisierung voranzutreiben. Das folgende Beispiel zeigt die Präsentation im Rahmen eines internationalen Kickoff-Meetings zum Start dieser Initiative. Aus den Slides geht der übliche Aufbau eines guten Konzepts hervor: Analyse, Vorgaben, Strategie, Maßnahmen, Steuerung und Umsetzungsplanung.

Aus dem Praxisbeispiel wird auch eine mögliche Aufgabenverteilung zwischen der zentralen KAM-Organisation und den Tochtergesellschaften bzw. den Proficentern deutlich, um die Interessen von internationalen Kunden in strategischer Hinsicht unter Einschluss der internationalen Aspekte und der regionalen Aspekte optimal zu berücksichtigen.

Internationales Key Account Management

**Die Basis für Quantensprünge und für die
Umsetzung der Konzernstrategie**

Vorgaben des Konzerns

Vorgaben der Konzernstrategie

- Vom Produkteführer zum Lösungsführer
- **Fokus auf internationale Kunden**
- Förderung der Mitarbeiter
- Klar definierte, fokussierte Prozesse

© Dr. Pius Küng & Partner, St. Gallen

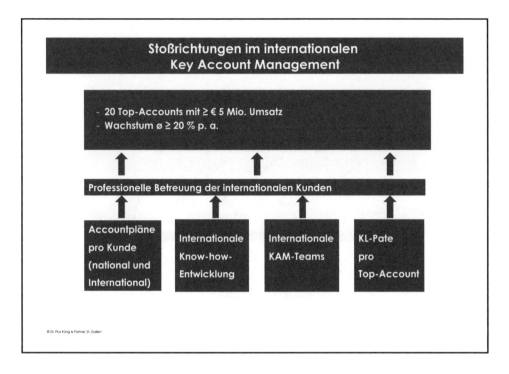

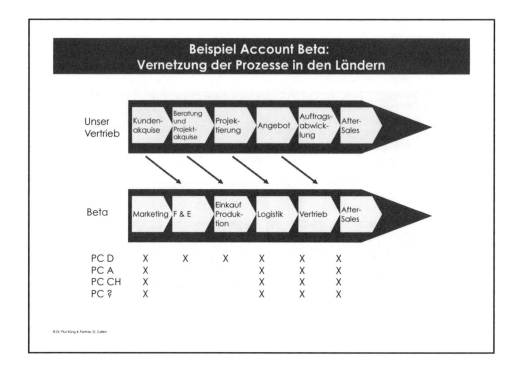

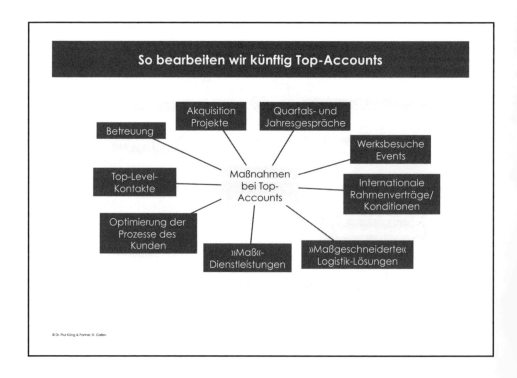

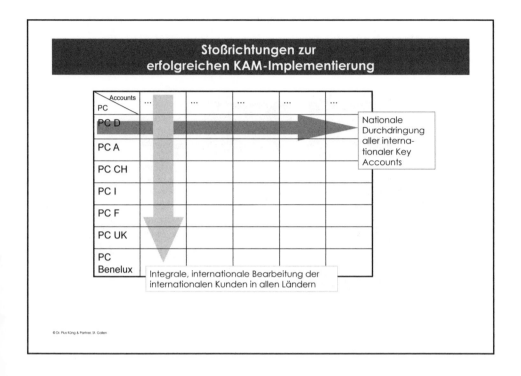

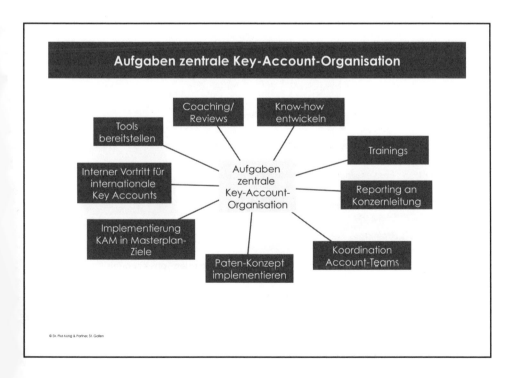

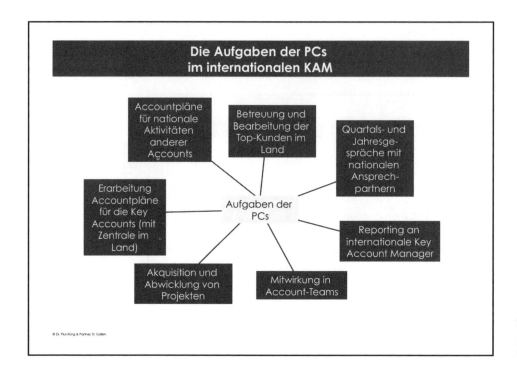

Die nächsten Schritte

1. Schritt: Vertiefte **Informationsbeschaffung** bei den PCs

2. Schritt: **Bereinigung des Konzeptes**, inkl. definitive Wahl der Accounts für Phase 1

3. Schritt: Bereinigung der **Tools**

4. Schritt: **Accountpläne** erstellen/Bereinigung

5. Schritt: **Trainings**

6. Schritt: Evtl. Bereinigung der relevanten **internationalen Top-Accounts** für Phase 1

7. Schritt: Konsequente **Implementierung**

© Dr. Pius Küng & Partner, St. Gallen

Fazit

Es gibt **viele Chancen**, aber **es gibt viel zu tun**!

Gefragt sind für eine **erfolgreiche Implementierung**:

- **konsequente Fokussierung**

- **systematisches, professionelles Vorgehen**

- **beharrliche Umsetzung im Team**

11.5 Accountpläne für internationale Kunden

11.5.1 Übersicht

Wie bereits in Kapitel 8 beschrieben, kann im gleichen Sinne der Prozess für einen Accountplan für internationale Kunden aufgebaut werden. Der internationale Accountplan bzw. der international gültige Planungsprozess ist in systematisch aufgebaute und vernetzte Schritte untergliedert – mit dem Ziel, die notwendigen Erkenntnisse in den Analysen zu gewinnen, um in der Folge geeignete Strategien und Maßnahmen für die Zukunftsentwicklung abzuleiten. Der in der folgenden Abbildung aufgezeigte Prozess ist ein mögliches Vorgehen, wie ein internationaler Accountplan aufgebaut werden kann:

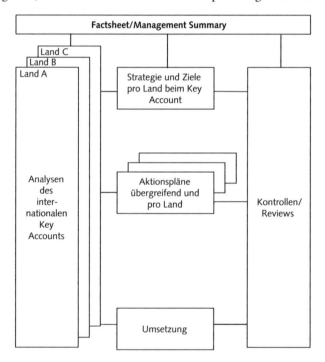

11.5.2 Analysephase

Bei den Analysen geht es darum, den Schlüsselkunden, das Buying-Center an der Zentrale und in den verschiedenen Ländern, die direkten Mitbewerber und die bisherigen Erfolge zu verstehen und zu interpretieren. Der beste Weg besteht darin, dass die Mitglieder des Account-Teams die Analysen pro Land erarbeiten, welche dann vom internationalen Key Account Manager unter Einschluss der Headquarter-Aspekte des Kaders zusammengefasst werden. Aus den Analysen der Headquarter-Aspekte und der regionalen Aspekte des Kunden sind die Chancen in der Zukunft erkennbar. Ziel dieses Analyseprozesses muss es sein, zu erkennen, ob es sich tatsächlich lohnt, diesen Kunden international koordiniert zu bearbeiten und die entsprechenden Ressourcen bereitzustellen.

11.5.3 Strategiephase

Eine besondere Anforderung stellt das Entwickeln einer geeigneten Strategie dar, gilt es doch, die jeweiligen Optionen in den verschiedenen Ländern zu erkennen – unter Berücksichtigung der übergeordneten Strategie des Kunden. Das Endergebnis eines guten Strategieprozesses ist dann ein klares Konzept für die nächsten zwei bis drei Jahre mit konkreten Zielen, den wichtigsten Key Playern beim Kunden sowie den Schlüsselprojekten, die gewonnen werden sollen.

11.5.4 Aktionspläne

Bei den Aktionsplänen ist eine differenziertere Lösung als bei nationalen Accountplänen notwendig, gilt es doch, eine klare Differenzierung zwischen den Maßnahmen gegenüber dem Headquarter und den verschiedenen Divisionen/Regionen des Kunden sicherzustellen. Es besteht die Gefahr, dass eine Verzettelung der Aktivitäten erfolgt, verbunden mit einer gesteigerten, kaum mehr kontrollierbaren Komplexität.

Es ist die zentrale Aufgabe des internationalen Key Account Managers, die lokalen Verantwortlichen auf ein klares Maßnahmenpaket einzustimmen, und zwar unter Berücksichtigung der verschiedenen Marktstrukturen im Buying-Center des Kunden. In den Aktionsplänen sollen für den Kunden die Lösungen und Projekte klar erkennbar sein, welche mithelfen, seine Prozesse zu optimieren, die Kosten zu senken und/oder die Erträge zu steigern. Außerdem sind logistische Lösungen und Supportleistungen für den internationalen Kunden darzustellen sowie konkrete Überlegungen, wie das Pricing gegenüber diesem Kunden im internationalen Kontext gestaltet werden kann.

Davon abgeleitet werden die organisatorischen Konsequenzen und Prozesse, die notwendig sind, um eine koordinierte Bearbeitung dieses Kunden in den jeweiligen Ländern bzw. in den verschiedenen Divisionen sicherzustellen. Des Weiteren sind die personellen und finanziellen Ressourcen zuzuweisen und die Maßnahmen zur Koordination des Account-Teams festzulegen.

11.5.5 Realisierungsphase

Bei der Realisierung sind das oberste Management sowie die Leiter der Tochtergesellschaften speziell gefordert, wenn über die Landesgrenzen hinweg eine abgestimmte Bearbeitung des internationalen Key-Accounts sichergestellt werden soll. Oft braucht der internationale Key Account Manager – besonders in der Anfangsphase – einen geeigneten Support »von oben«, denn die Analyse- und Planungsarbeiten sind eine Investition, die teilweise nicht mit Begeisterung getätigt wird, da nicht sofort schnelle Umsätze generiert werden können. Eine besondere Bedeutung für den Umsetzungserfolg nimmt der Pate des Kunden in der Geschäftsleitung ein.

11.5.6 Kontrollen/Reviews

Mit modernen IT-Mitteln ist es heute möglich, die Umsätze pro Key-Account tagesaktuell zu erfassen. Führende Unternehmen investieren für aktuelle Controllingzahlen viele Ressourcen, um im Bedarfsfall schnell eingreifen zu können. Im Minimum sind pro internationalem Key-Account monatliche Soll-Ist-Vergleiche notwendig, damit die Entwicklungen in den verschiedenen Ländern klar verfolgt werden können.

Die Praxis zeigt auch, dass vierteljährlich ein Review mit dem internationalen Key Account Manager sowie den lokalen Verantwortlichen durchgeführt werden sollte, um die Soll-Ist-Vergleiche vertieft zu besprechen und Erfolge bzw. Misserfolge von Aktivitäten, bei Projekten etc. zu diskutieren und in der Folge konkrete Maßnahmen abzuleiten. An diesen Reviews sollte auch der »Pate« des Key-Accounts teilnehmen.

11.5.7 Factsheet/Management Summary

Das Factsheet und/oder das Management Summary sollen die wichtigsten Punkte der Strategie zusammenfassen. Eine gelungene, prägnante Formulierung liegt dann vor, wenn auf Basis des Management Summarys eine einfache Zusammenfassung für das oberste Management und/oder für den Aufsichts- bzw. Verwaltungsrat entwickelt werden kann.

Mit Erfolg haben verschiedene Großunternehmen die Bedürfnisse und Stoßrichtungen für konkrete internationale Key-Accounts detailliert in die Unternehmens- und Divisionsstrategien eingebaut, prägen doch diese Kunden oft zu einem großen Teil den Zukunftserfolg der Unternehmen im internationalen Markt.

11.5.8 Beispiel eines internationalen Accountplans

International Key Account:	KAM: Name/First Name...................................	Date/Version: ....
....		

Account Plan 20XX – 20XX

This is the actual account plan form used for international Key Accounts.
You will find some explanation in italic and green. This explanation should help you to work out the account plan.

*Some aspects of the account plan are accentuated in **bold and red**. These aspects are **mandatory** items. The other aspects are also very important for the work with the Key Accounts and for the international development of the Key Accounts. If you don't have the information **for these optional items**, you can fill **in these points later**. But please complete all mandatory items in a detailed and concrete way.*

International Key Account (name and address):..

1. Fact sheet (Fill in last)

Segment of international key account	☐ Segment 1 ☐ Segment 2 ☐ Segment 3 ☐ Segment 4 ☐ other: ....
Kind of agreement with key account for repetitive orders	☐ Centralized invoicing and delivery
	☐ Centralized invoicing and decentralized delivery
	☐ Decentralized invoicing and decentralized delivery (**with** centralized projecting)
	☐ Strong prescription by the Key Account
	☐ Weak prescription by the Key Account
	☐ Decentralized invoicing and decentralized delivery (**without** centralized projecting)
	☐ With opening list and buying center information
	☐ Without opening list
	☐ no agreement
Category	☐ global key account ☐ european/continental key account ☐ international target account
Pricing/conditions	☐ Relevant price list: ....
	☐ Discount in %: ....
	☐ Kickback/Bonus: ....
Transport charge	☐ Free of charge ....
	☐ Free on board / free on truck..
	☐ Insurance paid by: ....
	☐..
Responsible international Key Account Manager/Teamleader	Name/First Name:
Responsible local Account Manager	☐ Belgium/Netherlands: .... ☐ Spain: ....
	☐ China: .... ☐ Switzerland: ....
	☐ France: .... ☐ UK: ....
	☐ Germany: .... ☐ USA:......................
	☐ Italy: .... ☐ ....
	☐ Norway/Sweden:...................... ☐ ....
Godfather of the international key account	Name/First Name/Function:

International Key Account:	KAM:	Date/Version:
....	Name/First Name....................................	....

2. Management Summary (fill in last)

The Management Summary should be a short overview of the most important items of the account plan. So the management summary shouldn't include new information. The management need this summary to know the development of the companies most important customers.

<table>
<tr>
<td rowspan="3">Our 3 most important learnings from the collaboration so far</td>
<td colspan="5">1.</td>
</tr>
<tr><td colspan="5">2.</td></tr>
<tr><td colspan="5">3.</td></tr>
<tr>
<td rowspan="2">Quality of our relationship with the key account</td>
<td colspan="2">Good relationships with:</td>
<td colspan="3">Bad relationships with:</td>
</tr>
<tr><td colspan="2"></td><td colspan="3"></td></tr>
<tr>
<td rowspan="3">Our 3 most important challenges for the next 3 years</td>
<td colspan="5">1.</td>
</tr>
<tr><td colspan="5">2.</td></tr>
<tr><td colspan="5">3.</td></tr>
<tr>
<td rowspan="3">The 3 most important countries in the future within the key account</td>
<td colspan="5">1.</td>
</tr>
<tr><td colspan="5">2.</td></tr>
<tr><td colspan="5">3.</td></tr>
<tr>
<td rowspan="3">Our 3 most important targets for next year with this key account</td>
<td colspan="5">1. Turnover</td>
</tr>
<tr><td colspan="5">2.</td></tr>
<tr><td colspan="5">3.</td></tr>
<tr>
<td rowspan="4">Our 3 most important activities next year</td>
<td colspan="2"></td>
<td>Responsible</td>
<td>Due by</td>
<td>Planned cost, € 1'000</td>
</tr>
<tr><td colspan="2">1.</td><td></td><td></td><td></td></tr>
<tr><td colspan="2">2.</td><td></td><td></td><td></td></tr>
<tr><td colspan="2">3.</td><td></td><td></td><td></td></tr>
<tr>
<td rowspan="4">My ≤ 3 requests to the management</td>
<td colspan="3"></td>
<td>Yes</td>
<td>No</td>
</tr>
<tr><td colspan="3">1.</td><td></td><td></td></tr>
<tr><td colspan="3">2.</td><td></td><td></td></tr>
<tr><td colspan="3">3.</td><td></td><td></td></tr>
</table>

International Key Account:	KAM:	Date/Version:
....	Name/First Name....................................	....

3. Important information about the key account (market position, trends, strategies, internationalization, expectations)

Market position and image of our key account in its market segments (incl. market shares)		o Chance for us o Threat for us
Potentials and threats for the key account in his market segments		o Chance for us o Threat for us
Financial situation of the key account (revenue, EBITDA, EBIT, Net Earnings)		o Chance for us o Threat for us
Corporate strategy and **sales/marketing strategy** of the key account (core competencies, geographical markets, growth, market share, ...)		o Chance for us o Threat for us
Sourcing strategy of the key account (process, involved persons, ...)		o Chance for us o Threat for us
Most important **expectations** and **needs** of our key account within his core processes.		o Chance for us o Threat for us
Most **important projects** of the key account and purchase volume (relevant for us)		o Chance for us o Threat for us

	Name, First Name	Function	Role (decider, influencer, co-decider, ...)	Business interests and private interests1)	Additional Information
Most important 5 – 10 **key players** within the key account. Details in addition to the Buying Center analysis (point 4).					

1) business interests (cost cutting, growth, etc.), private interests (career, salary, status, etc.)

International Key Account:	KAM:	Date/Version:
....	Name/First Name...................................	....

4. International Buying Center Analysis

	a lot of power/**little** influence: (Manager without influence upon decision)[1]		power Base/Foxes (a lot of power/a lot of influence)[1]: (Decider/Co-decider)
		iGuzzini-contactpartner	iGuzzini-contactpartner

Decision power (hierarchy) — Very much power ... Little/no power

little power/**little** «indirect» influence: (collaborator)[1]   iGuzzini-contactpartner

little power/**a lot of** «indirect» Influence: (Influencer)[1]   iGuzzini-contactpartner

small — **Influence** upon the buying decision (of our offer) — Strong

[1] Key: + = Our friend   – = Our enemy   +/- = neutral   ? = unknown

e.g.: + Roberto Rossi (Marketing Manager)

Additional remarks:

International Key Account:	KAM:	Date/Version:
....	Name/First Name..................................	....

5. Sales revenue and project analysis (3 years)

5.1. Sales revenue analysis (in € 1'000)

Product type	20..		20..		20..		Remarks
	Turnover	Margin	Turnover	Margin	Turnover	Margin	
total in € 1'000							
% change compared with previous year							

5.2. Sales revenue analysis per country

Country	20..		20..		20..		Remarks
	Turnover	Margin	Turnover	Margin	Turnover	Margin	
Belgium/Netherlands							
China							
France							
Germany							
Italy							
Norway/schweden							
Norway							
Spain							
Switzerland							
UK							
USA							
...							
...							
total in € 1'000							
% change compared with previous year							

5.3. Project analysis (analysis of the most important projects won/lost during the last 12months)

	Project	When	In € 1'000	Remarks/reasons
Most important projects **won**	1.			
	2.			
	3.			
Most important projects **lost**	1.			
	2.			
	3.			

International Key Account:	KAM:	Date/Version:
....	Name/First Name....................................	....

6. Assessment of currently open projects/offers

Abstract from database, please add a page and comment the open projects / offers

Project	Size of project (€ 1000)	Decision by ...	Our strengths	Our weaknesses	Additional remarks

7. Competitive analysis

Competitor	Sales revenue	Served countries/divisions within the key account	Strengths against us	Weaknesses against us
Most important competitor Name: .... Specialty: .... Nr. ... at key account	Sales revenue with key account (estimation):			
2nd important competitor Name: .... Specialty: .... Nr. ... at account	Sales revenue with key account (estimation):			
3rd important competitor Name: .... Specialty: .... Nr. ... at account	Sales revenue with key account (estimation):			

International Key Account:	KAM:	Date/Version:
....	Name/First Name....................................	....

7. Our strategy with this key account for next year(s)

		20..	20..	20..	20..
Important **strategic goals** for the following 48 months [1]	Turnover				
	Margin				
	Position within Key Account				
	...				

	Country	Turnover 20..	Margin 20..	Turnover 20..	Margin 20..	Remarks
Sales revenue and margin goals for the next 2 years (**total per country**) (in € 1'000)	Belgium/Netherland					
	China					
	France					
	Germany					
	Italy					
	Norway/Schweden					
	Spain					
	Switzerland					
	UK					
	USA					
	...					
	...					
	total in € 1'000					

	Productgroupes	Turnover	Margin	Turnover	Margin	
Sales revenue and margin goals for the next 2 years per productgroup (in € 1'000)						
	Total					

	Name	Function	Role[2]		Remarks
Our 3 most important **decid-ers and influencers** at the key account in the **future**	1.				
	2.				
	3.				

Project objectives next year (turnover in € 1'000)	Project: ....Turnover: .... order date: ....
	Project: ....Turnover: .... order date: ....
	Project: ....Turnover: .... order date: ....

International Key Account:	KAM:		Date/Version:
. ...	Name/First Name...................................		....

8. Most important activities next business year (20..)
(Marketing activities and internal activities)

Subject	Activities	Responsible	Due by	Planned cost, (€ 1'000)
Concept/ international Solutions/ new products/ Special products				
Delivery times for the different markets				
Supporting effort (services, training, project management, eBusiness, Logistics)				
International/national Prices, conditions, bonus				

	Contact (Name, First Name)	Function	visits p.a.	Responsible	Due by	Planned cost, (€ 1'000)
Planned **personal contacts** for relationship mgmt (beyond usual project collaboration)						

Subject	Activities	Responsible	Due by	Planned cost, (€ 1'000)
Marketing activities (events, dining, training, etc.)				
Meetings/ reviews				
Reporting				
Organisational activities, process and additional internal actions				

	Requests	No	Yes
My **requests** to the management board			

11.6 Organisation im internationalen Key Account Management

In der Praxis haben sich in führenden Unternehmen Lösungen durchgesetzt, die durch folgende Punkte geprägt sind:

- Ein internationaler Account Manager betreut die Zentrale des Top-Kunden und koordiniert die verschiedenen Aktivitäten.
- In wichtigen Ländern wird ein nationaler Key Account Manager bestimmt, der in einer Doppelunterstellung an das lokale Management sowie an den internationalen Manager rapportiert.
- In Ländern ohne entsprechendes Entwicklungspotenzial wird die Betreuungsaufgabe an Außendienstmitarbeiter oder an einen Partner delegiert, die ebenfalls an den internationalen Account Manager rapportieren.
- Zudem sind positive Resultate erzielt worden, wenn spezialisierte Mitarbeiter (Techniker, Qualitätsmanager, Innendienstmitarbeiter) an wichtigen Standorten des Großkunden ihren festen Arbeitsplatz haben, um dort einen direkten Support sicherzustellen.

Bereits in Kapitel 6 wurden wichtige Grundsätze zur Organisation festgehalten, die auch für das internationale Key Account Management gelten.

Bei internationalen Schlüsselkunden sind oft Doppel- und Mehrfachunterstellungen notwendig, denn es gilt, schnell und direkt zu entscheiden und zu intervenieren. In fachlicher Hinsicht rapportieren die nationalen Key Account Manager an den internationalen Verantwortlichen. In disziplinarischer Hinsicht sind sie den nationalen bzw. regionalen Stellen unterstellt. In kleineren Organisationen übernimmt oft der nationale Key Account Manager, in dessen Land die Zentrale des Kunden ist, gleichzeitig die Rolle des internationalen Key Account Managers (IKAM).

Die zentrale Supportstelle für das internationale Key Account Management kann als funktionale Linienstelle (mit Weisungsbefugnis) oder als Supportstelle (Stabsstelle an der Zentrale) ausgestaltet werden. Die Erfahrung zeigt, dass Stabsstellen weniger Erfolg haben als funktionale Linienstellen (vgl. auch Beispiel zum internationalen KAM-Konzept).

Eine mögliche Strukturorganisation mit funktionaler Linienstelle an der Zentrale geht aus dem folgenden Beispiel hervor:

Organisationsstruktur
zum internationalen Key
Account Management

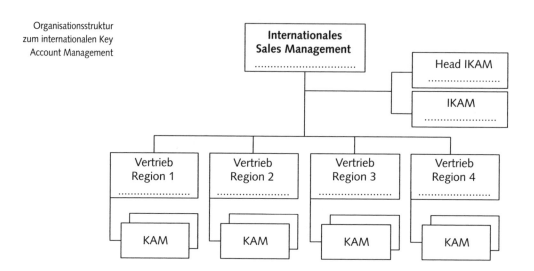

11.7 Interne Meetings

Das internationale Key Account Management zwingt zu einer einheitlichen Unternehmenssprache in allen Belangen. Die englische Sprache hat sich in diesen Tätigkeitsbereichen durchgesetzt und es erleichtert die Arbeit wesentlich, wenn alle Instrumente, Analysen und Konzepte in einer Sprache ausgearbeitet werden. Allerdings bringt dies spezielle Herausforderungen für die lokalen Mitarbeiter mit sich, die im Umgang mit dieser Sprache oft nicht sonderlich gut qualifiziert sind.

Meetings kosten sehr viel Geld und deshalb trifft sich das internationale Key-Account-Management-Team meistens nicht mehr als zweimal pro Jahr. Allerdings sind monatliche Video- oder Telefonkonferenzen in erfolgreichen Unternehmen üblich, damit Gedanken direkt ausgetauscht und anfallende Probleme sofort gelöst werden können.

11.8 Leistungsmessung

Ein unendliches Diskussionsthema in Großunternehmen stellen das Messen der Erfolge und die Zuordnung der erzielten Resultate auf die verschiedenen zentralen und dezentralen Organisationseinheiten dar.

Die Erfahrungen zeigen, dass nur eine Doppelzählung (Key Account Manager und Region) sinnvolle Resultate bringt, um langwierige Diskussionen zu vermeiden. Konkret heißt dies, dass die erzielten Umsätze und Deckungsbeiträge einerseits den internationalen Key-Accounts zugeordnet und andererseits die gleichen Werte den nationalen Organisationen gutgeschrieben werden müssen. Nur so ist die »Unité de doctrine« zwischen den international Verantwortlichen und den national zuständigen Mitarbeitern gewährleistet.

Außerdem ist dieser Ansatz geeignet für die Performancemessung der verantwortlichen Mitarbeiter, für Entlohnungssysteme und für ein strategiekonformes Arbeiten mit internationalen Großkunden. Eine mögliche Darstellung zu diesen Zielen geht aus der folgenden Grafik hervor, die auch die Basis für die entsprechenden Kontrollen bildet. Sinnvollerweise werden für die Performancemessung mehrstufige DB-Rechnungen verwendet, welche die Resultate nach klar beeinflussbaren Kosten aufzeigen.

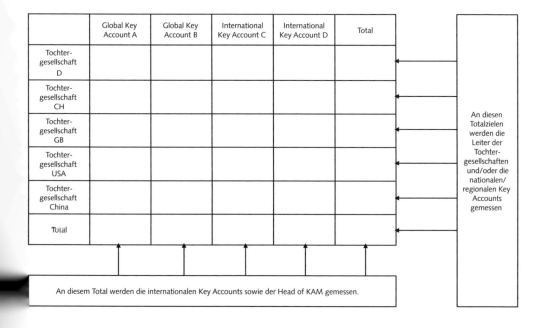

	Global Key Account A	Global Key Account B	International Key Account C	International Key Account D	Total	
Tochter- gesellschaft D						
Tochter- gesellschaft CH						An diesen Totalzielen werden die Leiter der Tochter- gesellschaften und/oder die nationalen/ regionalen Key Accounts gemessen
Tochter- gesellschaft GB						
Tochter- gesellschaft USA						
Tochter- gesellschaft China						
Total						

An diesem Total werden die internationalen Key Accounts sowie der Head of KAM gemessen.

11.9 Pricing für internationale Key-Accounts

Die Zusammenarbeit zwischen Herstellern und internationalen Key-Accounts mündet in Partnerschaften, die sinnvollerweise durch Servicelevel-Agreements geregelt werden.

Ein wichtiger Punkt stellt in diesem Zusammenhang das Pricing dar. Es gilt sicherzustellen, dass die Großkunden weltweit von dem gleichen Pricing profitieren können, mit Ausnahme der Transportkosten und der lokalen Steuern, Zölle etc. Das ist oft eine ultimative Forderung dieser Großkunden, die auch konsequent überprüft wird.

Auf der anderen Seite arbeitet der Lieferant teilweise mit unterschiedlichen Kanälen in den verschiedenen Ländern, welche die lokalen Stellen des Key-Accounts bedienen. Dies bedingt eine klare Regelung mit den Tochterfirmen (Transferpreise, Margen) und mit anderen Vertriebspartnern, da diese oft nicht die gewohnten Margen/DBs mit diesen Großkunden erzielen können. Allerdings profitieren sie von Geschäften, die sie sonst nie tätigen könnten. Im Zusammenhang mit Tochtergesellschaften ist eine solche Lösung problemlos durchsetzbar, bei anderen, unabhängigen Partnern bedingt dies erfahrungsgemäß in der Praxis einigen Überzeugungsaufwand.

12 Zehn Regeln zum Key Account Management

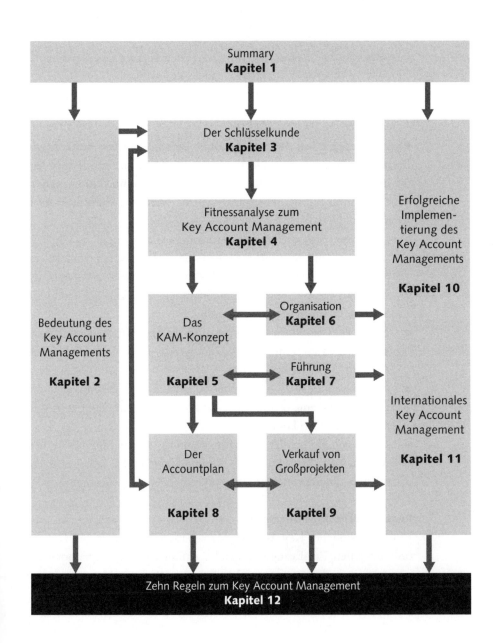

Summary
Kapitel 1

Der Schlüsselkunde
Kapitel 3

Fitnessanalyse zum
Key Account Management
Kapitel 4

Erfolgreiche
Implemen-
tierung des
Key Account
Managements

Kapitel 10

Bedeutung des
Key Account
Managements

Kapitel 2

Das
KAM-Konzept

Kapitel 5

Organisation
Kapitel 6

Führung
Kapitel 7

Internationales
Key Account
Management

Kapitel 11

Der
Accountplan

Kapitel 8

Verkauf von
Großprojekten

Kapitel 9

Zehn Regeln zum Key Account Management
Kapitel 12

In diesem Kapitel finden Sie Antworten auf folgende Fragen:

- *Welche Erfolgsfaktoren sind bei der Einführung und bei der Optimierung des Key Account Managements entscheidend?*
- *Auf welche Punkte muss beim Key Account Management speziell geachtet werden?*
- *Wie können Sie von den Erfahrungen profilierter nationaler und internationaler Unternehmen profitieren?*
- *Wie kann ein Unternehmen sowohl den Erfolg bei Großkunden wie auch bei Kleinkunden sichern?*

Regel 1: Integration der Key-Account-Belange in allen Konzepten

Berücksichtigen Sie die Bedürfnisse der Key-Accounts sowie Ihre Interessen in KAM-Belangen in allen Analysen, Strategien und Konzepten:

- Gewichten Sie bei Marktanalysen die Aussagen Ihrer Key-Accounts speziell.
- Definieren Sie bereits in der Unternehmensstrategie, welche 5 bis 10 wichtigen Top-Accounts für Sie in den nächsten 3 bis 5 Jahren erfolgsentscheidend sind.
- Beachten Sie bei Marketingmaßnahmen, ob diese genügend auf die Schlüsselkunden zugeschnitten sind.
- Entwickeln Sie Marktleistungsprofile als Basis für die Entwicklungsarbeiten zusammen mit Key-Accounts resp. unter Berücksichtigung der Account-Bedürfnisse.
- Integrieren Sie die KAM-Stellen so in das Organigramm, dass schnelle Prozesse und eine problemlose Kommunikation mit dem Top-Management stattfinden können.
- Überlegen Sie bei der Marketingplanung, welche Aktivitäten für Key-Accounts »maßgeschneidert« werden können (z. B. angepasste Durchführung eines Events für einen oder mehrere Key-Accounts).

Regel 2: Zeitfaktor beachten

Ein professionelles Key Account Management kann nicht per Dekret verordnet werden. Erfahrungen aus vielen nationalen und internationalen Projekten zeigen, dass ein professionelles Key Account Management neben einer guten Strategie und guten Instrumenten viel Zeit benötigt:

- Für die Entwicklung der KAM-Strategie und der Instrumente brauchen Sie 3 bis 4 Monate.

- Für eine geeignete Weiterbildung der Mitarbeiter sollten Sie weitere 3 bis 4 Monate einsetzen.
- Bis alle KAM-Maßnahmen detailliert dokumentiert sind, dauert es oft 1 Jahr.
- Für die konsequente Implementierung des Key Account Managements sind ca. 2 bis 3 Jahre nötig, denn das Key Account Management bedingt oft einen Kulturwandel im ganzen Unternehmen.

Regel 3: Nicht jeder Top-Verkäufer ist ein Key Account Manager

Die Hoffnung, aus guten Verkäufern Key Account Manager zu machen, hat nur teilweise Erfolg, insbesondere dann, wenn die heutigen Außendienst- und Innendienstmitarbeiter nicht über eine geeignete betriebswirtschaftliche Ausbildung oder Weiterbildung verfügen. Oft schaffen es trotz eines gezielten Trainings nur ca. 50 % der guten Verkäufer zum Key Account Manager, um schließlich ein betriebswirtschaftlicher Berater der Top-Kunden zu werden (vgl. dazu die »gläserne Decke« in Kapitel 2):

- Überlegen Sie rechtzeitig, was Sie mit Verkäufern tun, welche den Anforderungen eines Key Account Managers nicht entsprechen können
- Selektionieren Sie für das Produktmanagement, für die Abteilung Marketingservices und für den Innendienst Betriebswirtschaftler (Universität, Fachhochschule), welche Sie schrittweise zum Key Account Manager »entwickeln« können.
- Ein kommunikativer Betriebswirtschaftler erlernt relativ rasch das Verkaufen, wenn er in einer Übergangsphase einem Key Account Manager als Assistent zugeordnet wird.

Regel 4: Konzentration der Kräfte

Streben Sie nicht die Perfektionierung und ein integrales Key Account Management in allen Belangen an und konzentrieren Sie Ihre Kräfte:

- Fokussieren Sie zu Beginn auf wenige Key-Accounts, welche professionell bearbeitet werden.
- Überzeugen Sie die Mitarbeiter aller Unternehmensbereiche mit konkreten Erfolgen und Quantensprüngen bei ausgewählten Key-Accounts.
- Verzichten Sie zu Beginn auf die Entwicklung von Target-Accounts, denn dies ist die allerschwierigste Aufgabe.

Regel 5: Gute und einheitliche Tools als wichtige Erfolgsbasis

In großen nationalen und speziell in internationalen Unternehmen sind einheitlich strukturierte Instrumente besonders wichtig:

- Erarbeiten Sie systematische, klar strukturierte Arbeitsinstrumente für die Analyse und für die Bearbeitung von großen Kunden.
- Stellen Sie sicher, dass einzelne Abteilungen und Divisionen von Key Accounts mit einfacheren Instrumenten dokumentiert werden können (z. B. Mini-Accountplan).
- Testen Sie die Instrumente im Rahmen eines Pilotprojektes, bevor diese integral im Unternehmen eingesetzt werden.
- Definieren Sie allenfalls eine Konzernsprache, damit alle involvierten Personen die Accountpläne verstehen und richtig interpretieren können.
- Arbeiten Sie mit einem mehrsprachigen Glossar, damit die Mitarbeiter die Fachbegriffe richtig verstehen.
- Stellen Sie sicher, dass bei international tätigen Top-Accounts eine Konsolidierung der verschiedenen nationalen Aspekte problemlos erfolgen kann.

Regel 6: Nicht bei den Trainings sparen

Ein professionelles Key Account Management bringt Erfolge, benötigt jedoch auch einen entsprechenden Ressourceneinsatz bei der Weiterentwicklung der Mitarbeiter:

- Wählen Sie für die Trainings der Mitarbeiter führende Trainer und Begleiter, welche über entsprechende Erfolgsnachweise im Key Account Management verfügen.
- Selektionieren Sie Trainer und Berater nach einem klaren Anforderungsprofil.
- Holen Sie über den gewählten Trainer geeignete Referenzen ein.
- Stellen Sie sicher, dass der Trainer/Berater nicht nur für die Weiterbildung, sondern zusätzlich für das Coaching und in den ersten zwei Jahren für Reviews/Audits zur Verfügung steht.
- Beachten Sie, dass die größten Kosten beim Zeiteinsatz der Mitarbeiter und nicht beim Trainer/Berater anfallen.

Regel 7: Key Account Management ist Chefsache

Helmut Maucher (ehemaliger Aufsichtsratspräsident der Firma Nestlé) hat ein Buch geschrieben: »Marketing ist Chefsache«. Im gleichen Sinne kann man behaupten, dass das Key Account Management Chefsache ist:

- Definieren Sie die Einführung oder Optimierung des Key Account Managements als strategisches Schlüsselprojekt im Unternehmen.
- Nehmen Sie als Top-Manager Einblick in den Projektausschuss und lassen Sie sich monatlich über die Fortschritte informieren.

- Dokumentieren Sie bei allen Gelegenheiten, wie wichtig Ihnen dieses Projekt ist (Kick-off-Meetings, Führungstagungen etc.).
- Stellen Sie sicher, dass die »Paten« im Top-Management ihre Rolle auch tatsächlich wahrnehmen.
- Dokumentieren Sie Ihr Interesse, indem Sie spontan an Projektsitzungen oder an Reviews/Audits teilnehmen.
- Begleiten Sie als Top-Manager Ihre Mitarbeiter/-innen bei Jahrespräsentationen der wichtigsten Kunden.
- Nehmen Sie jede Gelegenheit für Top-Level-Kontakte zu Managern bei den Kundenunternehmen wahr.

Regel 8: Kontinuität ist die »halbe Miete« im Key Account Management

Profilierte Key Account Manager werden oft nach 1 bis 2 Jahren als Führungskräfte eingesetzt, obwohl sie an der neuen Funktion dem Unternehmen nicht den gleichen Nutzen bringen wie bei ihrer bisherigen Tätigkeit:

- Ermöglichen Sie den Key Account Managern eine Fachkarriere, welche die gleichen Vorteile wie eine Führungskarriere bietet.
- Gestalten Sie die Lohnsysteme so, dass Betreuer von Top-Kunden ein ähnliches Gehalt erreichen können wie Manager.
- Gewähren Sie Schlüsselkunden-Betreuern die gleichen Statussymbole wie anderen Managern, wenn diese in Ihrem Unternehmen eine Bedeutung haben (Auto, Büroeinrichtung, Spesenregelung, Versicherung, Titel etc.).
- Heben Sie spezielle Leistungen im Key Account Management an wichtigen Sitzungen hervor (Aufsichtsratssitzungen, Tagungen, Mitteilungen am Schwarzen Brett, persönliches Gratulationsschreiben an die Mitarbeiter etc.).

Regel 9: Gute Mitarbeiter sind teuer

Gute Key Account Manager haben einen gleich hohen Marktwert wie gute Manager, und diesem Grundsatz sollte mit einem geeigneten Lohnsystem entsprochen werden:

- Passen Sie bestehende Lohnsysteme im Verkauf auf die spezielle Situation im Key Account Management an.
- Suchen Sie nach einer klugen Mischung zwischen der Teamleistung und der individuellen Leistung bei den leistungsabhängigen Lohnelementen.
- Beachten Sie, dass bei der Erschließung von Target-Accounts keine quantitativen Ziele im Vordergrund stehen dürfen, denn das Erreichen eines substanziellen Erfolges benötigt ca. 2 bis 3 Jahre.

- Messen Sie die Key Account Manager primär an den Erfolgen bei den zugeteilten Key-Accounts.
- Definieren Sie für die übrigen Verkäufer klare Ziele und davon abgeleitete Entlohnungskriterien bezüglich ihrer Leistung bei Key-Accounts (Sicherstellung regionaler Aufgaben, Wahrnehmung von Supportleistungen etc.).
- Beachten Sie, dass ein sehr guter Key Account Manager bei Top-Unternehmen gleich viel oder mehr verdienen kann als ein Verkaufsleiter.

Regel 10: Die Selektion von Key Account Managern ist anspruchsvoll
Erfahrungen zeigen, dass bei der Suche, Selektion und Einführung von Schlüsselkunden-Managern mit größter Sorgfalt vorzugehen ist:

- Engagieren Sie für die Suche und Selektion genauso gut qualifizierte Berater wie für Ihre Top-Manager.
- Engagieren Sie keine Key Account Manager von direkten Konkurrenten, denn erfahrungsgemäß wechseln Top-Leute nie zu direkten Mitbewerbern.
- Wählen Sie ein kluges Assessment-Verfahren, welches Ihnen die notwendige Sicherheit bietet, dass Sie einen zukünftigen Top-Mitarbeiter einstellen.
- Arbeiten Sie zu Beginn mit einem Festgehalt, bevor Sie den neuen Mitarbeiter einem leistungsorientierten Lohnsystem unterstellen.
- Stellen Sie sicher, dass als Basis für die Suche und Selektion eine Stellenbeschreibung mit einem klaren Anforderungsprofil vorliegt.
- Verzichten Sie grundsätzlich auf die Einstellung von Mitarbeitern, welche eine Muss-Anforderung nicht erfüllen.
- Beachten und prüfen Sie speziell, ob das notwendige konzeptionelle und betriebswirtschaftliche Know-how vorhanden ist.
- Setzen Sie ca. sechs Monate für eine gute Einführung des neuen Mitarbeiters ein, damit er sämtliche Geschäftsprozesse versteht und seine internen Beziehungen im eigenen Unternehmen aufbaut.

Zusammenfassung:

Die zehn Regeln für ein erfolgreiches Key Account Management:

Regel 1: Integration der Key-Account-Belange in allen Konzepten

Regel 2: Zeitfaktor beachten

Regel 3: Nicht jeder Top-Verkäufer ist ein Key Account Manager

Regel 4: Konzentration der Kräfte

Regel 5: Gute und einheitliche Tools als wichtige Erfolgsbasis

Regel 6: Nicht bei den Trainings sparen

Regel 7: Key Account Management ist Chefsache

Regel 8: Kontinuität ist die »halbe Miete« im Key Account Management

Regel 9: Gute Mitarbeiter sind teuer

Regel 10: Die Selektion von Key Account Managern ist anspruchsvoll

Zur Wahrnehmung dieser Erfolgstipps sind im vorliegenden Buch viele Instrumente und Checklisten integriert, welche Ihnen helfen sollen, Chancen konsequent zu nutzen und die üblichen Fehler konsequent zu vermeiden.

Abschließend können wir Ihnen lediglich empfehlen: »Tun Sie's!« Alles Schreiben, Nachdenken, Analysieren und Konzeptionieren nützt nichts, wenn am Schluss die getroffenen Entscheidungen, die Instrumente und Checklisten nicht in die tägliche Arbeit umgesetzt und implementiert werden.

Anhang

Literaturhinweise

Belz, Christian: *Akzente im innovativen Marketing*, Wien: Ueberreuter, 1998.

Belz, Christian/Bussmann, Wolfgang: *Vertriebsszenarien 2005. Verkaufen im 21. Jahrhundert. Jetzt starten statt warten*, Wien: Ueberreuter, 2000.

Gertz, Dwight L./Baptista, João P. A.: *Grow to be great: Was Wachstumsunternehmen gemeinsam haben, warum Kosten senken nicht genügt, was langfristig zählt*, München: Heyne, 1998.

Hamel, Gary: *Das revolutionäre Unternehmen. Wer Regeln bricht, gewinnt*, München: Econ, 2001.

Hamel, Gary/Prahalad, C. K.: *Wettlauf um die Zukunft*, Wien: Ueberreuter, 1997.

Hamel, Gary/Prahalad, C. K.: *Competing for the Future*, Boston, Mass.: Harvard Business School Press, 1996.

Holden, Jim: *Strategisches Verkaufen mit Power Base Selling. So kommen Sie an die Entscheider ran*, Frankfurt: Campus, 1997.

Jenner, Thomas/Kühn, Richard: *Angebotspositionierung. Eine praxisorientierte Einführung*, Zürich: Werd Verlag, 1998.

Kaplan, Robert S./Norton, David P.: *Balanced Scorecard. Strategien erfolgreich umsetzen*, Stuttgart: Schäffer-Poeschel, 1997.

Kühn, Richard/Grünig, Rudolf: *Grundlagen der strategischen Planung. Ein integraler Ansatz zur Beurteilung von Strategien*, Bern u. a.: Haupt, 2000.

Malik, Fredmund: *Führen, Leisten, Leben. Wirksames Management für eine neue Zeit*, Stuttgart/München: Deutsche Verlagsanstalt, 2000.

Maucher, Helmut: *Marketing ist Chefsache*, Düsseldorf: Econ, 1993.

Miller, Robert B./Heiman, Stephen E./Tuleja, Tad: *Strategisches Verkaufen*, Landsberg: Verlag Moderne Industrie, 7. Aufl. 1996.

Porter, Michael E.: *Wettbewerbsvorteile. Spitzenleistungen erreichen und behaupten*, Frankfurt: Campus, 1999.

Pümpin, Cuno: *Strategische Erfolgspositionen. Methodik der dynamischen strategischen Unternehmensführung*, Bern u. a.: Haupt, 1992.

Schillig, Beat / Küng, Pius / Toscano-Ruffilli, Rosella: *Erfolgsunternehmer*, Zürich: WEKA, 1998.

Weinhold-Stünzi, Heinz: *Marketing in zwanzig Lektionen*, Zürich: Verlag Industrielle Organisation, 1994.

Zupancic, Dirk / Senn, Christoph: *Global Account Management. Eine Bestandsaufnahme in Wissenschaft und Praxis*, St. Gallen: THEXIS, 2000.

Index

Kurzbeschreibung der Autoren

Dr. Pius Küng

Dr. Pius Küng ist Inhaber von Dr. Pius Küng & Partner, St. Gallen, Dozent und Coach von Praxis-Projektarbeiten an der FHS St. Gallen und Gründer/ VR-Präsident und Trainer im IFJ Institut für Jungunternehmen St. Gallen.

Neben der Beratungs- und Dozententätigkeit ist Dr. Pius Küng als Referent an verschiedenen Weiterbildungsinstitutionen tätig: u. a. Malik Management Zentrum St. Gallen.

Dr. Pius Küng hat verschiedene Fachartikel, Fachbücher und IT-gestützte Tools zu folgenden Themenbereichen verfasst: Marketing, Verkauf und Vertrieb, Key Account Management, Marketing- und Vertriebscontrolling, Businessplan, Businessmodelle etc.

Rosella Toscano-Ruffilli
lic. oec. HSG

Rosella Toscano-Ruffilli ist Projektleiterin bei Dr. Pius Küng & Partner, St. Gallen sowie Dozentin und Mitarbeiterin an der FHS St. Gallen. Neben der Beratungs- und Dozententätigkeit ist Rosella Toscano-Ruffilli als Referentin an verschiedenen Weiterbildungsinstitutionen tätig: u. a. Malik Management Zentrum St. Gallen.

Rosella Toscano-Ruffilli hat verschiedene Fachartikel und Fachbücher zu folgenden Themenbereichen verfasst: Marketing, Verkauf und Vertrieb, Key Account Management, Businessplan.

Dr. Daniela Willi-Piezzi

Dr. Daniela Willi-Piezzi ist Projektleiterin bei Dr. Pius Küng & Partner, St. Gallen sowie Dozentin und Mitarbeiterin an der SUPSI Lugano.
Neben der Beratungs- und Dozententätigkeit ist Dr. Daniela Willi als Referentin an verschiedenen Weiterbildungsinstitutionen tätig: u. a. FHS St. Gallen. Dr. Daniela Willi hat verschiedene Fachartikel und Fachbücher zu folgenden Themenbereichen verfasst: Marketing, Verkauf und Vertrieb, Key Account Management, Gestaltung von Weiterbildungskonzepten.

Dr. Pius Küng & Partner ist ein Beratungs- und Schulungsunternehmen, das sich auf die Bereiche Key Account Management, Vertriebsmanagement und strategisches Marketing in nationalen und internationalen Märkten spezialisiert hat. Dr. Pius Küng & Partner beraten Kunden von der Analyse über die konzeptionellen Überlegungen bis hin zur konkreten Umsetzung. Neben der Strategieentwicklung werden stets die führungs- und organisationsrelevanten Konsequenzen berücksichtigt.

Zu den Kunden von Dr. Pius Küng & Partner gehören führende, national und international tätige Unternehmen in den Bereichen B2B und B2C.

Dr. Pius Küng & Partner
Kirchlistrasse 1
CH-9010 St. Gallen
Telefon 0041 71 245 79 11
kueng@kueng-partner.ch
www.kueng-partner.ch

Wir sind Ihr Wegbereiter zum Erfolg im Key Account Management

- Maßgeschneiderte Trainings
- Coaching Ihrer Mitarbeiter
- Kompetente, pragmatische Beratung
- Gezielte Umsetzungsbegleitung

dr. pius küng & partner
Unternehmens- und Marketingberatung
Kirchlistrasse 1, CH - 9010 St. Gallen-Rotmonten
Telefon 071/ 245 79 11, Fax 071/ 245 79 39
E-Mail: kueng@kueng-partner.ch, www.kueng-partner.ch

Beat Schillig
lic. oec. HSG

Beat Schillig hat das IFJ Institut für Jungunternehmen als geschäftsführender Partner und Verwaltungsrat zum gesamtschweizerischen Kompetenzzentrum mit einem einzigartigen Service-Angebot für Firmengründer KMU aufgebaut. Darüber hinaus engagiert er sich persönlich als Business Angel und Verwaltungsrat bei verschiedenen erfolgreichen Start-ups.

Seit 2004 leitet Beat Schillig im Auftrag des Bundes die nationale Förderinitiative »venturelab« für Entrepreneurship, welche jährlich rund 500 Start-up-Projekte im Hightechumfeld mit Trainingsmodulen unterstützt und über 1000 Studierende an sämtlichen Universitäten und Fachhochschulen der Schweiz für das Abenteuer Start-up begeistert.

Beat Schillig ist Autor verschiedener Fachbücher und Fachartikel mit den Schwerpunkten Businessplan, Strategie, Marketing und Key Account Management. Außerdem ist er Dozent an den Nachdiplomkursen der Fachhochschule St. Gallen.

IFJ Institut für Jungunternehmen
Kirchlistrasse 1, CH-9010 St. Gallen
Telefon 0041 71 242 98 98, Fax 0041 71 242 98 99
schillig@ifj.ch
www.ifj.ch, www.eStarter.ch, www.inno-swiss.com, www.venturelab.ch

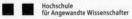

Larraine Segil

Strategische Allianzen

272 Seiten, Hardcover
Euro 34.80 / sFr. 55.–
ISBN 978-3-907100-05-9

Aus Ciba-Geigy und Sandoz wird Novartis, Schweizer Bankverein und Bankgesellschaft verschmelzen zur UBS und Microsoft beteiligt sich an Apple – Unternehmensallianzen sind im Kampf um Wettbewerbsvorteile eine entscheidende Waffe geworden. Nicht immer aber bringt das Zusammengehen zweier Unternehmen den gewünschten Erfolg.

Larraine Segil, eine weltweit führende Beraterin in Sachen Unternehmensallianzen, zeigt auf, welche Grundregeln beachtet werden müssen, und liefert mit ihrer international bewährten »Mindshift-Methode« auch gleich das passende Instrument.

Zahlreiche Fallbeispiele und Checklisten erlauben dem Leser, die eigene Firma auf Kooperationsmöglichkeiten zu prüfen, die geeignete Form zu finden und abzuschätzen, mit welchem Partner eine Allianz am ehesten zum angestrebten Ziel führt.

»Ein Durchbruch in der Managementlehre von Allianzen«
                                                    Ken Blanchard

»Strategische Allianzen sind der Schlüssel zum Erfolg in den 90ern, und niemand schreibt darüber so kompetent und klar wie Larraine Segil. Ein wunderbares Buch«   *Warren Bennis*

Wie haben es Firmen wie Microsoft oder Sun mit relativ bescheidenem Startkapital in so kurzer Zeit geschafft, Giganten wie IBM zu überholen?

Geoffrey James stellt in diesem Buch die Arbeits- und Denkweisen der Firmen vor, die sich in der hart umkämpften und schnelllebigen Computerbranche durchgesetzt haben. Anhand konkreter Fallstudien und Vergleiche wird analysiert, wie diese Firmen arbeiten und was ihren Erfolg ausmacht. Mit »Digitale Elite« präsentiert Geoffrey James eine ebenso spannende wie aufschlussreiche Studie über die Managementmethoden der innovativsten Führungskräfte.

Mit viel unternehmerischem Engagement und dem gezielten Einsatz von neuen Technologien inspiriert die Digitale Elite eine Unternehmenskultur, die ein wahres Kraftwerk an Flexibilität und Kreativität darstellt. Dabei wird sichtbar, dass vieles nur noch sehr wenig mit dem traditionellen Führen eines Unternehmens zu tun hat.

Geoffrey James

Digitale Elite

288 Seiten, Hardcover
Euro 34.80 / sFr. 55.–
ISBN 978-3-907100-01-1

»Dies ist wahrscheinlich das wichtigste Wirtschaftsbuch der letzten Jahre. Hier werden die Geschäftsprinzipien einer neuen Generation auf eingängige Weise vorgestellt und analysiert«

Jonathan Seybold

Lewicki / Hiam / Olander

Verhandeln mit Strategie

320 Seiten, Hardcover
Euro 39.80/ sFr. 72.–
ISBN 978-3-907100-04-2

Gut verhandeln und seine Ziele durchsetzen können, ist heute eine der gefragtesten und wichtigsten Fähigkeiten im Berufsleben. Oft wird aber nur »aus dem Bauch heraus« verhandelt, ohne richtige Vorbereitung und Strategie. Auch nach dem Abschluss von Verhandlungen wird kaum mehr darüber nachgedacht, weshalb man seine Ziele erreicht hat – oder eben auch nicht.

In diesem umfassenden Handbuch wird der Leser systematisch und fundiert in die Kunst eingewiesen, Verhandlungen bewusst und richtig zu führen. Dabei geht es den Autoren nicht um sture Anweisungen oder schnelle Rezepte. Es werden vielmehr Rahmen gesetzt, innerhalb derer Verhandlungen und Gespräche individuell und flexibel geführt werden können.

Aus dem Inhalt:

- Vorteile einer Strategie
- Einschätzung des Verhandlungspartners
- Umsetzung einer Kooperationsstrategie
- Verhandlungsfallen und -fehler erkennen

»Dieses Buch hilft, auch in komplexen Verhandlungssituationen zu bestehen und vermeidbare Fehler und Fallen zu umgehen.«
Wirtschaftswoche

Dieser Leitfaden für die betriebliche Praxis hilft
dem vielbeschäftigten Unternehmer oder Manager,
seine Ideen und Konzepte ohne externe Beratungs-
hilfe zu realisieren. Dieses Buch stellt Prozesse
und Lösungsmodelle aus allen Unternehmensbereichen vor und behandelt sie von der Planung
und Konzeptentwicklung bis hin zur praktischen
Umsetzung.

»Management Praxis« ist so aufgebaut, dass es
einerseits als Lehrgang, andererseits aber auch als
Ratgeber mit Werkzeugcharakter gelesen werden
kann. Der Leser kann sich deshalb von seinen
persönlichen Interessen oder den momentanen
Bedürfnissen leiten lassen und beliebige Themen
herausgreifen.

Eine gute visuelle Aufbereitung, zahlreiche Zusam-
menfassungen, Checklisten und grafische Über-
sichten sorgen dafür, dass der Leser trotz der enor-
men Fülle des Stoffes den Überblick nie verliert.
Pflichtlektüre für alle, die Führungsverantworung
tragen!

Tom Lambert

Management Praxis

336 Seiten, Hardcover
Euro 39.80 / sFr. 72.–
ISBN 978-3-907100-02-8

*«Wenn es ein Buch gibt, das man einem gestressten Manager
als Lektüre empfehlen kann, dann ist es ‹Management Praxis›.
Das Buch ist konkrete Hilfe bei Problemen und Management-
Lehrgang in einem!»*   *CASH*

André Grütter / Peter Kähr

Aus der Krise zum Erfolg

260 Seiten, Hardcover
Euro 39.80 / sFr. 72.–
ISBN 978-3-907100-09-7

Liquiditätsengpass, Umsatzrückgang, Konkurs – jährlich gibt es alleine in Deutschland über 20 000 Firmenzusammenbrüche. Wie kommt es dazu und was kann man als Inhaber oder Führungskraft tun, damit es nicht so weit kommt?

André Grütter und Peter Kähr sind erfahrene Sanierungsexperten und kennen die Probleme, mit denen gerade kleine und mittlere Betriebe immer wieder zu kämpfen haben. Sie zeigen, wo die häufigsten Ursachen für Unternehmenskrisen liegen, welche Warnsignale es zu beachten gilt und wie man eine Firma auch in schwierigen Zeiten erfolgreich führt.

Checklisten, zahlreiche Grafiken und der sehr praxisorientierte Ansatz der Autoren machen aus dem Buch ein unverzichtbares Arbeitsinstrument für jeden Unternehmer!

»Pflichtlektüre für alle kleinen und mittleren Unternehmen.«
KMU-Praxis

Mitarbeiterführung ist eine permanent unter-
schätzte Daueraufgabe in allen Organisationen und
Unternehmen. Schlankere Hierarchien und Struk-
turebenen, wie sie etwa durch die Arbeit in Teams
und Projektgruppen entstehen, führen dazu, dass
heute rund 15 % aller Mitarbeiter selbst direkte
oder indirekte Personalverantwortung tragen.
Bevor einem Mitarbeiter als Gruppen-, Abteilungs-
oder Geschäftsleiter Verantwortung übertragen
wird, erhält er in der Regel eine solide fachliche
Ausbildung. Befragt nach ihrer Qualifikation zum
Thema Mitarbeiterführung, geben Manager jedoch
häufig an, diese in Seminaren und Trainings mit einer Gesamtdauer von einigen Tagen oder besten-
falls Wochen erworben zu haben. Eine solche Ausbildung ist somit – im Vergleich zur Tiefe und
Vollständigkeit der fachlichen Ausbildung – oft
kaum mehr als ein »Schnupperkurs«.

Reinhold Haller
Mitarbeiterführung kompakt
240 Seiten, Hardcover
Euro 39.80 / sFr. 72.–
ISBN 978-3-907100-31-8

Durch eine intelligente Verknüpfung von Theorie
und Praxis bietet der Autor ein komplettes
Kompendium zum Thema Führung, aber auch
ein praktisches Handbuch zum Nachschlagen.
Zahlreiche Checklisten und Planungshilfen runden
das Fachbuch ab und machen es zu einem nützli-
chen Werkzeugkasten für die tägliche Mitarbeiterführung – sowohl für angehende wie auch erfahrene
Führungskräfte.

*»Der wichtigste Erfolgsfaktor eines Unternehmens ist nicht
das Kapital oder die Arbeit, sondern die Führung.«*
Reinhard Mohn (Bertelsmann)

Nicholas Bates

Krise? Nein, danke!

192 Seiten, Hardcover
Euro 19.80 / sFr. 29.80
ISBN 978-3-907100-33-2

Dieses ebenso schlanke wie hilfreiche Überlebens-Handbuch liefert einen kompletten und motivierenden Anti-Krisenplan. Eine geballte Ladung an zeitgemäßem Management-Know-how hilft dem Leser, sich und sein Unternehmen in Topform zu bringen und nach vorne zu schauen. Die knappen, aber didaktisch clever aufbereiteten Kapitel behandeln alle relevanten Themen wie Strategie, Finanzen, Personal, Verkauf, Marketing, Kommunikation, Zeitmanagement, Kreativität, Prozessoptimierung u.v.a.

»Handeln statt Jammern!« heißt die Devise des Autors, und in diesem Sinne liefert er kein langatmiges Geschwafel, sondern rund 170 praktische Anregungen und konkrete Aktionspläne, die alle sofort umsetzbar sind und dem Leser Mut machen, die Ärmel hochzukrempeln und zu handeln. Im Sinne eines »Arbeitsbuches« wird die eigene Firma durchleuchtet, radikal von Ballast befreit und Schritt für Schritt professionalisiert. Viele Tipps wirken dabei auf den ersten Blick fast banal, entfalten aber in der richtigen Kombination und Abfolge eine verblüffende Wirkung.

Als Apple den iPod und iTunes in Welt setzte, wurden nicht bloß Produkte erfunden, sondern zugleich das Verhältnis und der Umgang der Menschen mit Musik für immer grundlegend verändert. Dies ist nur ein Beispiel dafür, wie für viele Firmen das Konzept echter Innovationen zur treibenden Kraft des Erfolgs geworden ist.

Als langjähriger Berater und Insider der Branche gewährt Thomas Koulopoulos dem Leser einen spannenden Blick hinter die Kulissen und präsentiert gleich Dutzende von Beispielen aus der Küche der weltweit innovativsten Firmen. Er zeigt dabei auf, dass hinter dem Glanz erfolgreicher Trends und Produkte weder Zufall noch Zauberei steckt, sondern harte konzeptionelle Arbeit und langfristige strategische Überlegungen. In einer klaren und eleganten Sprache stellt er die Methoden, Werkzeuge und Verhaltensweisen vor, die einer Firma helfen, sowohl Marktwert als auch Kundennutzen markant zu erhöhen, und sich langfristige Wettbewerbsvorteile zu sichern.

Thomas M. Koulopoulos

Die Innovations-Zone

272 Seiten, Hardcover
Euro 29.80 / sFr. 44.–
ISBN 978-3-907100-34-9

»Innovation ist ein wesentlicher Bestandteil jeder Wachstumsstrategie. Koulopoulos untersucht sehr genau, was es dazu braucht und liefert zahlreiche konkrete Beispiele aus der Praxis.«

James Champy, Co-Autor von
»Reengineering the Corporation«

Magnus Lindkvist

Trendspotting

192 Seiten, Paperback
Euro 19.80 / sFr. 29.80
ISBN 978-3-907100-36-3

Andere Bücher servieren Ihnen Fertiggerichte, dieses aber wird Ihnen helfen, Ihr eigenes Menü zuzubereiten, denn hier erhalten Sie die Werkzeuge und gedanklichen Grundlagen, um ein erfolgreicher und zielsicherer Trendspotter zu werden.

Wir alle machen uns konstant Gedanken darüber, was in der Welt um uns herum geschieht. Weshalb also kommt es trotzdem immer wieder vor, dass uns Veränderungen verborgen bleiben oder sogar überrumpeln? Was können wir aus den vielen Katastrophen lernen, die uns in den vergangenen Jahren heimsuchten – vom 11. September 2001 bis zur Finanzkrise 2008? Welche langfristigen Veränderungen finden hinter den täglichen Schlagzeilen und Schlagwörtern statt?

Trendspotting ist ein anregender Ratgeber, der Ihnen hilft, Ihre Fähigkeiten als Trendspotter zu schärfen und sich durch die vielen verwirrenden Veränderungen des Lebens hindurchzunavigieren. Dieses Buch befähigt den Leser, zwischen Hype und echter Einsicht, zwischen Modetrends und Megatrends zu unterscheiden.

Aus dem Vorwort: »Etwas nicht zu wissen entfesselt die Neugier. Viele Menschen suchen die Annehmlichkeiten einer sicheren Überzeugung – von religiösem Fundamentalismus bis zu politischem Dogma –, doch eine viel größere Welt wird sich dem eröffnen, der bereit ist, mit Zweifeln und Skepsis zu leben.« Magnus Lindkvist

Mehr Informationen sowie Leseproben zu unseren Titeln finden Sie unter:

www.midas.ch